소크라테스의 변명
크리톤 · 파이돈 · 향연

플라톤 | 황문수 옮김

문예출판사

차 례

변명 ················· 5

크리톤 ················· 57

파이돈 ················· 81

향연 ················· 195

작품 해설 ················· 295

변명

대화하는 사람
소크라테스, 멜레토스

장면
법정

1[1]

 아테네인 여러분![2] 나는 여러분이 나를 고발한 사람들의 말을 듣고 얼마나 많은 영향을 받았는지 말할 수 없습니다. 그러나 나는 그들의 말을 듣고 나 자신도 내가 누구인지 잊을 정도였다는 것을 알고 있습니다. 그만큼 그들의 말은 설득력이 있었습니다. 그러나 그들은 진실은 거의 한마디도 하지 않았습니다. 그렇지만 그들이 말한 많은 거짓말 가운데에는 나를 깜짝 놀라게 만든 것이 한 가지 있습니다. 그들은 여러분에게 나의 웅변의 힘에 기만당하지 않도록 조심하라고 말했습니다. 내가 입을 열어 나 자신이 결코 대웅변가가 아님을 입증하자마자 그들의 거짓말이 탄로 난다는 것이 분명하다면, 그들이 나의 웅변에 속지 않도록 조심하라고 말한 것은 나에게는 가장 파렴치한 짓으로 보입니다. 웅변의 힘이라는 말이 진실의 힘을 의미하지 않는다면 그렇습니다.

---

1   1장은《변명》의 서론에 해당한다. 2장은 문제 제기이며, 3장부터 소크라테스의 변명이 시작된다.
2   당시 아테네에서는 재판관을 30세 이상의 성년 남자들 중에서 추첨으로 선출했다. 임기는 1년이었다. 소크라테스 재판 때는 그 수가 5백 명이나 되었다고 한다. 여기서 '아테네인 여러분'이라고 한 것은 재판관을 지칭하는 것이다. 소크라테스가 '재판관 여러분'이라고 하지 않고, '아테네인 여러분'이라고 한 것은 재판관들이 그를 재판할 도덕적 권리가 없다고 믿었기 때문이다.

그 말의 의미가 그렇다면, 나는 웅변가임을 인정할 것입니다. 그러나 그들의 말은 이와는 얼마나 다릅니까! 내가 이미 말한 것처럼 그들은 전혀 진심을 말하지 않았다고 해도 좋을 정도입니다. 그러나 여러분은 나에게서 모든 진실을 듣게 될 것입니다. 그러나 하늘에 맹세코 그들이 늘 하듯이 미사여구로 적당하게 수식된 상투적인 연설을 통해서 말하고자 하지는 않습니다. 나는 순간순간 내 마음에 떠오르는 어구와 논법을 사용할 것입니다. 내가 말하는 것이 정당함을 나는 확신하기 때문입니다. 오, 아테네인 여러분! 내 나이로 보아서 나는 여러분 앞에 (말을 교묘히 꾸며대는) 나이 어린 연설가로 나설 수는 없는 일입니다. 여러분은 이 같은 일을 나에게 기대하지 마십시오. 그리고 나는 여러분에게 한 가지 요청할 일이 있습니다. 즉 내가 평소 태도로 나 자신을 변호하더라도, 그래서 여러분이 내가 평소 시장의 환전상(換錢商)의 테이블이나 기타 장소에서 늘 쓰던 말을 사용하는 것을 듣더라도, 놀라지 말고 이 때문에 내 말을 방해하는 일이 없도록 해달라는 것입니다. 나는 이미 70세를 넘었고, 법정에 서게 된 것은 이번이 처음인 만큼, 나는 여기서 쓰는 어법에 대해서는 외국인과 같기 때문입니다. 그러므로 나는 여러분이 나를 외국인처럼 봐주시기를 바라고 있습니다. 여러분은 외국인이 자기 나라 말로 자기 나라의 방식에 따라 말한다 하더라도 용서할 것이기 때문입니다. 내가 지금 여러분에게 부당한 요구를 하는 것입니까? 내가 말하는 방식에 대해서는 그것이 좋든 좋지 않든 간에 괘념하지 말아주십시오. 내 말이 진실한가 하는 점만을 고려하고 이 점에만 주의를 기울여주십시오. 말하는 자는 진실을 말하고 재판관은 정당하게 결정하도록 합시다.

2

　우선 나는 더 오래된 고발과 최초의 고발자들에 대해 답변하고, 다음에 그 후의 고발과 고발자들에 대해서 답변하겠습니다. 오래전부터 많은 고발자가 나를 여러분에게 거짓 죄목으로 몇 년에 걸쳐 고발해왔기 때문입니다. 그리고 나는 이들을 아니토스[3]와 그 일당보다 더 두려워합니다. 물론 아니토스와 그 일당도 그들 나름대로 위험하기는 합니다만……. 그러나 여러분이 어릴 때부터 거짓말로 여러분의 마음을 사로잡고, 소크라테스라는 현자는 천상의 일을 사색하고 지하의 일에 천착하며, 나쁜 일을 좋은 일로 보이게 하는[4] 자라고 비난하기 시작한 다른 사람들이 훨씬 더 위험합니다. 이러한 이야기를 퍼뜨린 사람들이 내가 두려워하는 고발자들입니다. 이러한 이야기를 듣는 사람들은, 그러한 탐구를 하는 사람은 어떤 신의 존재도 믿지 않는다고 상상하기 쉽기 때문입니다. 그리고 이러한 고발자는 다수이며 오래전부터 그들은 나를 고발해왔습니다. 또한 여러분이 지금보다도 감수성이 예민할 때인 소년 시절이나 청년 시절일 때부터 고발해옴으로써 난 아무도 대답할 사람이 없는 결석재판에 서 있었던 것입니다. 그리고 그중 가장 곤란한 것은 내가 고발자의 이름들을 알지 못해서 말할 수 없다는 점입니다. 그들 가운데 하나가 희극작가[5]라는 것을 우연히 알게 된 것을 제외하고는……. 그들은 질투심과 원한 때문에 여러분을 설득해온 사람

3　Anytos : 원고 멜레토스의 변호인으로 민주파의 유력한 정치가. 멜레토스는 아니토스의 권유에 따라 소크라테스를 고발했다고 한다.
4　'무력한 이론을 유력한 이론으로 만든다'라고 번역되기도 한다. 이 말은 소피스트에 대한 비난이기도 했다.
5　《구름》이라는 희극으로 소크라테스를 조롱한 아리스토파네스를 말한다.

들로 그중에는 남보다 우선 자기 자신을 설득해야 했던 사람도 있습니다. 이러한 모든 사람은 가장 다루기 어렵습니다. 그들을 여기에 소환해서 그들에게 반대신문을 할 수도 없고, 따라서 나는 단지 나를 방어하는 데 그림자와 싸워야 하고 대답할 사람이 하나도 없는 가운데 논박해야 하기 때문입니다. 그러하니 이미 내가 말한 것처럼 나를 반대하는 이들에는 두 부류가 있다는 것을 여러분도 인정해주셨으면 합니다. 하나는 최근에 나를 고발한 이들이며 또 하나는 예부터 있어왔던 이들입니다. 그리고 여러분이 내가 후자에 대해서 먼저 답변하는 것이 정당함을 인정해주시기를 희망합니다. 왜냐하면 여러분은 후자의 고발을 최근의 고발보다 훨씬 이전부터 더욱 자주 들어왔기 때문입니다.

  자, 그러면 이제 나는 변명을 시작해야 하며, 짧은 시간 안에 오랫동안 계속되어온 비방을 제거하려고 노력해야만 합니다. 나의 성공이 나나 여러분에게 좋은 일이라면 내가 성공할 수 있기를, 또는 나의 변명이 쓸모 있는 것이 되기를! 그러나 이 일은 결코 쉬운 것이 아닙니다. 나는 이 일이 어떤 것인지 잘 알고 있습니다. 그러나 나는 신이 돌보아주시기를 바라면서 법에 순종하여 변명을 시작하렵니다.

3[6]

  출발점으로 되돌아가서, 멜레토스[7]가 나를 고발하도록 고무한, 말하자면 나에 대한 비방을 불러일으킨 고발이 무엇이었는지 따져보고자

---

6 여기서부터 10장까지는 오래된 고발자들에 대한 변명이다.
7 Meletos : 시인으로서 표면상 고발자를 대표하고 있다.

합니다. 자, 나를 비방한 이들이 뭐라고 말을 했습니까? 그들은 나를 고발한 자들이므로 그들의 소장(訴狀)을 요약하고자 합니다. "소크라테스는 악행을 저지르는 사람이며 괴상하다. 그는 지하의 일이나 천상의 일을 탐구하고 나쁜 일을 좋은 일처럼 보이게 한다. 그리고 그는 이런 일들을 다른 사람들에게도 가르친다." 이것이 고발의 내용입니다. 이것은 여러분이 아리스토파네스의 희극에서 본 것과 조금도 다르지 않습니다. 그 희극에 등장하는 소크라테스라는 인물은 여기저기 돌아다니며 자기가 공중을 거닐 수 있다고 말하고, 실제로 내가 많거나 적거나 간에 알고 있다고 자처한 적이 없는 사물에 대해 허튼소리를 많이 떠벌립니다. 그렇다고 해서 나는 자연철학자를 경멸할 생각은 없습니다. 만일 멜레토스가 자연철학[8]을 경멸했다는 무거운 죄로 나를 고발했다면 참으로 의외의 일일 것입니다. 오, 아테네인 여러분, 그러나 진상은 간단합니다. 나는 자연에 대한 사색과는 아무런 관계가 없습니다. 여기에 참석한 사람의 대다수가 이러한 사실에 대한 증인입니다. 나는 그들에게 호소합니다. 나의 대화를 들은 적이 있는 분들은 내가 이러한 사물에 대해 간단하게든 상세하게든 언급한 일이 있는지 그 여부를 말해보십시오. 그리고 이웃분들에게도 말해주십시오. 그러면 그들이 이 부분에 대해 털어놓은 것에서 미루어 짐작해 고소의 나머지 항목에 대해서도 진실 여부를 가려낼 수 있을 것입니다.

---

8 그리스 초기 철학자들은 자연의 본성, 원질(原質)을 탐구했으므로 그들의 철학을 자연철학이라고 한다. 예를 들면 탈레스는 자연의 원질을 '물'이라 했고, 엠페도클레스는 지수화풍(地水火風) 네 가지라고 했다. 이에 반해 소크라테스는 자연이 아니라 인간을 탐구하는 것이 더 중요하다고 했다. 그러므로 소크라테스는 자기가 전혀 알지 못하는 사물에 대해 언급한 적이 없다고 강조하고 있는 것이다.

4

내가 사람들을 가르치며 그 대가로 돈을 받고 있다는 소문도 마찬가지로 근거가 없습니다. 이러한 고발도 다른 고발과 마찬가지로 진실이 아닙니다. 오히려 내 의견으로는 정말로 인류를 가르칠 수 있는 사람이라면 가르친 대가로 돈을 받는 것은 그에게는 영광이라고 생각됩니다. 레온티노이 사람인 고르기아스, 케오스 사람인 프로디코스, 엘리스 사람인 히피아스[9] 등은 여러 도시를 돌아다니면서, 그곳 도시의 시민들에게 무보수로 가르침을 받을 수 있는 청년들을 설득하여, 같은 도시 사람들과의 교제를 포기하고 자신들의 제자가 되어 돈을 내게 할 뿐 아니라 돈을 낼 수 있는 것을 감사히 여기도록 만들고 있습니다. 그런데 지금 파로스 출신의 철학자가 아테네에 머물고 있고 나도 이 사람에 대해 들은 바가 있습니다. 그런데 내가 이 사람에 관한 말을 듣게 된 경위는 다음과 같습니다. 나는 소피스트에게 막대한 돈을 지불한 사람, 즉 히포니코스의 아버지 칼리아스[10]를 우연히 만났습니다. 그런데 나는 그에게 아들이 둘 있다는 것을 알고 있었으므로 그에게 물었습니다. "칼리아스," 하고 나는 말했습니다. "당신의 두 아들이 망아지거나 송아지라면 그들을 감독할 사람을 찾아내기는 어렵지 않을 것이네. 말을 훈련하는 사람이나 농부를 고용하면 되겠지. 그들은 망아지나 송아지에게 알맞은 장점들을 길러주고 완전한 존재로 만들어줄 거야. 그러나 두 아들은 인간인 만큼, 자네는 누구를 그들의 감독자로 채용할 셈인가? 인간이, 그리고 시민이 지녀야 할 덕을 이해하고 있는 사람이 있는

9　당시의 대표적인 소피스트들이다.
10　Kallias : 당시 그리스 제일의 부호.

가? 자네는 아들이 있기 때문에 이 문제를 고려해보았을 줄로 짐작하네. 그래 있던가?" "있습니다" 하고 그는 말했습니다. "누군가? 어느 나라 사람인가? 수업료는 얼마나 받는가?" 하고 나는 물었습니다. "파로스 출신의 에우에노스[11]입니다. 이 사람이 바로 그러한 사람이며 수업료는 5므나[12]입니다." 그가 정말로 그러한 지혜를 갖고 있고 그렇게 싼 수업료로 가르친다면 에우에노스는 축복받을 것이라 생각했습니다. 내가 그런 사람이었다면 나는 매우 자랑으로 여기고 우쭐댔을 것입니다. 그러나 사실 내게 그러한 종류의 지식은 조금도 없습니다.

5

아테네인 여러분, 여러분 중엔 이렇게 대답하는 사람이 있을 것입니다. "소크라테스, 당신의 말이 옳다고 칩시다. 그러나 당신에 대해 제기된 고발은 어디에서 생긴 것이오? 당신이 해온 일에는 분명히 이상한 점이 있을 것이 아니오? 당신에 관한 온갖 평판이나 소문은 당신이 다른 사람과 다른 점이 없다면 생기지 않았을 게 아니오? 그렇다면 그 원인이 무엇인지 말해주시오. 우리는 성급하게 당신을 판단하고 싶지 않기 때문이오." 이러한 요구가 정당한 것이라 생각해서, 내가 현명하다고 불리게 되고 나쁜 평판을 얻게 된 까닭을 여러분에게 설명하고자 합니다. 조용히 들어주시기 바랍니다. 그리고 여러분 가운데에는 내가 농담을 하고 있다고 생각할 사람이 있을지도 모르지만, 나는 전적으로 진실을 말할 것임을 맹세합니다. 아테네인 여러분! 내가 이러한 평판을

11　Euenos : 소피스트의 한 사람으로 시인이며 철학자.
12　고대 그리스의 화폐 단위로, 1므나는 영국 화폐로 약 4파운드에 해당된다.

얻게 된 것은 내가 어떤 지혜를 갖고 있기 때문입니다. 여러분이 어떤 종류의 지혜인가 하고 묻는다면, 인간이 획득할 수 있는 지혜라고 대답하겠습니다. 인간이 획득할 수 있는 지혜를 갖고 있는 한에서만, 나는 내가 현명하다고 믿기 때문입니다. 한편 앞서 말한 사람들은 초인간적인 지혜를 갖고 있습니다. 내게는 이러한 지혜가 없기 때문에 이 지혜를 설명하지 못합니다. 따라서 내게 이러한 지혜가 있다고 말하는 사람은 거짓말을 하면서 나를 중상하고 있는 것입니다. 오, 아테네인 여러분, 그리고 여러분에게 내가 여기서 무언가 엉뚱한 말을 하고 있다고 보일지라도 끝까지 들어줄 것을 간청합니다. 내가 말하려고 하는 것은 나의 말이 아니기 때문입니다. 나는 믿을 만한 증인의 말을 여러분에게 전하려는 것입니다. 그 증인은 델포이의 신[13]입니다. 이 신은 내게 지혜가 있다면 그 지혜가 어떠한 종류의 지혜인지 말해줄 것입니다. 여러분은 카이레폰[14]을 알고 있을 것입니다. 그는 일찍부터 내 친구였고 여러분의 벗이었습니다. 그는 최근 사람들과 함께 망명[15]을 했다가 여러분과 함께 돌아왔습니다. 그런데 여러분도 알다시피 카이레폰의 모든 행동은 매우 격정적입니다. 그는 델포이로 가서 대담하게도 다음과 같은 신탁(神託)을 자신에게 말해달라고 요구했습니다. 이미 말한 것처럼 여러분이 내 말을 가로막지 말기를 간청합니다. 그는 나보다 현명한

---

13 아폴론을 말한다. 아폴론은 가장 그리스적인 신으로 그리스 청년의 이상을 상징했다.
14 Kairephon : 소크라테스의 가장 충실한 벗이며 제자. 매우 열정적이고 고상한 사람이었다고 한다. 아리스토파네스의《구름》에서도 소크라테스와 함께 조롱의 대상이 되고 있다. 정치적으로는 민주파의 일원이다.
15 소위 30인의 전제자(專制者)가 정권을 잡았을 때(기원전 404년), 민주파 사람들은 망명을 했다가 다음 해에 과두 정부가 쓰러지자 귀국했다.

사람이 있는가 하는 신탁을 구했던 것입니다. 델포이의 무녀는 더 현명한 사람은 없다고 대답했습니다.[16] 카이레폰은 죽었습니다. 그러나 이 법정에 와 있는 그의 동생이 내 말이 진실임을 보증해줄 것입니다.

6

내가 왜 이 이야기를 할까요? 여러분에게 왜 내가 악명을 얻게 되었는지 설명하고자 하기 때문입니다. 이 신탁을 듣고 나서 '신의 이 말은 무엇을 뜻하는가? 신의 수수께끼를 어떻게 해석할 것인가?' 하고 자문해보았습니다. 왜냐하면 내겐 크든 작든 간에 지혜가 없다는 것을 알고 있기 때문입니다. 그렇다면 내가 가장 현명한 사람이라고 말했을 때 신은 무슨 말을 하려고 한 것일까? 그는 신이고 따라서 거짓말을 할 수는 없는 일입니다. 거짓말을 한다는 것은 신에게는 어울리지 않는 일입니다. 오랫동안 숙고한 끝에 이 문제를 풀 방법을 생각해냈습니다. 나 자신보다 현명한 사람을 찾아내기만 한다면 반증을 갖고 신에게 갈 수 있을 거라고 말입니다. "여기에 나보다 현명한 사람이 있습니다. 그런데 당신은 내가 가장 현명하다고 말했습니다" 하고 나는 말할 것입니다. 그래서 현인이라는 세평을 듣고 있는 사람을 찾아가서 관찰했습니다. 그는 정치가였는데, 그의 이름을 밝힐 필요는 없을 것 같습니다. 그렇게 관찰한 결과는 다음과 같습니다. 나는 그와 대화를 시작하자마자 많은 사람이 그를 현명하다고 생각하고 자기 자신도 스스로를 매우 현명하다고 생각하고 있지만, 사실 그는 현명하지 않다는 생각을 멈출

---

16 이 신탁은 다음과 같았다고 전해진다. "소포클레스는 현명하다. 에우리피데스는 더욱 현명하다. 그러나 소크라테스는 만인 가운데에서 가장 현명하다."

수가 없었습니다. 그래서 나는 그가 현명해 보일 뿐 사실은 현명하지 않다는 것을 그에게 설명하려고 노력했습니다. 그런데 그 결과 나는 그의 미움을 샀고, 그 자리에 동석해서 내 말을 듣고 있던 사람들도 내게 적의를 갖게 되었습니다. 그래서 나는 그와 헤어져 돌아오면서 생각했습니다. 그 사람도 나도 아름다움이나 선함을 사실상 모르고 있지만, 그래도 나는 그보다는 현명하다고. 왜냐하면 그는 아무것도 모르면서 알고 있다고 생각하지만, 나는 모르면 모른다고 생각하기 때문입니다. 따라서 모른다는 것을 알고 있다는 점에서 나는 그보다 약간 우월한 것 같았습니다. 그리고 나는 이 사람보다 현명하다고 알려져 있는 다른 사람을 찾아갔지만 결론은 마찬가지였습니다. 그렇게 해서 나는 그와 그 밖의 많은 사람을 적으로 만들었습니다.

7

그 후로 나는 차례차례 여러 사람을 찾아다녔습니다. 내가 적의를 불러일으키고 있다는 것을 알고 이를 슬퍼하고 두려워하면서 말입니다. 그렇지만 신의 말을 최우선으로 고려하는 것이 내게 주어진 의무라고 생각했습니다. 그래서 나는 지혜로워 보이는 모든 사람을 찾아가 신탁의 의미를 밝혀내야 한다고 생각했습니다. 그리고 아테네인 여러분, 나는 개를 걸고 맹세하거니와[17] — 여러분에게는 진실을 말해야 하기 때문에 — 나의 의무를 실행한 결과는 다음과 같습니다. 즉 가장 명성이 높

---

17 '개에 맹세한다'고 한 것은 신의 이름을 경솔하게 불러서는 안 되기 때문이다. 소크라테스는 신의 이름을 부르기를 꺼릴 때는 '개에 맹세한다'는 말을 애용했다고 한다. 소크라테스만이 아니라 다른 아테네인도 개나 양 등에 맹세하는 방식을 취했다고 한다.

은 사람들은 오직 가장 어리석을 뿐이며, 그다지 큰 존경을 받지 못하고 있는 다른 사람들이 더 현명하고 더 훌륭하다는 것을 알았습니다.

나는 여러분에게 나의 편력과 나의 '헤라클레스적' 인고(忍苦)에 대해 말하겠습니다. 나는 나의 노고를 이렇게 부를 수 있으며, 그렇게 참고 참은 끝에 결국 신탁은 논박될 수 없음을 알았습니다. 나는 정치가 다음으로 시인, 비극 시인, 디티람보스[18]를 쓴 시인들 등을 찾아갔습니다. 그리고 그들에게 가면 내가 그들보다 더 무지하다는 것을 그 자리에서 당장 알게 될 것이라고 생각했습니다. 나는 그들의 작품 중에서 가장 정성 들였다고 여겨지는 구절들을 제시하고 그 구절들이 무엇을 의미하는지 물었습니다. 그들이 내게 무언가 가르쳐주리라고 생각하면서 말이지요. 여러분은 믿어주시겠습니까? 진실을 털어놓는 것이 부끄러울 지경이지만 나는 동석했던 사람들이 그들의 시에 대해 작자 자신보다도 더 훌륭하게 설명했다는 사실을 말할 수밖에 없습니다. 그로 인해 시인은 지혜를 지녀서 시를 쓰는 것이 아니라 일종의 소질과 영감으로 시를 쓴다는 것을 알았습니다. 그들은 훌륭한 말을 많이 하지만 그 말의 의미를 이해하지 못하는 예언자나 점쟁이 같습니다. 내게는 시인들도 점쟁이나 예언자와 거의 같은 경우에 속하는 것처럼 보였습니다. 그리고 더 나아가 그들은 시를 쓰는 일을 믿고 다른 일에 대해서도, 사실은 그렇지 않건만, 가장 현명한 사람으로 자처하고 있음을 알았습니다. 따라서 내가 정치가들보다 우월한 것과 똑같은 이유로 그들보다는 내가 우월하다는 것을 믿으며 그들과 헤어졌습니다.

---

18 디오니소스 축제에 쓰인 열광적인 노래다. 이것이 후에 서정시로 발전하고 비극으로 세련되었다.

8

마지막으로 나는 장인(匠人)들을 찾아갔습니다. 말하자면 나는 아무 것도 모른다는 사실을 알고 있었지만, 장인들은 훌륭한 일을 많이 알고 있다고 믿었기 때문이었습니다. 그리고 그 점에서 나는 틀림이 없었습니다. 그들은 내가 알지 못하고 있는 많은 일을 알고 있었고, 그 점에서 그들은 확실히 나보다 현명했습니다. 그러나 나는 훌륭한 장인까지도 시인과 같은 잘못에 빠져 있다는 것을 알았습니다. 그들은 훌륭한 기술자이므로 자신들이 모든 종류의 중대한 문제를 알고 있다고 생각했으며, 이러한 결점이 그들의 지혜를 가리고 있었습니다. 그러므로 신탁을 대신해서 나는 그들과 같은 지식도 그들과 같은 무지도 갖지 않고 현재와 같은 상태로 있는 것이 좋은가, 또는 그들처럼 두 가지를 다 갖는 것이 좋은가 하고 자문해보았습니다. 그리고 나 자신과 신탁에 대해 현재 같은 상태로 있는 것이 더 좋다고 결론지었습니다.

9

이 같은 탐구로 말미암아 나는 최악의, 그리고 가장 위험한 적을 만들었으며 또한 많은 비방을 불러일으켰고 현자라고 불리게 되었습니다. 내 말을 들은 사람들은 언제나 내가 다른 사람에게서 찾고자 한 지혜를 나 자신은 지니고 있으리라 상상했기 때문입니다. 오, 아테네인 여러분, 그러나 사실은 오직 신만이 현명합니다. 신은 신탁을 통해서 인간의 지혜는 보잘것없거나 전혀 가치 없음을 보여주려 했던 것입니다. 그러므로 신은 소크라테스에 대해서 말한 것이 아니라 내 이름을 예로 든 데 지나지 않습니다. 말하자면 신은 "오, 인간들이여, 소크라테스처럼 그의 지혜가 사실은 아무 가치도 없음을 알고 있는 자가 가장 현명하다"라고 말했던 것입니다. 그러므로 나는 신의 뜻을 좇아 세상을 돌아다니며, 시민이든 외국인이든 가리지 않고 현명하다고 생각되는 사람의 지혜를 조사하고 구명하고 있는 것입니다. 그리고 그가 현명하지 못하면 나는 신탁을 옹호하여 그가 현명하지 못함을 깨닫게 해주고 있는 것입니다. 그리고 나는 이 일에 몰두하고 있기 때문에 공공의 관심사나 나 자신의 관심사에 대해서 시간을 내지 못하고 있습니다. 그렇게 신에 대한 봉사로 말미암아 나는 극단적인 가난을 겪고 있습니다.

10

또 한 가지 문제가 있습니다. 할 일이 별로 없는 부유층 청년들이 자진해서 나를 따르고 있습니다. 그들은 내가 지혜가 있는 체하는 사람들을 시험해보는 것을 듣기 좋아하고, 그들도 가끔 나를 모방해 다른 사람들을 시험해봅니다. 그래서 그들은 무엇인가 알고 있다고 생각하지만 사실은 거의 또는 전혀 알지 못하는 사람들이 많이 있다는 것을 재빨리 알아내고 마는 것입니다. 따라서 청년들의 시험을 받은 사람들은 자기 자신에게 화를 내는 것이 아니라 내게 화를 냅니다. 그들은 소크라테스가 이런 일을 저지르게 했으며 청년들을 부패시키는 극악한 자라고 말합니다. 그렇지만 어떤 사람이 그들에게 "도대체 소크라테스는 어떤 나쁜 짓을 하며 또 무엇을 가르치는가?" 하고 묻는다면 그들은 아는 것이 없어 대답할 수도 없습니다. 그러나 그들은 당황함을 감추려고 보통 모든 철학자에 대해 사용하는 비난, 즉 천상의 일과 지하의 일을 가르치고, 신을 믿지 않으며, 나쁜 일을 좋은 일처럼 보이게 한다는 상투적인 비난을 되풀이합니다. 그들은 자신들이 지식이 있는 체하는 데 지나지 않는다는 것이 탄로 났다고 고백할 수 없기 때문입니다. 그게 사실인데도 말이지요. 그런데 그들은 수가 많고 야심만만하며 정력적이고 일치단결해 설득력 있는 웅변을 구사함으로써 여러분의 귀를 그들의 시끄럽고 철두철미한 비방으로 가득 채워온 것입니다. 그리고 이것이 멜레토스, 아니토스, 리콘[19] 등 세 사람이 나를 고발한 이유입니다. 멜레토스는 시인들을 대신해서, 아니토스는 장인들과 정치가들을 대신해서, 그리고 리콘은 웅변가들을 대신해서 나와 싸우고 있습니다. 그리고 처음에 말한 것처럼 나는 이렇게 짧은 시간에 이 막대한 비방을 제거할 수 있으리라고 기대하지는 않습니다. 오, 아테네인 여러분, 이것이 사실이며 사실의 전부입니다. 나는 아무것도 숨기지 않았고 아무것도 빠뜨리지 않았습니다. 그럼에도 나의 언동이 솔직했기 때문에 그들의 증오를 받게 되었다는 것을 나는 알고 있습니다. 뿐만 아니라 그들의 증오는 바로 내가 진실을 말하고 있다는 증거가 아니겠습니까? 이로 인해 나에 대한 편견이 생긴 것입니다. 그리고 여러분이 지금 또는 앞으로 할 조사에서 발견하게 되겠지만, 이것이 나를 비방하는 까닭입니다.

11[20]

최초의 고발자들에 대한 나의 변명은 이것으로 충분하리라고 생각합니다. 이제부터는 두 번째 고발자들을 다루기로 하겠습니다. 선량한

---

19 Lykon : 웅변가로서 멜레토스를 지지하고 소크라테스를 고발할 모든 준비를 했다고 한다.
20 11~15장까지는 멜레토스의 고발에 대한 변명이다.

사람이며 진실한 애국자라고 자처하는 멜레토스가 그들을 대표하고 있습니다. 이 사람들의 고발에 대해서도 나는 변론해야만 합니다. 그들의 소장을 읽어보기로 합시다. 소장에는 다음과 같은 내용이 적혀 있습니다. 소크라테스는 청년을 타락시키고 국가가 믿는 신들을 믿지 않고 다른 새로운 신을 믿음으로써 죄를 범했다고 소장에서 주장하고 있습니다. 이것이 고발 내용입니다. 그러면 각 항목을 차례로 검토해보기로 합시다. 내가 청년을 타락시켰기 때문에 죄를 범했다고 그는 주장합니다. 오, 아테네인 여러분, 그러나 나는 멜레토스야말로 죄인이라고 주장합니다. 그는 장난을 하고 있는 데 지나지 않으면서도 진지한 것처럼 가장하고, 사실은 전혀 관심이 없는 문제에 열의와 관심이 있는 체하며, 사람들을 재판에 끌어들이는 데 열중하고 있기 때문입니다. 나는 여러분에게 이 말이 사실임을 증명하고자 합니다.

12

멜레토스, 이리 나오시오. 당신에게 묻고 싶은 것이 있습니다. 당신은 청년을 선도하는 것이 중요하다고 생각합니까?

"네, 그렇습니다."

그러면 재판관들에게 청년을 선도하는 사람이 누구인지 말해주시오. 당신은 청년을 타락시키는 자를 찾아내느라 고생을 한 끝에 나를 재판관들 앞에 끌어내서 고발한 만큼, 당신만은 분명히 알고 있을 것이 틀림없기 때문이오. 그렇다면 재판관들에게 청년을 선도하는 사람이 누구인지 말해주시오. 멜레토스, 침묵을 지키는 것을 보니 할 말이 전혀 없는 모양인데……. 그러나 그렇다면 부끄러운 일이 아닙니까? 또한 당신이 이 문제에 전혀 관심이 없다는 내 말을 충분히 뒷받침해주는 증거가 아닙니까? 친구여, 말해보시오. 청년을 선도하는 사람이 누구인지 우리에게 말해주시오.

"국법입니다."

친구여, 내가 묻고 있는 것은 그런 뜻이 아닙니다. 내가 알고 싶은 것은 국법을 가장 잘 아는 사람이 누구인가 하는 점입니다.

"소크라테스, 이 법정에 임석한 재판관들입니다."

멜레토스, 도대체 무슨 말을 하는 겁니까? 재판관들이 청년을 가르치고 선도할 수 있다는 말이오?

"확실히 그들은 그렇게 할 수 있소."

재판관 전부가 그렇다는 말인가요, 아니면 일부는 그렇고 일부는 그렇지 않다는 말인가요?

"전원이 그렇다는 말입니다."

헤라[21]에게 맹세하건대 이야말로 좋은 소식이군요! 그렇다면 청년의 선도자는 상당히 많군요. 그러면 방청인들에 대해서는 어떻게 생각합니까? 그들도 청년을 선도합니까?

"예, 그렇습니다."

그러면 평의원(評議員)[22]들도?

"예, 평의원들도 청년을 선도합니다."

---

21 Hera : 제우스 신의 아내로 제우스 다음가는 권력을 가진 여신.
22 아테네는 기원전 506~507년의 클레이스테네스 개혁 이후, 부족에 따라 10구(區)로 나누고 1구에서 50명씩 5백 명의 평의원을 추첨으로 뽑아 평의회를 구성했는데, 이 회에서 대부분의 국정을 운영했다.

그렇다면 국민의회[23] 의원들이 청년을 타락시키는 것은 아닌지요? 혹은 그들도 청년을 선도합니까?

"그들도 청년을 선도합니다."

결국 모든 아테네인이 청년을 선도하고 향상시키고 있습니다. 유일한 예외는 나뿐이군요. 나만이 청년을 타락시키는 자라는 말이지요? 당신은 그렇게 주장하는 것입니까?

"그 점이 바로 내가 확고하게 주장하고 있는 것입니다."

만일 당신의 말이 옳다면 나는 매우 불행한 사람입니다. 그렇다면 당신에게 묻겠습니다. 말(馬)에 대해서는 어떻게 생각합니까? 온 세상이 말을 잘 길들이는데 단 한 사람이 말을 나쁘게 만들고 있습니까? 사실은 정반대가 아닐까요? 단 한 사람 또는 소수의 사람들만이 말을 잘 길들일 수 있습니다. 즉 말을 훈련하는 사람들만이 말을 잘 길들일 수 있고 다른 사람들이 말을 다루면 오히려 해를 끼치지 않습니까? 멜레토스, 말에 대해서나 기타 동물에 대해서나 이것이 사실 아닌가요? 이것은 가장 분명한 일입니다. 당신과 아니토스가 찬성하든 반대하든 간에. 청년들을 부패시키는 자는 단 한 명뿐이고 그 외의 세상 사람들은 모두 선도한다면, 청년들은 참으로 행복한 환경 속에서 산다고 할 수 있겠습니다. 그러나 멜레토스, 당신은 분명히 보여주었습니다. 당신은 청년들을 전혀 생각해오지 않았다는 것을. 당신이 무관심해하는 것, 즉 당신이 나를 고발한 문제에 대해 당신은 전혀 개의치 않아 했다는 것도 분명해졌습니다.

---

23 20세 이상의 아테네인 남자들로 구성된 의결기관으로서 선전(宣戰), 강화 등 중요 문제를 토의, 의결했다.

13

그러면 멜레토스, 제우스 신에게 맹세하고 또 한 가지 질문에 대답해주시오. 나쁜 시민들 사이에서 사는 것과 착한 시민들 사이에서 사는 것 중 어느 쪽이 더 좋은가요? 친구여, 대답해주오. 이 질문에는 쉽게 대답할 수 있다고 생각합니다. 착한 사람들은 이웃에게 착한 일을 하고 나쁜 사람들은 이웃에게 악한 일을 하게 마련 아닙니까?

"그렇소."

그리고 함께 사는 사람들에게서 이익을 얻는 것보다 오히려 손해를 보는 것을 바라는 사람이 있을까요? 나의 좋은 친구여, 대답해주오. 법률은 당신이 대답할 것을 명령하고 있습니다. 손해를 보는 것을 좋아하는 사람도 있을까요?

"당연히 없습니다."

그렇다면 당신은 청년을 타락시키고 나쁘게 만든다는 이유로 나를 고발했을 때, 내가 청년을 타락시키는 것은 고의라고 생각했나요, 아니면 고의는 아니라고 생각했나요?

"나는 고의라고 주장합니다."

그러나 당신은 방금 착한 사람은 이웃에게 착한 일을 하고 나쁜 사람은 이웃에게 악한 일을 한다는 것을 인정했습니다. 그런데 당신은 일찍부터 이러한 사실을 깨달을 만큼 탁월한 지혜를 갖고 있고, 나는 이 나이가 되었으면서도 내가 함께 사는 사람을 타락시키면 나 자신이 그 사람에게서 손해를 입게 되기 쉽다는 것을 알지 못할 만큼 무지몽매하다는 말입니까? 게다가 고의로 타락을 시킬 만큼……. 당신은 그렇게 주장하고 있습니다. 나나 다른 사람이나 당신의 말을 쉽게 믿지는 않을 것이지만……. 그렇다면 나는 청년을 타락시키지 않았거나 또는 부패시켰다 하더라도 고의는 아니었다는 것이 됩니다. 따라서 어떤 경우든 간에 당신은 거짓말을 하고 있는 것입니다. 만일 내가 법을 어긴 것이 고의가 아니었다면, 법률은 비고의적인 범죄는 인정하지 않고 있으니 당신은 개인적으로 나를 불러서 경고하고 타일렀어야 옳았을 것입니다. 충분한 충고만 해주었다면 나는 나도 모르는 사이에 저지르고 있던 일을 그만두었을 것입니다. 분명히 그만두었을 것입니다. 그러나 당신은 내게 아무 말도 하지 않으려고 했으며, 가르치기를 회피했습니다. 그리고 지금에 와서는 훈계가 아니라 처벌을 하는 자리인 이 법정에 나를 끌어냈습니다.

14

아테네인 여러분, 내가 이미 말한 것처럼 멜레토스는 많든 적든 간에 이 문제에 전혀 관심이 없다는 점은 매우 분명해졌을 것입니다. 그러나 멜레토스, 나는 어째서 청년을 타락시켰다는 말을 듣게 되었는지, 그 점을 알고 싶습니다. 당신의 소장에 따른다면 나는 청년들에게 국가가 인정하는 신들을 믿지 말고 그 대신 다른 새로운 신 또는 정령(精靈)을 믿으라고 가르친 게 됩니다. 당신의 말에 따르면 내가 이렇게 청년을 가르쳐 타락시켰다는 것이지요.

"네, 나는 단호하게 그렇게 주장합니다."

그렇다면 멜레토스, 지금 논쟁의 대상이 되고 있는 신들에게 맹세하고 나와 법정에 대해 당신이 생각하고 있는 바를 좀 더 쉬운 말로 해주시오! 나는 당신의 말을 아직도 이해할 수 없기 때문입니다. 즉 당신은 내가 다른 사람들에게 어떤 신을 믿으라고 가르치고 있으며, 따라서 나도 신을 믿고 있고 전적으로 무신론자는 아니지만—소장에는 무신론자라는 죄목은 없습니다—그 신이 국가가 인정하는 신과는 다르다고 주장하는 겁니까—소장에는 다른 신이라고 되어 있습니다—아니면 내가 전적으로 무신론자이며 또한 무신론을 가르치는 자라고 주장하는 겁니까?

"나는 후자, 즉 당신은 철저한 무신론자라고 주장합니다."

이 얼마나 놀라운 주장인가! 멜레토스, 당신은 왜 그렇게 생각합니까? 당신은 내가 다른 사람들처럼 해나 달을 신으로 믿지 않는다고 주장하는 겁니까?

"재판관 여러분, 소크라테스가 믿고 있지 않다는 점을 나는 확언합니다. 그는 태양은 돌이며 달은 흙이라고 말하고 있기 때문입니다."

친애하는 멜레토스, 당신은 아낙사고라스[24]를 고발했다고 생각하는 모양이군요. 만일 재판관들이 클라조메나이 사람인 아낙사고라스의 책이 이러한 이론으로 가득 차 있다는 것을 모를 만큼 무식하다고 생각한다면 그것은 재판관 여러분을 경멸하는 것에 지나지 않을 테니까요. 그런데 이러한 이론이 기껏해야 1드라크마[25]밖에 안 하는 입장료로

---

24 Anaxagoras : 기원전 5세기의 자연철학자. 아테네에서 30년간 살았으므로 그의 이름은 아테네에 널리 알려져 있었다. 그는 특히 천체 현상을 고찰의 대상으로 삼고 그 원인을 다른 자연현상과 마찬가지로 자연적 원인에서 찾으려고 했다. 그는 신으로 여겨지던 해나 달이 단지 돌덩어리에 지나지 않으며, 태양 빛이 지구, 달, 기타 천체를 밝게 만든다고 주장했다. 이러한 주장 때문에 무신론자라는 규탄을 받고 아테네에서 추방되었다고 한다.

25 1드라크마는 1므나의 100분의 1.

극장[26]에서 자주 상연되고 있는데도 청년들이 이러한 이론을 소크라테스한테 배웠다고 진심으로 주장할 수 있습니까? 소크라테스가 이 각별한 견해를 처음 만든 체했다면 청년들은 돈을 지불하고 소크라테스를 조소할 수 있을 것입니다. 멜레토스, 이렇건만 당신은 내가 어떤 신도 믿지 않는다고 진정으로 생각하고 있습니까?

"나는 제우스 신에 맹세코, 당신이 절대로 신을 믿지 않는다고 주장합니다."

멜레토스, 당신의 말을 믿는 사람은 하나도 없을 것입니다. 그리고 나는 당신조차도 자기 자신을 믿지 않는다고 확신합니다.

아테네인 여러분, 멜레토스는 무모하고 경솔해서 소장을 마치 장난하는 기분으로, 그리고 젊은 객기에 따라 썼을 뿐이라는 생각을 금할 길이 없습니다. 그는 나를 시험해볼 생각으로 수수께끼를 만들어낸 것이 아닐까요? 그는 '현명하다는 소크라테스가 내 익살스러운 자가당착을 알아내는지, 또는 내가 그와 다른 사람들을 속일 수 있는지 알아보기로 하자' 하고 생각했던 것입니다. '왜냐하면 소크라테스는 신들을 믿지 않으며, 그럼에도 신들을 믿기 때문에 죄가 있다'고 말하는 한, 나로서는 그가 모순되는 말을 하고 있다고 생각되기 때문입니다. 그러나 이러한 말은 정신이 올바른 사람이 할 수 있는 말은 아닙니다.

---

26 극장은 '오케스트라'의 역어로 오케스트라는 원래 극장 중앙의 무도장을 말한다. '극장에서 1드라크마만 주면 살 수 있다'는 말은 그 의미가 분명치 않아 몇 가지 이설이 있다. 첫째는 연극이 상연되기 전에 오케스트라에서 책을 팔았다는 학설이 있고, 둘째는 오케스트라에는 아테네 시장 내의 도서 판매장이라는 뜻도 있다고 하고, 셋째는 일부 소피스트들이 아낙사고라스의 저서 내용에 대해 행한 강연회의 입장료라고 한다. 여기서는 셋째 학설에 따른 듯하다.

15

 아테네인 여러분, 왜 이러한 자가당착이 생겼는지 나와 함께 규명해주시기 바랍니다. 그리고 멜레토스, 당신은 대답을 해주시오. 그리고 방청인 여러분은 내가 평소 태도로 말하더라도 방해하지 말아달라고 한 요청을 상기해주시기 바랍니다.
 멜레토스, 인간이 존재한다는 것은 믿으면서 인간은 믿지 않는 사람이 있을까요? ……아테네인 여러분, 나는 멜레토스가 내 말을 막기 위해 일어서려고만 하지 말고 대답을 해주기를 바라고 있습니다. 마술(馬術)은 믿으면서 말(馬)의 존재는 믿지 않는 사람이 있을까요? 피리 부는 법은 믿으면서 피리 부는 사람의 존재는 믿지 못하는 사람이 있을까요? 친구여, 당신이 대답하기를 꺼리므로 내가 당신과 법관에게 대답하겠소. '없습니다'라고. 그렇게 믿는 사람은 하나도 없습니다. 그러나 다음 질문에 대해서는 꼭 대답해주시오. 정령이나 신의 힘은 믿으면서 정령이나 신의 존재는 믿지 않을 수 있을까요?
 "없습니다."
 법정의 도움을 받아서 대답을 듣게 되었으니 이 얼마나 다행입니까! 그런데 당신은 소장에서 내가 신이나 정령의 힘(새로운 신이냐 종래의 신이냐 하는 것은 문제가 되지 않습니다)을 가르치고 또 믿고 있다고 맹세했습니다. 어쨌든 나는 정령의 힘을 믿습니다. 소장에서 당신은 그렇게 주장하고 맹세했습니다. 그렇다면 내가 정령의 힘을 믿는다면 정령의 존재를 믿지 않을 수는 없지 않습니까, 그렇지 않은가요? 정령을 믿어야만 한다는 것은 분명한 일입니다. 당신이 대답하지 않으니 당신이 동의하는 것으로 간주하겠습니다. 그러면 정령은 무엇입니까? 정령은 신 또는 신의 아들이 아닌가요?

"물론 그렇습니다."

그러나 이것은 당신이 만들어낸 익살스러운 수수께끼에 지나지 않습니다. 당신은 처음에 내가 신을 믿지 않는다고 말했지만, 정령은 신이므로 이번에는 나는 신을 믿는 것이 됩니다. 내가 정령을 믿고 있다면 말입니다. 만일 정령이 사람들이 믿고 있는 것처럼 님프[27]나 기타 다른 어머니한테서 태어난 사생아라 하더라도, 정령이 신의 아들이라면 우리는 신이 있다고 믿어야만 하지 않겠습니까? 이것은 마치 노새의 존재는 긍정하면서도 말과 나귀의 존재는 부정하는 것과 같습니다. 멜레토스, 당신은 나를 시험하려고 이러한 난센스를 꾸며냈을 것입니다. 아니면 실제로 나를 비난할 수 있는 일이 하나도 없어서 소장에 이러한 난센스를 써 넣은 것이겠지요. 그러나 이해력이 조금이라도 있는 사람은 누구든 동일한 사람이 신과 초인간적인 일을 믿으면서 동시에 신과 정령과 헤로스[28]는 믿지 않는다는 당신의 말을 믿으려고 하지 않을 것입니다.

16

나는 멜레토스의 고소에 대해서는 충분히 변명했습니다. 더 이상의 변명은 필요하지 않을 것입니다. 그러나 나는 많은 사람의 적의를 불러일으켰다는 사실을 잘 알고 있으며, 이 때문에 파멸하게 될 것입니다.

---

27 산, 강, 숲 속에 사는 반신반인(半神半人)의 소녀.
28 영웅이라고도 번역된다. 예를 들면 인간을 아버지로 하고 여신에게서 태어난 아들을 말한다.

내가 파멸하게 된다면 그것은 멜레토스나 아니토스가 아니라 세상 사람들의 시기와 비방 때문일 것입니다. 세상 사람들의 시기와 비방은 이미 많은 선량한 사람을 죽음으로 몰아넣었고, 아마도 더 많은 사람을 죽게 할 것입니다. 내가 마지막 희생자가 될 염려는 없습니다.

어떤 사람은 말할 것입니다. "그렇다면 당신은 그간 살아오며 한 일 — 이 때문에 당신은 천수(天壽)를 다 누리지 못할지도 모르는데 — 을 부끄럽다고 생각하지 않는가?"라고요. 그에게는 이렇게 대답하겠습니다. "당신의 말은 틀렸습니다. 조금이라도 훌륭한 사람은 죽느냐 사느냐 하는 위험을 헤아려서는 안 됩니다. 그는 어떤 일을 하면서 오직 올바른 행위를 하느냐 나쁜 행위를 하느냐, 즉 선량한 사람이 할 일을 하느냐 악한 사람이 할 일을 하느냐 하는 것만 고려해야 합니다. 그러나 당신의 견해에 따르면 트로이에서 죽은 헤로스들, 특히 그중에서도 테티스의 아들[29]은 그다지 보람이 없이 죽은 것입니다. 테티스의 아들은 치욕에 비교하면 위험은 무시해도 좋다고 생각했습니다. 그가 헥토르[30]를 죽이려고 열중하고 있을 때, 여신(女神)인 어머니는 그가 친구인 파트로클로스의 원수를 갚기 위해 헥토르를 살해한다면 그도 죽게 될 것이라고 아들에게 말했습니다. 여신은 아마도 이렇게 말했을 것입니다. '운명은 헥토르 다음으로 너를 기다리고 있다.'[31] 그는 이러한 경고를 받고도 위험이나 죽음은 경멸하고, 위험이나 죽음을 두려워하는 대신

---

29 트로이전쟁 때 그리스의 대표적 영웅인 아킬레우스를 말하는 것으로 아킬레우스는 페레우스 왕과 여신 테티스 사이에서 태어났다.
30 Hector : 트로이 왕의 장남으로 아킬레우스의 친구를 죽였기 때문에 아킬레우스의 복수를 받았다.
31 호메로스,《일리아스》18권 참조.

오히려 친구의 원수를 갚지 못하고 불명예스럽게 사는 것을 두려워했습니다. 그는 '여기 뱃머리가 구부러진 배에서 웃음거리로 대지의 짐이 되어 사는 것보다는 차라리 내 적에게 원수를 갚고 곧 죽을 수 있도록 해주십시오.'[32] 하고 대답합니다. 아킬레우스가 죽음이나 위험을 고려했을까요?"

17

누군가 자신의 뜻대로 선택했든 사령관이 배치했든 간에, 위험이 임박했을 때도 그는 자기 자리에 있어야 하는 것입니다. 그는 죽음을 두려워해서는 안 되며, 치욕 외에 다른 것을 고려해서는 안 됩니다. 오, 아테네인 여러분, 이것이 진실입니다. 아테네인 여러분, 여러분이 포테이다이아, 암피폴리스, 델리온[33]에서 나를 지휘하도록 선임한 장군의 명령을 받았을 때, 죽음에 직면해서도 다른 사람들과 마찬가지로 장군들이 나를 배치했던 장소를 고수했던 내가, 신이 자기 자신과 다른 사람들을 탐구하는 애지자(愛智者)의 사명을 수행하도록 내게 명령한 때 — 나는 그렇게 생각하고 있습니다 — 죽음이나 다른 것에 대한 공포 때문에 내 자리를 포기한다면, 나의 행위는 참으로 이상할 것입니다. 그리고 만약 내가 죽음을 두려워하고, 현명하지 않으면서도 현명한 체하며 신탁에 복종하지 않았다면, 나는 신의 존재를 부정한다는 죄목으로 법정에 소환당해도 마땅할 것입니다. 죽음을 두려워한다는 것은 지혜로움을 가장하는 것이지 진정한 지혜로움은 아니기 때문입니다. 그

---

32 같은 곳 참조.
33 포테이다이아, 암피폴리스, 델리온은 소크라테스가 용감한 병사로서 종군한 격전지.

것은 알지 못하는 것을 아는 체하는 데 지나지 않습니다. 그리고 죽음이 최대의 선인지 아닌지 아는 사람은 하나도 없습니다. 그런데도 사람들은 두려운 나머지 죽음을 최대의 악이라고 생각합니다. 이러한 무지는 부끄러운 것이 아닐까요? 인간으로 하여금 알지도 못하는 것을 아는 것처럼 확신하게 하는 무지가 아닐까요? 그리고 이러한 점에서 나는 다른 사람들과 다르다고 생각하며, 그들보다 현명하다고 주장할 수 있을지도 모릅니다. 나는 저승에 대해서는 거의 알지 못하므로 아는 체하지 않는 것입니다. 그러나 나는 올바르지 못함과 더 훌륭한 자―신이든 인간이든―에 대한 불복종은 악이자 불명예임을 알고 있으며, 확실한 악보다는 오히려 가능한 선을 두려워하거나 피하는 일은 결코 없을 것입니다. 그러므로 여러분이 나를 기소한 바에는 반드시 사형에 처해야 한다고(그렇지 않다면 처음부터 나를 기소할 필요가 없는 것입니다) 주장하면서 만일 내가 이번에 방면된다면 여러분의 자제는 모두 내 말을 듣고 완전히 타락하게 될 것이라고 주장하는 아니토스를 믿지 않는다 하더라도, 그래서 여러분이 내게 "소크라테스, 이번에는 우리가 아니토스를 믿지 않고 당신을 방면할 것이지만, 한 가지 조건이 있소. 즉 당신은 다시는 이런 방식으로 탐구하거나 사색해서는 안 됩니다. 만일 다시 이러한 일을 하다가 체포된다면 당신은 사형을 당할 것입니다"라고 조건을 붙여 방면해주더라도 나는 다음과 같이 대답할 수 있을 뿐입니다. "아테네인 여러분, 나는 여러분을 존경하고 사랑합니다. 그러나 나는 여러분보다는 신에게 복종할 것이며, 내게 생명과 힘이 있는 동안에는 지혜를 애구(愛求)하고 지혜를 가르치며, 내가 만나는 사람들에게 충고하고 평소 태도대로 다음과 같이 말하는 일을 결코 중단하지 않을 것입니다. 즉 '위대하고 강력하며 현명한 아테네 시민인 그대, 나의 벗이여, 그대는 최대한의 돈과 명예와 명성을 쌓아 올리면서 지혜와 진리와 영혼은 최대로 향상하는 것을 거의 돌보지 않고 그러한 일은 전혀 고려하지도 주의하지도 않는 것이 부끄럽지 않은가?'라고 말입니다. 그리고 내가 논쟁을 하고 있는 사람이 '천만에요, 나는 유의하고 있습니다'라고 말하더라도, 나는 곧 그와 헤어지거나 그를 도망가게 놓아두지는 않을 것입니다. 오히려 나는 계속해서 그에게 캐묻고 시험하며 논파할 것이고, 만일 그가 덕[34]이 없으면서도 덕을 가졌다고 주장할 뿐이라고 생각되면, 나는 가장 가치 있는 것을 과소평가하고 가치가 적은 것을 과대평가한다고 그를 비난할 것입니다. 또한 청년이든 노인이든, 시민이든 외국인이든 가리지 않고 내가 만나는 모든 사람에게 같은 말을 되풀이할 것입니다. 특히 시민들에게 그렇게 하겠습니다. 그들은 나의 동포이기 때문입니다. 이것은 아시다시피 신의 명령입니다. 그리고 나는 이 나라에서는 신에 대한 나의 봉사 이상으로 위대한 선(善)이 생긴 일이 없다고 믿습니다. 왜냐하면 내가 돌아다니며 하는 일은 노인이든 청년이든 가리지 않고 여러분의 육신이나 재산을 생각하기에 앞서서 우선적으로 영혼의 최대의 향상을 고려해야 한다고 설득하는 것뿐이기 때문입니다. 나는 여러분에게 돈에서 덕이 생기는 것이 아니라, 공적이든 사적이든 간에 덕에서 돈과 다른 좋은 일이 생긴다고 말하는 것입니다. 이것이 내 가르침이며, 만일 이러한 가르침이 청년을 타락시

---

34 arete를 옮긴 것으로, 우리가 흔히 사용하는 덕이라는 말과 일치하는 것은 아니다. 그리스인은 어떤 사물이 고유한 목적을 수행하는 데 필요한 탁월성을 arete라고 했으며, 윤리적인 덕은 의지의 arete를 의미한다.

키는 이론이라면 나는 해로운 사람입니다. 그러나 이것이 내 가르침이 아니라고 말하는 사람이 있다면, 그는 진실을 말하고 있지 않습니다. 오, 아테네인 여러분, 그러므로 아니토스에게 찬성하든 찬성하지 않든, 또 나를 방면하든 방면하지 않든, 그것은 여러분의 마음이라고 나는 말합니다. 그러나 어떻게 하든 간에 나는 내 행동을 바꾸지 않을 것임을 이해해주십시오. 비록 내가 몇 번이고 사형을 당한다 할지라도 말입니다."

18

아테네인 여러분, 떠들지 말고 내 말을 들어주십시오. 우리 사이에는 끝까지 내 말을 들어준다는 양해가 성립되어 있습니다. 나는 아직 해야 할 말이 남아 있고, 내 말을 들으면 여러분은 소리를 지르게 될 것입니다. 그러나 내 말을 듣는 것이 여러분에게 유익하다고 믿으며, 따라서 여러분이 조용히 해주시길 간청하는 바입니다. 여러분이 나 같은 사람을 죽인다면 여러분은 나보다도 여러분 자신들을 해치게 된다는 것을 알아주시기 바랍니다. 나를 해칠 수 있는 사람은 없습니다. 멜레토스도 아니토스도 나를 해치지 못합니다. 그들은 나를 해칠 수 없습니다. 악인은 자기 자신보다 착한 사람을 해칠 수 없기 때문입니다. 아니토스가 더 착한 사람을 사형에 처하거나 추방하거나 시민권을 박탈할 수도 있다는 것을 부정하는 것은 아닙니다. 그리고 아니토스와 다른 사람들도 그런 것들이 큰 해를 입히는 것이라 생각할지 모릅니다. 그러나 나는 동의하지 않습니다. 그가 지금 하고 있는 일처럼 부당하게 다른 사람의 생명을 빼앗는 악행이 훨씬 더 큰 화가 될 것이기 때문입니다.

그런데 아테네인 여러분, 여러분이 생각하는 것처럼 나는 나 자신을 위해서 변명하려는 것이 아닙니다. 오히려 신이 여러분에게 보내준 선물인 나를 처벌함으로써 여러분이 신에게 죄를 짓지 않도록 여러분을 위해서 변명하려는 것입니다. 여러분이 나를 사형에 처한다면, 여러분은 나 같은 사람을 다시 쉽게 찾아내지는 못할 것입니다. 저에 대해 익살스러운 말로 말한다면, 신이 이 나라에 보낸 일종의 등에입니다. 이 나라는 거대하고 기품 있는 군마 같아서 운동이 둔하며 따라서 각성이 필요합니다. 나는 신이 이 나라에 부착해놓은 등에이며, 따라서 하루 종일 어디서나 한결같이 여러분을 붙잡고 각성시키고 설득하고 비난하고 있는 것입니다. 여러분은 나 같은 사람을 쉽게 다시 찾아내지 못할 것입니다. 그러므로 나는 여러분에게 나를 아끼라고 충고합니다. 여러분은 (마치 잠자는 것을 갑자기 깨웠을 때처럼) 화를 내고, 아니토스가 설득하는 대로 쉽게 나를 죽여버릴 수도 있겠지만, 그렇게 한다면 신이 여러분을 돌보기 위해 여러분에게 또 다른 등에를 보내지 않는 한 나머지 생애 동안 줄곧 잠만 자게 되리라고 나는 단언합니다. 나는 신이 여러분에게 보내준 사람이라고 말했는데 그 증거는 다음과 같습니다. 만일 내가 다른 사람과 같다면, 나 자신의 일은 전혀 돌보지 않고 다년간 태연히 집안일을 소홀히 하며, 여러분의 일만을 돌보고 마치 아버지나 형처럼 개인적으로 여러분을 찾아다니며 덕을 닦으라고 권고하지는 못했을 것입니다. 다시 말하면 이러한 행동은 인간답지 못합니다. 만일 내가 어떤 소득을 얻었거나 보수를 바라고 권고를 했다면, 그렇게 하는 데는 어떤 이유가 있었을 것입니다. 그러나 여러분도 아시다시피 파렴치한 고발자들조차도 내가 누구한테 보수를 강요하거나 청구했다고는 주장하지 못합니다. 이 문제에 대해서 그들에게는 증인이 없습니다. 그리고 내게는 내가 말한 것이 사실임을 입증해줄 충분한 증인이 있습니다. 그것은 바로 나의 가난입니다.

19

내가 개인적으로 돌아다니며 충고하고 남의 일로 바쁘게 지낼 뿐 공개적으로 나서서 국가에 대해 충고하려고 하지 않는 것을 의아하게 여기는 사람들도 있을 것입니다. 이제부터 그 이유를 말하겠습니다. 여러분은 내가 신 또는 정령의 신탁이나 신호를 듣는다고 여러 차례 여기저기에서 말하는 것을 들은 적이 있을 것입니다. 멜레토스가 소장에서 조소한 신도 바로 이 신입니다. 이 신호는 일종의 목소리로서 내가 어릴 때 처음으로 들려왔습니다. 이 목소리는 내가 하려고 하는 일을 금지하기만 할 뿐 결코 어떤 일을 하라고 명령하지는 않습니다. 내게 정치가가 되는 것을 단념시킨 것도 이 목소리입니다. 그리고 올바른 반대였다고 나는 생각합니다. 오, 아테네인 여러분, 왜냐하면 내가 정치에 관여했더라면 나는 오래전에 이미 생명을 잃었을 것이며 여러분이나 나 자신을 위해서 좋은 일도 할 수 없었을 것이라고 단언할 수 있기 때문입니다. 그리고 내가 여러분에게 진실을 말한다고 해서 화를 내지는 마십시오. 국가에서 행하고 있는 많은 불법행위 및 부정행위와 정직하게 대결함으로써 여러분이나 다른 대중과 싸움을 일으키는 사람은 생명을 보존하지 못하리라는 것은 명백한 사실입니다. 잠시 동안이라도 생명을 보존하면서 정의를 위해 싸우려는 사람은 공인이 아니라 사인으로서 활동해야만 합니다.

20

내가 지금 한 말에 대해서 나는 믿을 만한 증거를 제시할 수 있습니다. 단지 말에 그치는 것이 아니라 여러분이 존중하는 것, 즉 행동으로 말입니다. 여러분에게 내가 겪은 일을 말하는 것을 용서해주십시오. 이 일은 내가 죽음이 두려워서 부정에 굴복하지는 않으리라는 것, '내가 굴복하기를 거절한다면' 당장 나는 죽게 되리라는 것을 입증해줄 것입니다. 나는 법정에서 흔히 듣는 이야기를 하려고 하는데, 아마도 흥미있는 이야기는 아니겠지만 진실임에는 틀림이 없습니다. 오, 아테네인 여러분, 나는 단 한 번 공직에 취임한 일이 있는데 그것은 평의원이었습니다. 내가 속한 부족인 안티오키스 족은 아르기누사이 해전[35] 때, 전사자의 시체를 수용하지 못한 장군들에 대한 재판을 주재했습니다. 그리고 여러분은 그들을 집단으로 재판하도록 요구했습니다. 여러분도 후에 생각하신 것처럼 그것은 위법이었습니다. 그러나 당시에는 이러한 위법에 반대한 집행부[36]의 평의원은 나 한 사람뿐이었습니다. 그리고 나는 여러분에게 반대투표를 했습니다. 그리고 연설자들이 나를

---

[35] 기원전 406년, 소아시아의 해안에서 멀지 않은 아르기누사이 섬 근처에서 일어났던 펠로폰네소스전쟁 말기의 해전을 말한다. 아테네가 승리하고 카리크라티테스가 패배했다. 당시 지휘관들은 전투 후 침몰선의 승무원들이 나뭇조각을 붙잡고 표류하는 것을 구조하고 전사자의 시체를 수용하려고 했으나 폭풍 때문에 뜻을 이루지 못했다. 이 때문에 장군 10명이 문책을 당하게 되었다. 재판관들은 당파심 때문에 1명씩 재판에 회부하도록 규정한 법률을 어기고 전원을 집단적으로 재판하고 유죄를 선고했다. 그러나 장군 10명 중 2명은 다른 곳에 있었고 2명은 소환에 응하지 않았으므로 실제로 재판을 받은 장군은 6명뿐이었다.

[36] 각 부족에서 50명씩 선출하여 5백 명으로 구성되는 평의원회에는 집행부가 있어서 각 부족이 1년의 10분의 1에 해당하는 기간 동안 맡아 평의회 소집, 회의 준비, 토의 사항 채택 등을 담당했다.

고발해서 체포하도록 하겠다고 위협하고 여러분도 연설자들의 말을 따르라고 소리쳤을 때, 나는 위험을 무릅쓰겠다고 결심했습니다. 투옥이나 죽음이 두려워서 여러분의 부정에 가담하느니 차라리 법과 정의의 편에 서겠다고 말입니다. 이 일은 민주정치가 시행되던 시절에 일어났습니다. 그러나 과두제[37] 밑에서 30명의 집정관이 집권했을 때, 그들은 나와 다른 네 사람을 원형 건물[38]로 소환해 살라미스 사람 레온[39]을 살라미스에서 데려오라고 명령했습니다. 그들은 그를 사형에 처하고자 했던 것입니다. 이것은 그들이 가능한 한 많은 사람을 그들의 죄에 연루시키려고 항상 내리던 명령의 한 예에 지나지 않습니다. 말이 아니라 행동으로써 이러한 표현을 사용하는 것이 허용된다면, 그때 나는 죽음을 조금도 개의치 않으며, 내가 가장 걱정하고 있는 유일한 일은 부정하거나 불경스러운 일을 저지르지 않는 것임을 보여주었습니다. 저 압제적인 정권의 강력한 힘도 나를 위협해서 나쁜 일을 시키지는 못했기 때문입니다. 다시 말하면 우리가 원형 건물에서 나왔을 때 다른 네 사람은 살라미스로 가서 레온을 데리고 왔지만, 나는 조용히 집으로 돌아갔던 것입니다. 30명 집정관의 정권이 이 일이 있은 직후에 붕괴되지 않았다면 나는 이 일 때문에 목숨을 잃었을 것입니다. 그리고 많은 사람이 내가 한 말을 증언해줄 것입니다.[40]

---

37 기원전 404년, 아테네가 스파르타에 패배한 후, 스파르타의 후원하에 집권한 크리티아스 등의 독재정치를 말한다. 8개월쯤 지나서 공포정치를 하던 30명의 과두정치는 종지부를 찍었다.
38 지붕이 둥근 건물로 집행부 사람들이 집무와 식사를 하던 건물이었다. 스파르타에 패배한 후에는 30명의 전제자들이 이 건물을 사용했다.
39 독재정치 밑에서 죄 없이 처형된 사람.
40 여기서 몇 사람의 증인이 증언을 한 듯하다. 다음 장이 '그렇다면'으로 시작되는 것도

21

그렇다면 여러분은 내가 공직에 종사하면서 항상 옳은 일에 편들고 내가 마땅히 그러해야 한다고 생각하는 것처럼 정의를 우선적으로 고려했더라도 지금까지 내가 살아남았으리라고 진정으로 생각하십니까? 전혀 불가능한 일입니다. 아테네인 여러분, 나에게나 다른 사람에게나 불가능한 일입니다. 그러나 나는 공적인 면에서나 사적인 면에서나 내 모든 행동에서 언제나 동일한 태도를 견지해왔습니다. 그리고 나를 비방하는 뜻에서 나의 제자로 자처하는 사람들이나 다른 사람들과 비열한 타협을 한 적이 결코 없습니다. 그렇다고 해서 나에게 정식 제자가 있었던 것은 아닙니다. 그러나 내가 나의 사명을 수행하고 있을 때 나의 말을 들으려고 찾아온다면, 청년이든 노인이든 간에 이를 거부하지는 않습니다. 또한 나는 보수를 받아야만 대화한 것이 아니어서, 부자든 빈민이든 간에 누구든지 나에게 묻고 대답을 들을 수 있었습니다. 그리고 그가 악한 사람이 되든 선한 사람이 되든 그 결과는 나의 탓이 아님은 당연한 일입니다. 나는 누구를 가르친 적도 없고, 또 가르쳐주겠다고 공언한 적도 없기 때문입니다. 만일 누구에게서도 들어보지 못한 것을 개인적으로 내게서 배웠다든가 들었다고 주장하는 사람이 있다면 그는 거짓말을 하는 것임을 밝혀둡니다.

22

그러나 나는 이런 질문을 받게 되겠지요. 즉 "당신과 계속해서 대화

증언이 있었음을 시사하는 것이다.

를 나누는 것을 즐거워하는 사람들이 있는데 그 까닭은 무엇인가?"라고요. 아테네인 여러분, 나는 이 문제에 대해 여러분에게 모든 진실을 이미 말했습니다. 그들은 지혜가 있는 체하는 사람들을 논박하는 것을 즐겨 듣는 것입니다. 이런 논박은 유쾌한 일입니다. 그리고 다른 사람들을 시험하는 것은 신이 내게 부과한 의무입니다. 그리고 이러한 의무는 신탁이나 꿈이나 신의(神意)를 통해 어떤 사람에게 암시를 주는 기타 온갖 방법으로 내게 부과되었습니다. 오, 아테네인 여러분, 이것은 사실입니다. 사실이 아니라면 곧 발각될 것입니다. 내가 청년을 타락시키고 있거나 타락시킨 적이 있다면, 이제는 어른이 되어 그들이 젊을 때 내가 잘못된 충고를 했다는 것을 깨닫게 된 사람들은 고발자로 나서서 복수를 해야 마땅합니다. 그들이 직접 나서기를 꺼린다면 아버지나 형제 등 그들의 가족이나 다른 친척이 나서서 나 때문에 그들의 가족이 어떠한 화를 입었는지 말해야 마땅합니다. 지금이 바로 호기입니다. 내가 살펴보니 그들 중 많은 사람이 이 법정에 나와 있군요. 나와 동갑이며 같은 구(區) 출신인 크리톤,[41] 그리고 저기에는 그의 아들인 크리토불로스[42]도 보이는군요. 다음에는 스페토스 구 출신이며 아이스키네스[43]의 아버지인 뤼사니아스가 있고, 그의 아들도 나와 있습니다. 그리고 케피시아 구 출신이며 에피게네스[44]의 아버지인 안티폰이 있

---

41 Kriton : 소크라테스의 충실한 벗이며, 부유한 사람. 대화편 《크리톤》에서는 소크라테스에게 탈옥을 권한다.
42 Kritobulos : 크리톤의 아들로 소크라테스를 숭배했으며, 소크라테스의 임종을 목격했다.
43 대화편 《파이돈》에 따르면 아이스키네스와 에피게네스도 소크라테스의 임종 자리에 있었다.
44 상동.

고, 저기에는 나와 사귄 사람들의 형제들이 나와 있습니다. 즉 테오조티데스의 아들이며 테오도토스의 형(테오도토스는 죽었으므로 어쨌든 그의 형의 고소를 말리지는 못했을 것입니다)인 니코스트라토스, 그리고 데모도코스의 아들이며 테아게스의 형인 파랄리오스, 그리고 아리스톤의 아들인 아데이만토스[45]……, 그의 동생인 플라톤도 나와 있습니다. 그리고 저기 보이는 아폴로도로스[46]의 형인 아이안토도로스……, 나는 더 많은 이름을 말할 수 있습니다. 멜레토스는 그의 연설 가운데서 그들 중 몇 명을 증인으로 언급했어야 옳았을 것입니다. 만일 그가 잊고 있었다면 지금이라도 증인으로 세우도록 합시다. 나는 양해하겠습니다. 그가 이러한 증인을 통해 증언할 것이 있다면 증언을 듣기로 합시다. 그러나 아테네인 여러분, 사실은 정반대입니다. 그들은 그들의 친척을 타락시키고 해친 자―멜레토스와 아니토스는 나를 그렇게 불렀습니다―를 위해 증언하려고 하기 때문입니다. 나 때문에 타락한 청년들만이 아니라 그들의 타락하지 않은 나이 많은 친척들까지도 나를 위해 증언할 동기를 갖고 있을 것입니다. 왜 그들은 증언을 통해 나를 도우려는 것일까요? 이유는 진리와 정의를 위해서이며, 그들은 내가 진실을 말하고 멜레토스는 거짓말을 하고 있다는 것을 잘 알고 있기 때문입니다.[47]

---

45 Adeimantos : 플라톤의 맏형.
46 Apollodoros : 소크라테스를 열렬히 숭배해 스승을 따라 맨발로 다녔다고 한다. 그도 소크라테스의 임종 자리에 있었다.《향연》에서는 대화의 주도자로 등장한다.
47 여기서 증인의 증언을 듣는다.

23

　자, 아테네인 여러분, 내가 할 수 있는 변명은 결국 이 정도입니다. 어떤 사람은 자신이 동일한 사건 또는 훨씬 가벼운 사건으로 고발되었을 때 눈물을 흘리며 재판관들에게 빌고 애원했으며, 감동적인 장면을 연출하려고 자식과 함께 많은 친척과 친구를 법정에 데리고 나왔던 일을 상기하고 내게 불쾌감을 느낄지도 모릅니다. 생명의 위험을 느끼면서도 나는 그런 일을 전혀 하려고 하지 않기 때문입니다. 마음속으로 대조를 해보고 내게 분노를 느끼고, 이 때문에 내게 불쾌한 감정을 갖고 홧김에 투표를 하는 사람도 있을 것입니다. 그러나 여러분 가운데 이러한 사람이 있다면—나는 여기에 이러한 사람이 있다고 단언하지는 않았다는 점에 유의하십시오—나는 이렇게 대답하는 것이 적절하다고 생각합니다. "나의 친구여, 나도 인간이며 다른 사람과 마찬가지로 호메로스가 말한 것처럼 '나무나 돌로' 만들어진 것이 아니라 살과 피로 만들어진 사람입니다. 그리고 내게도 가족은 있습니다. 아들도 있습니다. 오, 아테네인 여러분, 세 명의 아들[48]이 있는데 하나는 어른이 다 되었고, 두 명은 아직 어립니다. 그럼에도 나는 여러분에게 무죄 방면을 애원하려고 그들을 이곳으로 데려오지는 않을 것입니다." 그러면 왜 데려오지 않는가? 거만하거나 여러분을 존경하지 않기 때문은 아닙니다. 내가 죽음을 두려워하느냐 두려워하지 않느냐 하는 것은 다른 문제입니다. 이에 대해서는 지금 말하지 않으렵니다. 그러나 여론을 고려해본다면 그러한 행동은 나 자신이나 여러분을 위

---

48 장남 람프로크레스, 차남 소프로니코스, 삼남 메네크세노스를 말한다.

해서 또는 국가를 위해서 불명예스러운 일입니다. 나 정도 나이가 되고 지혜가 있다고 해서 명성을 얻은 사람은 자기 자신의 품위를 훼손해서는 안 되는 법입니다. 나에 대한 이러한 의견이 합당하든 그렇지 않든 간에 어쨌든 세상은 소크라테스는 어떤 점에서는 다른 사람보다 우월하다고 정해버렸습니다. 따라서 여러분 가운데서 지혜나 용기 또는 다른 덕이 우월하다는 말을 듣는 사람이 이런 방식으로 자신의 품위를 훼손한다면 얼마나 부끄러운 행동입니까? 고명한 사람이 법정에 서면 아주 딴사람처럼 행동하는 것을 나는 여러 번 보았습니다. 그들은 사형을 당하면 무서운 일을 겪게 되고 여러분이 그들을 살려주면 영생이라도 할 수 있는 것처럼 상상하는 듯했습니다. 그런데 나는 이러한 행동은 국가의 불명예이며, 아테네인이 명예와 현직을 준 아테네의 가장 저명한 사람들은 여자보다 나을 것이 없다고 외국에서 온 사람들은 말하리라고 생각합니다. 그리고 나는 명성을 갖고 있는 사람들은 이러한 행동을 해서는 안 된다고 주장합니다. 만일 이러한 행동을 한다면 여러분은 절대로 용서하지 말아야 합니다. 오히려 서글픈 연극을 해서 국가를 웃음거리로 만드는 사람을 평온한 태도를 취하는 사람보다 훨씬 더 유죄로 판결한다는 점을 보여주어야 합니다.

24

그러나 여론은 무시한다 하더라도 재판관에게 설명하고 그를 설득하는 대신 재판관에게 은혜를 베풀어달라고 애원하여 무죄 석방이 되는 것은 옳지 않은 일이라고 생각합니다. 왜냐하면 재판관의 의무는 정의를 선사하는 것이 아니라 판결을 내리는 것이기 때문입니다. 그리고 재판관은 자신의 기분에 따라 재판하지 않고 국법에 따라 재판할 것을 서약했습니다. 따라서 우리는 여러분이 서약을 깨뜨리는 습관을 갖도록 해서는 안 되며, 여러분도 이러한 습관을 키워서는 안 됩니다. 이러한 습관에는 경건함이 있을 수 없기 때문입니다.

그러므로 내게 불명예스럽고 불경스러우며 옳지 않다고 생각하는 일을 하도록 요구하지 마십시오. 특히 멜레토스의 고발에 따라 신을 믿지 않는다는 죄로 재판을 받는 지금은. 오, 아테네인 여러분, 왜냐하면 내가 설득과 애원으로 여러분의 맹세를 깨뜨리게 한다면 나는 여러분에게 신들이 없다고 믿으라고 가르친 것이 되고, 따라서 변명을 하면서 신들을 믿지 않는다는 고소를 단지 확인하는 데 지나지 않게 되기 때문입니다. 그러나 그러한 일은 생각조차 할 수 없는 일입니다. 나는 나를 고발한 사람들이 신들을 믿는다고 하는 것보다 더 높은 차원에서 신들을 믿고 있기 때문입니다. 그리고 나는 여러분이나 나를 위해서나 최선이 되도록 재판해줄 것을 여러분과 신에게 맡깁니다.[49]

25

오, 아테네인 여러분, 유죄 투표에 대해 내가 비탄하지 않는 이유는 여러 가지입니다. 나는 그런 결과를 예상했고, 다만 찬반 투표수가 거의 같다는 데 놀랐을 뿐입니다. 나는 내게 불리한 투표가 훨씬 많으리라고 생각했습니다. 그러나 지금 30표[50]가 다른 쪽으로 넘어갔더라면

---

49 여기서 유죄 또는 무죄를 결정하는 투표가 실시된다. 흰 돌과 검은 돌로 투표한 결과 소크라테스는 유죄로 결정된다.
50 이본(異本)에는 3표라고 되어 있다. 그러나 30표의 차이가 옳다고 보는 이론이 유력하다.

나는 무죄 방면되었을 것입니다. 그리고 나는 멜레토스한테서 벗어났다고 말해도 좋으리라고 생각합니다. 그 이상의 말을 할 수도 있습니다. 아니토스와 리콘의 도움이 없었다면 멜레토스는 법률이 요구하는 투표의 5분의 1을 획득하지 못했을 것이며, 이 경우에 그는 1천 드라크마의 벌금을 물어야 했을 것이기 때문입니다.[51]

26

그런데 멜레토스는 나를 사형에 처하라고 제안합니다. 오, 아테네인 여러분, 그러면 나는 어떤 형벌을 제안해야 합니까?[52] 나에게 합당한 형벌이어야 함은 당연한 일입니다. 그런데 내게 합당한 형벌은 무엇입니까? 전 생애를 걸쳐서 게으름을 피울 만한 재주를 전혀 가져보지 못하고, 많은 사람이 관심을 갖는 일, 즉 부(富), 집안일, 장교, 국민의회에서의 연설, 공직, 음모, 당파 등에는 전혀 관심을 갖지 않았던 사람이 치러야 할 대가는 무엇입니까? 나는 정치가로서 살기에는 너무나 정직하다고 생각하고, 내가 여러분이나 내게 좋은 일을 할 수 없는 곳에는 가지 않았습니다. 그러나 나는 개인적으로 여러분 모두에게 가장 좋은 일을 할 수 있는 곳으로 가서 사람은 자기 자신을 돌봐야 하며, 개인적 이

---

51 고발자가 전 투표수의 5분의 1을 획득하지 못하면 1천 드라크마의 벌금을 과하도록 법에 규정되어 있었다. 때로는 시민권을 박탈하는 경우도 있었다. 경솔한 소송을 방지하기 위해서였다.
52 아테네의 재판 관습에 따라 유죄 선고 후에 원고와 피고는 형량을 제안하는 것이 허용되었다. 이러한 범죄에 대해서는 법률에 명확한 규정이 없어서 법정이 형량을 자유롭게 결정할 수 있었기 때문이다. 멜레토스는 사형을 제안했다. 이에 대해 소크라테스는 아테네 시의 최고 영예를 자기에게 수여해야 마땅하다고 제안한다.

익을 구하기에 앞서 덕과 지혜를 추구해야 하고, 국가의 이익을 고려하기에 앞서 국가 자체를 돌봐야 하며, 또한 이것이 인간의 행동에 있어서 지켜야 할 순서라고 여러분 각자에게 설득하려고 노력했습니다. 이러한 사람에게 어떠한 형벌을 주어야 합니까? 오, 아테네인 여러분, 내가 받아 마땅한 것은 좋은 일이어야 할 것입니다. 그리고 내게 합당한 것이어야 할 것입니다. 가난하지만 여러분에게 혜택을 주었고 또한 여러분을 가르치려고 한가한 시간을 바라고 있는 사람에게 알맞은 보상은 무엇입니까? 오, 아테네인 여러분, 프리타네이온[53]에서 날 부양해주는 것보다 합당한 보상은 없을 것입니다. 이 보상은 올림피아에서 승마나 전차 경주—두 마리의 말이 끌든 더 많은 말이 끌든—에서 상을 탄 시민에게 주는 것보다 훨씬 적절할 것입니다. 왜냐하면 나는 궁핍하지만 그는 부유하기 때문입니다. 그리고 그는 여러분에게 행복의 외양만을 줄 뿐이지만 나는 여러분에게 행복 자체를 주기 때문입니다. 따라서 내게 공정한 처벌을 판정하라고 한다면, 나는 프리타네이온에서 날 부양해주는 것이 정당한 보상이라고 주장할 수밖에 없습니다.

27

이렇게 말하면 여러분은 내가 읍소나 탄원에 대해 말했을 때처럼 여러분에게 거드름을 피운다고 생각할지도 모릅니다. 그러나 그렇지 않습니다. 시간이 너무 짧아서 여러분을 설득할 수는 없지만, 나는 고의

---

53 집정관들이 집무하는 관청으로 국가의 중심이었다. 집정관, 외국 사절, 개선장군이나 올림피아 경기의 승자 등 국가에 공이 있는 사람에게는 여기서 국비로 식사가 제공되었다.

적으로 어떤 사람을 나쁘게 만든 일은 결코 없다고 확신하기 때문에 이렇게 말하는 것입니다. 만일 다른 도시와 마찬가지로 아테네에도 중대한 소송은 하루 동안에 판결을 내려서는 안 된다는 법률이 있다면 나는 여러분을 설득할 수 있었으리라고 확신합니다. 그러나 나는 잠시 동안에 수많은 비방을 논박할 수는 없습니다. 그리고 나는 다른 사람에게 나쁜 일을 한 적이 없다고 확신하므로 나는 나 자신에게 나쁜 일을 할 수는 없습니다. 나는 나 자신이 화를 입어도 마땅하다고 할 수는 없으며, 어떤 처벌을 제안할 수도 없습니다. 왜 그럴까요? 멜레토스가 제안한 사형을 두려워하기 때문일까요? 나는 죽음이 선인지 악인지 잘 모릅니다. 그렇다면 악임이 분명한 처벌을 내가 어찌 제안할 수 있겠습니까? 징역을 제안할까요? 어째서 내가 감옥에서 살아야 하며 또한 그 해의 관리, 즉 11명의 옥리(獄吏)[54]의 노예가 된단 말입니까? 혹은 벌금형을 받아 벌금을 다 물 때까지 징역을 살아야 할까요? 금고형과 마찬가지 이유로 벌금형도 반대합니다. 나는 돈이 없고 따라서 벌금을 물 수 없으므로 감옥에서 살 수밖에 없기 때문입니다. 만일 내가 추방을 제안한다면(아마도 이것이 여러분이 생각하는 처벌일 것입니다), 나는 진실로 생에 맹목적인 집착을 갖고 있는 사람이 될 수밖에 없습니다. 나와 같은 시에 사는 여러분조차도 나의 토론이나 말을 견딜 수가 없고, 그것이 너무나 쓰라리고 밉살스러워 더는 참을 수가 없다고 하는 때에 다른 도시의 사람들은 나를 역겨워하지 않으리라고 기대할 만큼 내가 이성을 잃었다면 말입니다. 아테네인 여러분, 전혀 있을 수 없는 일입니

---

54 각 부족에서 매년 추첨으로 선출되는 10명의 옥리와 1명의 서기가 감옥을 감독하고 사형을 집행하는 일을 맡고 있었다.

다. 나와 같은 나이에 이 도시에서 저 도시로 떠돌아다니며 항상 유배지를 변경하고, 또 항상 쫓겨나야 하는 생활은 어떤 것일까요! 내가 어디를 가든 여기서와 마찬가지로 거기서도 청년들이 내 곁으로 몰려오리라고 나는 확신하고 있기 때문입니다. 내가 청년들을 쫓아낸다면 청년들의 요구로 연장자들은 나를 쫓아낼 것입니다. 내가 청년들을 받아들이면 그들의 아버지나 친구들은 청년들을 위해서 나를 쫓아낼 것입니다.

28

어떤 사람은 이렇게 말할 것입니다. "그렇다면 소크라테스여, 당신이 침묵을 지킬 수만 있다면 낯선 도시에 가더라도 당신에게 간섭하는 사람이 없을 것 아닌가?"라고 말입니다. 그런데 이에 대한 내 대답을 여러분에게 이해시키는 것은 매우 어려운 일입니다. 내가 여러분이 말하는 대로 한다면 그것은 신에 대한 불복종이 되며, 따라서 나는 침묵을 지킬 수 없다고 여러분에게 말한다면, 여러분은 내가 진지하다는 것을 믿지 않을 것입니다. 그리고 내가 다시 매일매일 덕에 대해서, 그리고 내가 나 자신과 다른 사람을 시험해볼 때 여러분이 들은 기타의 일들에 대해서 토의하는 것이 인간의 최대 선이며, 검증되지 않은 삶은 살 만한 보람이 없다고 말하면, 여러분은 더욱더 나를 믿지 않을 것입니다. 내가 이 일에 대해 여러분을 설득하기는 어렵겠지만, 내가 한 말은 진실입니다. 또한 내가 해를 입는 것은 당연한 일이라는 생각에 나는 익숙하지 못합니다. 만일 돈이 있다면 내가 지불할 수 있는 한도 내에서 나는 벌금을 제안할 것입니다. 그것은 그다지 해가 되지 않기 때문입니다. 그러나 지금 나는 한 푼도 없고, 따라서 여러분에게 내가 감당할 수 있는 정도의 벌금을 과해주도록 요청하지 않을 수 없습니다. 나는 은화 1므나 정도라면 지불할 수 있을 것입니다. 그러므로 나는 이 정도의 벌금을 제안합니다. 그런데 여기 있는 내 친구들, 즉 플라톤, 크리톤, 크리토불로스, 아폴로도로스는 30므나를 제안하라고 나에게 권고합니다. 그들은 보증인이 될 것입니다. 30므나의 벌금을 제안합니다. 이 정도의 금액이라면 그들은 여러분들에게 충분히 보증할 수 있을 것입니다.[55]

29[56]

오, 아테네인 여러분, 이 도시를 비방하는 자들에게서 여러분이 현자 소크라테스를 죽였다는 악명을 대가로 받게 될 날도 멀지 않았습니다. 이 도시를 비방하는 자들은 여러분을 비난하고자 할 때, 사실은 내가 현명하지 않음에도 나를 현명하다고 부를 것이기 때문입니다. 여러분이 잠시만 기다렸다면 여러분의 소망은 저설로 이루어졌으련만……. 여러분도 아시다시피 나는 상당히 나이가 많고, 따라서 죽을 날도 멀지

---

55 여기에서 변명은 중단되고 형량을 결정하는 2차 투표가 실시되어 소크라테스는 사형 선고를 받는다. 1차 투표 이후 소크라테스의 논조는 재판관들의 감정을 상하게 만들었으므로 이번에는 80표라는 차이로 사형이 선고된 것이다.

56 29~33장까지는 에필로그에 해당된다. 여기서 소크라테스는 사형을 선고한 재판관들과 무죄를 인정한 재판관들에게 최후 진술을 한다. 그런데 사형을 선고한 사람들에 대한 진술은 아마도 플라톤의 창작이리라. 왜냐하면 그에게 사형을 선고한 사람들이 끝까지 남아서 그의 신랄한 비난을 경청하지는 않았을 것이기 때문이다. 또한 말을 들을 사람이 없는데 소크라테스가 독백을 했다고 보기도 어렵다. 다만 그의 무죄를 인정한 재판관들과 그의 친구들이 끝까지 소크라테스의 최후 진술을 열심히 경청했을 것이다.

않았습니다. 나는 지금 여러분 모두에게 말하는 것이 아니라 내게 사형을 선고한 사람들에게만 말하고 있습니다. 나는 그들에게 또 한 가지 말해둘 것이 있습니다. 여러분은 내가 말이 모자라 무죄 방면을 실현하지 못했기 때문에 사형을 선고받았다고 생각합니다. 즉 무슨 짓이든 또는 무슨 말이든 다 해도 좋다고 생각했더라면, 나는 무죄판결을 받았을 것이라고 생각합니다. 그렇지 않습니다. 나는 부족한 점이 있어서 유죄판결을 받았지만 그것은 말의 부족은 아닙니다. 분명히 그렇지 않습니다. 오히려 후안무치(厚顔無恥)하지 못하고 여러분이 듣고 싶어 하는 말을 하지 못했기 때문입니다. 즉 눈물을 흘리고 울부짖고 한탄하는 등 여러분이 다른 사람들에게서 늘 듣고 있는 많은 일을 말하지도 행하지도 않았기 때문입니다. 그러나 내가 주장한 것처럼 이러한 일은 내게 어울리지 않습니다. 나는 그때 위험에 직면하더라도 흔히 볼 수 있는 또는 비열한 행동을 해서는 안 된다고 생각했습니다. 또한 나는 지금 내 변명의 방식을 후회하지도 않습니다. 나는 여러분의 방식에 따라 말함으로써 생명을 보존하는 것보다는 오히려 내 방식대로 말하고 죽는 것이 훨씬 훌륭하다고 생각합니다. 나든 또는 어떤 사람이든 전쟁에 있어서 또는 법률에 있어서 모든 책략을 동원하여 죽음을 회피하려고 해서는 안 되기 때문입니다. 흔히 있는 일입니다만, 분명히 싸움터에서는 무기를 버리고 추격자 앞에 무릎을 꿇는다면 죽음을 피할 수도 있습니다. 그리고 다른 위험에 직면했을 때도 무슨 말이든 또 무슨 짓이든 다 하기만 한다면, 다른 방법으로 죽음을 피할 수 있습니다. 나의 친구여, 죽음의 회피가 어려운 것이 아니라, 불의를 피하는 것이 어렵습니다. 부정은 죽음보다도 빨리 달리기 때문입니다. 나는 늙고 행동이 둔하기 때문에 느리게 뛰는 자에게 붙잡혔지만 예리하고 기민한 나의 고발자들은 빨리 달리는 자, 즉 불의에 붙잡혔습니다. 그리고 나는 지금 여러분에게 유죄판결을 받고 사형을 받기 위해 떠나지만, 그들도 진리에 의해 유죄판결을 받고 흉악과 부정에 대한 처벌을 받기 위해 떠나갑니다. 그리고 나는 내게 내린 판결을 감수해야 합니다. 그들은 그들에게 내린 판결을 감수해야 합니다. 나는 이것이 숙명적인 일이라고 생각합니다. 나는 이것으로 만족스럽다고 생각합니다.

30

그런데 내게 유죄판결을 내린 여러분, 나는 여러분에게 기꺼이 예언하려고 합니다. 이제 내겐 죽음이 임박했고, 죽음이 임박했을 때 사람들에게는 예언의 힘이 주어지기 때문입니다. 나는 내게 사형을 언도한 여러분에게 예언합니다. 내가 죽은 직후에 여러분이 내게 과한 것보다 훨씬 무거운 처벌이 여러분에게 분명히 닥쳐오리라는 것을. 여러분을 비난하는 자에게서 벗어나고 여러분의 생활을 설명하고 싶지 않기 때문에 여러분은 나를 죽이는 것입니다. 그러나 여러분의 생각대로 되지는 않을 것입니다. 오히려 정반대일 것입니다. 여러분을 비난하는 사람은 지금보다도 많아질 것이기 때문입니다. 지금까지는 내가 그들을 제지해왔습니다. 그리고 그들은 젊기 때문에 더욱 가혹할 것이고 따라서 여러분도 그들에게 훨씬 더 화를 낼 것입니다. 만일 사람들을 살해함으로써 여러분의 올바르지 못한 생활에 대한 책망을 저지할 수 있다고 생각한다면 여러분의 판단은 잘못입니다. 그것은 가능하지도 않고 명예롭지도 못한 도피입니다. 가장 쉽고 고상한 방법은 다른 사람들에게 해를 끼치지 말고 여러분 자신을 향상시키는 것입니다. 이것이 내가 떠나기 전에 내게 유죄판결을 내린 재판관들에게 남기는 예언입니다.

31

나의 무죄를 인정한 친구들이여, 나는 여러분과 여기서 일어난 일에 대해 말하고 싶습니다. 관리들이 바빠서 내가 죽어야 할 곳으로 끌고 가지 못하는 동안에……. 잠시 나의 곁에 그대로 머물러 있어주십시오. 아직은 시간이 남아 있으니 서로 대화를 나누어도 괜찮을 것입니다. 여러분은 나의 친구이며, 따라서 내게 일어난 이 사건의 의미를 나는 여러분에게 밝혀두고 싶습니다. 오, 재판관 여러분,[57] 여러분이야말로 진실로 재판관이라고 불릴 수 있는 사람들입니다. 나는 여러분에게 이상한 사건을 이야기하고자 합니다. 지금까지는 내가 어떤 문제에 대해 실수를 하거나 잘못을 저지르려고 하면 그것이 아무리 보잘것없는 문제더라도 내면적인 정령의 신탁은 언제나 내게 반대를 제기해왔습니다. 그런데 이번에 여러분도 아시다시피 내게는 최악의 일이라고 할 수 있고 또한 일반적으로 그렇게 믿고 있는 일이 일어났습니다. 그러나 내가 아침에 집을 떠날 때도, 또 법정으로 오는 도중에도, 또 변론 중에 무슨 말을 하려고 할 때도, 신탁은 반대 표시를 나타내지 않았습니다. 전에는 이야기 도중에 저지당하는 일이 자주 있었건만 이번에는 내가 무슨 말을 하든 무슨 행동을 하든 이 사건에 대해서 신탁은 전혀 반대를 하지 않

---

[57] 지금까지 '아테네인 여러분'이라고 불러오다가 처음으로 '재판관 여러분'이라고 부른 것은 소크라테스의 무죄를 인정한 재판관이야말로 참된 재판관이라고 생각했기 때문이다.

았습니다. 이 침묵을 어떻게 설명해야 할까요? 나는 여러분에게 밝혀 두렵니다. 그것은 내게 일어난 일은 좋은 일이며, 죽음을 악이라고 생각하는 사람들은 잘못을 저지르고 있다는 암시입니다. 내가 악을 행하려 하고 그것이 좋은 일이 아니었다면, 예의 신탁은 분명히 내게 반대했을 테니까요.

32

다른 면으로 고찰해보더라도 죽음이 선(善)이라는 희망에는 유력한 이유가 있음을 알 수 있습니다. 죽음은 다음 두 가지 중 하나일 것입니다. 즉 죽음은 허무 상태로서 전혀 감각을 갖지 못하든가, 또는 사람들이 말하는 것처럼 이 세계에서 다른 세계로 영혼이 이동하는 것이든가……. 그런데 만일 죽음이 무감각 상태로 어지러운 꿈조차 꾸지 않는 잠 같은 것이라면 죽음은 뛰어난 소득일 것입니다. 만일 어떤 사람이 꿈조차 꾸지 않고 숙면한 밤을 가려내어 그의 생애 중 다른 낮밤과 비교해본다면, 그리고 그의 생애에서 이 하룻밤보다 더 좋고 즐겁게 지낸 낮밤이 얼마나 되는지 말해야 한다면, 보통 사람들은 말할 것도 없고 페르시아 대왕조차도 다른 낮밤과 비교할 때 그러한 주야는 극히 적다는 것을 알게 될 것이라고 나는 생각합니다. 죽음이 이러한 것이라면 나는 죽는 것이 소득이라고 생각합니다. 그렇다면 영원은 단 하룻밤에 집약될 테니까. 그러나 죽음이 다른 곳으로 떠나는 여행이고 사람들의 말처럼 거기에는 모든 고인(故人)이 살고 있다면, 오, 나의 친구와 재판관 여러분, 이보다 좋은 일이 있겠습니까? 순례자가 저승에 도착해서 이 세상의 재판관이라고 자처하는 자들에게서 풀려나고, 거기에서 재판을 한다고 알려진 미노스,[58] 라다만티스,[59] 아이아코스,[60] 트리프톨레모스[61] 그리고 일생을 올바르게 산 신의 다른 아들들을 발견한다면, 이러한 순례는 분명히 보람 있는 일일 것입니다. 오르페우스, 무사이오스,[62] 헤시오도스,[63] 호메로스 등과 대화를 나눌 수 있다면 어떤 대가인들 못 치르겠습니까? 아니 이것이 사실이라면 나는 몇 번이라도 죽고 싶습니다. 또한 나는 거기서 팔라메데스,[64] 텔라몬의 아들인 아이아스,[65] 그리고 공정하지 못한 재판 때문에 죽은 기타 옛 영웅들을 만나는 일에 비상한 관심을 가질 것입니다. 그리고 내가 생각하는 바로는 그들의 고통과 나 자신의 고통을 비교해보는 것도 적지 않은 즐거움일 것입니다. 무엇보다도 나는 참된 지식과 거짓 지식에 대한 탐구를 계속할

58　Minos : 크레타 섬의 왕. 사후에 죽은 자를 재판하는 재판관이 되었다고 한다.
59　Rhadamanthys : 미노스의 동생. 경건한 사람으로 사후에 사자(死者)의 재판관이 되었다고 한다.
60　Aiakos : 아이기나 왕으로 역시 사자의 재판관이 되었다고 한다.
61　Triptolemos : 농업을 가르치는 반신(半神)으로 사후에 사자의 재판관이 되었다고 한다.
62　Mousaios : 오르페우스와 함께 전설상의 종교 시인(宗敎詩人). 무사이오스는 오르페우스의 제자라고 한다.
63　Hesiodos : 호메로스와 함께 그리스 서사시의 창시자로 알려졌다. 《신통기(神統記)》 등의 저술이 있다.
64　Palamedes : 왕자로서 트로이 원정에 참가했다. 그는 트로이 원정군에서 빠지려고 미친 척하던 오디세우스의 간계를 간파했으므로 후에 오디세우스의 흉계에 걸려 반역죄로 사형을 받았다. 소크라테스가 자기의 운명을 팔라메데스의 운명과 비교한 것은 당연하다 하겠다. 에우리피데스의 《팔라메데스》는 그의 억울한 최후를 그린 비극인데, 소크라테스가 죽은 후 얼마 되지 않아 이 비극이 상연되었을 때 아테네인은 소크라테스의 운명을 생각하고 뜨거운 눈물을 흘렸다고 한다.
65　Aias : 살라미스 왕 텔라몬의 아들로서 트로이 원정군 중 아킬레우스 다음가는 용사. 아킬레우스가 죽은 다음 그의 무기를 얻으려고 오디세우스와 싸워서 패하고 미쳤으나, 후에 제정신으로 돌아오자 치욕을 느끼고 자살했다. 소포클레스의 비극 《아이아스》는 이 용사의 최후를 그린 것이다.

수 있을 것입니다. 이 세상에서처럼 저세상에서도 나는 누가 현명하고, 누가 현명한 체하지만 그렇지 않은지 알게 될 것입니다. 오, 재판관 여러분, 위대한 트로이 원정군의 지도자,[66] 오디세우스, 시시포스를 비롯해 다른 무수한 남녀를 시험해볼 수 있다면 무슨 대가인들 아낄 것인가! 거기서 그들과 대화를 나누고 질문을 한다면 무한한 기쁨이 아닐 수 없습니다! 저세상에서는 질문을 한다고 해서 사람을 사형에 처하지는 않을 것입니다. 분명히 그렇습니다. 그들은 우리보다 행복할 뿐만 아니라 세상에 떠도는 말이 사실이라면 그들은 영원히 살기 때문입니다.

33

그러므로 재판관 여러분, 죽음을 흔쾌히 여기고 착한 사람에게는 생전에도 사후에도 나쁜 일은 생길 수 없다는 것을 확신하십시오. 착한 사람과 그가 한 일은 신도 소홀히 여기지 않습니다. 또한 나의 다가오는 최후도 결코 우연히 일어난 일이 아닙니다. 나는 죽어서 고통에서 해방될 좋은 때가 왔다고 확신합니다. 그러므로 신탁은 아무런 경고도 하지 않은 것입니다. 이러한 이유 때문에 나는 유죄판결을 한 자와 고발한 자에게 화를 내지 않습니다. 그들은 내게 좋은 일을 해줄 의도는 없었지만 그렇다고 해서 그들이 내게 해를 끼친 것은 아닙니다. 그리고 이 때문에 그들은 마땅히 비난받을 만합니다.

다시 한번 나는 그들의 호의를 요청하고자 합니다. 오, 나의 친구들이여, 나의 아들들이 장성했을 때 그들을 처벌해주시오. 나의 아들들이

---

66 트로이 원정군의 총사령관 아가멤논을 말한다.

덕 이상으로 재산이나 다른 일에 관심을 갖는다면, 나는 여러분을 시켜서 내가 여러분을 괴롭힌 것처럼 그들을 괴롭힐 것입니다. 또한 나의 아들들이 사실은 보잘것없으면서도 훌륭한 체하면, 여러분은 내가 여러분을 꾸짖은 것처럼, 그들이 반드시 돌봐야 할 일을 돌보지 않고 사실은 보잘것없으면서 훌륭한 체한다고 그들을 꾸짖어주십시오. 그리고 당신이 그렇게 해준다면 나와 나의 아들은 당신에게서 정당한 대우를 받은 것이 됩니다.

　이제 떠나야 할 시간이 되었습니다. 각기 자기의 길을 갑시다. 나는 죽기 위해서, 여러분은 살기 위해서. 어느 쪽이 더 좋은지는 오직 신만이 알 뿐입니다.

크리톤

대화하는 사람
소크라테스, 크리톤

장면
소크라테스의 감옥

소크라테스 웬일로 이 시각에 왔지, 크리톤? 매우 이른 시간일 텐데.[1]

크리톤 아주 이른 시간이네.

소크라테스 몇 시쯤 됐나?

크리톤 막 동이 트려고 하네.

소크라테스 문지기가 문을 열어주다니 이상한 일이군.

크리톤 소크라테스, 내가 자주 오기 때문에 문지기는 나를 잘 알고 있네. 게다가 나는 문지기에게 친절을 베풀어두었거든.

소크라테스 그럼 방금 왔나?

크리톤 얼마 전에 왔네.

소크라테스 그런데 왜 오자마자 깨우지 않고 조용히 앉아 있었나?

크리톤 소크라테스, 나라면 자네처럼 이렇게 고통스럽고 불안한 상태를 견디기 어려웠을 걸세. 정말로 그렇고말고. 나는 자네가 평온하게 잠들어 있는 것을 보고 경탄을 금할 수가 없었네. 따라서 고통을 덜어주려고 자네를 깨우지 않았네. 하기는 이전부터 언제나 자넨 그 성격

---

1 이것은 소크라테스에게 판결이 내려지고 약 1개월이 지난 다음에 감옥에서 이루어졌던 대화다.

크리톤 59

때문에 행복하다고 생각해오기는 했지만. 그러나 나는 자네처럼 이러한 불운을 안락하고 조용한 태도로 견뎌내는 사람을 본 적이 없네.

소크라테스 그렇지만 크리톤, 인간은 나만큼 나이를 먹으면 죽음이 다가온다고 해서 슬퍼해서는 안 되는 법이네.

크리톤 그렇지만 다른 노인들이 같은 불운을 맞이할 경우엔 나이가 비탄을 막아주지는 못하네.

소크라테스 그건 사실이야. 그런데 자네는 이렇게 이른 시각에 온 이유를 아직 말하지 않았네.

크리톤 나는 자네에게 슬프고 가슴 아픈 소식을 전하려고 왔네. 자네 자신에게만이 아니라 자네의 친구 모두에게 슬프고 가슴 아픈 소식을 말이야. 특히 나는 가장 슬프네.

소크라테스 무슨 일인가? 그 배[2]가 델로스에서 도착했나? 그 배가 도착하면 나는 처형당하기로 되어 있지.

크리톤 아닐세. 그 배는 아직 도착하지 않았지만 오늘 중으로 도착할 것 같네. 수니온[3]에서 그 배에서 내린 다음 이곳에 온 사람들이 나에게 전해준 말일세. 그러니 소크라테스, 내일은 자네의 최후의 날이 될 걸세.

소크라테스 잘된 일이군, 크리톤. 그것이 신의 뜻이라면 나는 즐거운 마

---

2 테세우스가 승리하고 무사히 크레타 섬에서 돌아온 것을 감사하기 위해서 아테네인은 매년 델로스에 배를 보내 아폴론 신에게 제물을 바쳤다. 이 배가 출발했다가 돌아올 때까지 아테네에서는 사형 집행이 금지되고 있었다. 소크라테스의 재판은 기원전 399년 봄, 배가 출발하기 전날에 열렸기 때문에, 사형선고를 받았으면서도 배가 도착할 때까지 집행이 연기되고 있었다. 이때는 배의 도착이 늦어져서 30일이나 걸렸다고 한다. 《파이돈》, 이 책 86~87쪽 참조.

3 아티카 최남단의 작은 항구.

음으로 맞이하겠네. 그렇지만 하루 동안의 여유는 있는 줄 아는데.

크리톤 어째서 그렇게 생각하나?

소크라테스 그 이유를 말하지. 나는 배가 도착한 다음 날 처형되기로 되어 있네.

크리톤 그렇지. 당국의 말에 따르면.

소크라테스 그러나 나는 배가 내일까지는 도착하지 못하리라고 생각하네. 나는 어젯밤, 아니 다행히 자네가 깨우지 않았기 때문에 조금 전에 꾼 꿈 때문에 그렇게 추측하네.

크리톤 도대체 어떤 꿈이었나?

소크라테스 살결이 희고 아름다우며 빛나는 옷을 입은 여인이 와서 나를 부르고 이렇게 말한 것 같네. "소크라테스, 지금부터 3일째에 그대는 풍요한 프티에에 갈 것이다."[4]

크리톤 소크라테스, 묘한 꿈이군!

소크라테스 크리톤, 나는 그 뜻이 명백하다고 생각하네.

크리톤 그렇군, 그 뜻은 매우 명백하네. 오, 친애하는 소크라테스여, 그러나 나를 믿고 다시 한번 내 충고에 따라 달아나도록 하게. 자네가 죽으면 나는 두 번 다시 만날 수 없는 친구를 잃을 뿐 아니라 또 한 가지 난점이 있네. 자네와 나를 잘 모르는 사람들은 내가 돈을 쓰기만 했더라면 자네를 구할 수 있었을 텐데 그렇게 하지 않았다고 믿을 걸세. 게다가 그보다 나쁜 불명예가 있네. 내가 친구의 목숨보다 돈을 더 소중히 여겼다 하지 않겠는가? 많은 사람은 내가 자네에게 도피하라고 했

---

4 《일리아스》 9권. 프티에는 아킬레우스의 고향. 아킬레우스는 아가멤논에게 이 말을 해 귀향의 뜻을 비쳤다.

으나 자네가 거절했다는 말을 믿지 않을 거야.

소크라테스 하지만 크리톤, 많은 사람의 의견에 구애받을 이유가 무엇인가? 우리가 고려할 만한 가치가 있는 선량한 사람들은 이번 일을 사실 그대로 믿어줄 걸세.

크리톤 그러나 소크라테스, 자네도 알다시피 다수의 의견은 존중해야 하네. 자네에게 일어난 일만 보더라도 그들은 그들의 비방의 대상이 된 사람에게 최대의 해를 끼칠 수 있다는 것이 분명하니까.

소크라테스 크리톤, 나는 그렇게 되기를 바랄 뿐이네. 사실 많은 사람은 최대의 해를 끼칠 수도 있을 거야. 그렇다면 또한 그들은 최대의 선도 이룩할 수 있을 게 아닌가. 그렇게 된다면 얼마나 좋은 일인가! 그러나 사실 그들은 어느 쪽도 하지 못하네. 그들은 사람들을 현인으로도 바보로도 만들지 못하기 때문이야. 그들이 무슨 일을 하든 그것은 우연히 일어난 일에 지나지 않아.

크리톤 그럴지도 모르지. 나는 자네와 논쟁하지 않겠네. 그러나 소크라테스, 말해보게. 자네는 나와 다른 친구들을 염려하고 있는 것은 아닌지. 즉 자네가 감옥에서 달아나면 우리가 자네를 도피시켰다고 밀고하는 자들 때문에 괴로움을 받고, 우리의 재산 전부 아니면 대부분을 잃거나 이보다 큰 벌을 받지 않을까 염려하고 있는 것은 아닌지. 그러나 자네가 우리 일을 염려하고 있다면 걱정할 필요 없네. 자네를 구하기 위해서 우리는 분명히 이런 정도 모험은 해야 하고, 더 큰 모험까지도 감행해야 되기 때문이야. 제발 우리 말을 듣고 우리가 하라는 대로 하게.

소크라테스 물론 자네가 말한 점을 염려하고 있지만, 그것만은 아니네.

크리톤 염려하지 말게. 많은 돈을 주지 않아도 자네를 감옥에서 끌어내줄 사람들이 있네. 그리고 밀고자들은 터무니없이 요구하지는 않네. 돈을 조금 주면 그들은 만족한다네. 내 재산이면 충분할 거라고 믿고, 자네를 위해 쓰겠네. 그리고 자네가 내 재산을 모두 사용하는 것을 꺼린다면 자네를 위해 재산을 쓰려고 하는 외국인들도 있네. 그들 중 한 사람인 테베의 심미아스는 바로 이러한 목적을 위해 거액을 갖고 왔네. 그리고 케베스와 다른 많은 사람도 자네의 탈출을 돕고자 그들의 돈을 쓸 용의가 있네. 그러니 내가 말하는 것처럼 우리 일을 염려해서 주저하지 말고, 또 자네가 법정에서 말한 것처럼[5] 다른 곳에 가더라도 어떻게 지내게 될지 알 수 없다는 말은 하지 말게. 아테네에서만이 아니라 어디를 가든 그곳 사람들은 자네를 좋아할 걸세. 테살리아에는 내 친구들이 있는데, 만일 자네가 그들에게 간다면 그들은 자넬 존경하고 보호해줄 것이며 테살리아인은 아무도 자네를 괴롭히지 않을 걸세. 또한 소크라테스, 자네가 생명을 구할 수 있는데도 목숨을 버린다는 것은 조금도 정당화되지 않는다고 생각하네. 그렇게 한다면, 자네를 파멸시키려고 서두르고 있는 적에게 희롱당하는 셈이 되네. 더 나아가 자네는 자식들을 파멸시키려고 한다고 말할 수밖에 없네. 자네는 그 애들을 키우고 교육할 수 있는데도, 오히려 죽음을 택하고 그들을 내버려두어 그들은 우연에 맡겨지고 말 것이네. 그들이 고아들에게 정해진 운명을 겪지 않는다면 그것만으로도 자네에게는 다행한 일일 걸세. 마지막까지 양육하고 교육할 뜻이 없다면 자식을 낳지 말아야 하는 것이야. 그런데

---

5 《변명》, 이 책 49쪽 참조.

자네는 매우 안이한 길을 택하고 있는 것 같아. 훌륭하지도 남자답지도 않아. 자네처럼 모든 행동에 있어서 덕을 존중한다고 공인한 사람은 훌륭하고 남자답게 행동하는 것이 마땅한 일이건만. 그리고 우리의 용기가 부족해서 모든 일을 그르치게 될 것이라고 생각될까 봐 참으로 부끄럽네. 자네 때문만이 아니라 자네 친구인 우리까지도……. 용기가 있었더라면 재판은 결코 열리지 않았을 것이고 또는 다른 방식으로 해결이 났을 걸세. 그리고 이 마지막 조치도 어리석음의 절정이기는 했지만, 우리가 조금만 애를 썼더라면 자네를 구할 수도 있었는데 우리가 태만하고 비겁했기 때문에 일어난 일인 것 같네. 그리고 별로 어려운 일은 아니었던 만큼 자네도 자네 자신을 구할 수 있었을 걸세. 그런데 소크라테스, 우리와 자네를 위해서 얼마나 슬프고 믿을 수 없는 결과가 생겼는가. 이제 결심을 하게. 아니면 생각할 때는 지났으니 이미 결심을 했을 줄로 아네. 해야 할 일은 꼭 한 가지뿐이고, 그것도 바로 오늘 밤에 해야 하네. 만일 조금이라도 지체한다면 다시는 기회가 없고 불가능하네. 그러니 소크라테스, 나는 자네에게 내 말을 듣고 내가 말하는 대로 하라고 간청하네.

소크라테스 친애하는 크리톤, 자네의 열성은 그것이 만일 옳은 것이라면 매우 귀중한 것이네. 그러나 만일 잘못된 것이라면 자네의 열성이 크면 클수록 위험도 더 커지네. 그러니 우리는 내가 자네가 말하는 대로 할지 하지 않을지 숙고해봐야 하네. 왜냐하면 나는 반성을 통해서 내게 가장 좋은 것으로 믿어지는 이유가 있을 때만 그 이유에 따라서 행동하는 사람들 중 한 사람이고, 과거에도 항상 그렇게 해왔네. 그리고 지금 내게 이러한 기회가 닥쳤다고 해서 내 말을 번복할 수는 없네.

나는 아직도 내가 지금까지 옳다고 여기고 존중해오던 원칙을 옳다고 여기고 존중하고 있으며, 따라서 더 좋은 다른 원칙을 당장 발견하지 못한다면 나는 분명히 자네에게 동의하지 못할 걸세. 군중의 힘이 마치 어린애들을 유령으로 위협하듯이, 감금이나 재산 몰수나 사형으로 우리를 더욱더 박해한다 할지라도 동의하지 못할 걸세. 이 문제를 고려하는 가장 공평한 방법은 무엇일까? 자네가 전에 말했던 사람들의 의견으로 되돌아가기로 할까? 우리는 그 의견에는 고려할 만한 것도 있고 그렇지 못한 것도 있다고 했지. 지금에 와서 내가 선고를 받기 전에만 이 말이 옳았다고 주장한다면 옳은 일일까? 그리고 한때는 타당했던 것이 이제는 공리공론임이 밝혀졌다고 말한다면 그것은 단지 유치한 난센스에 지나지 않겠지? 크리톤, 나는 자네의 도움을 받아 이 문제를 생각하고 싶네. 즉 내가 이러한 상태에 있다고 해서 이 주장이 달라졌는지 아닌지, 그리고 내가 이 주장을 용인할 것인지 아니면 포기할 것인지를 말이야. 내가 믿기로는 권위 있는 많은 사람이 이 주장을 지지했는데, 어떤 사람의 의견은 존중하고 어떤 사람의 의견은 존중할 필요가 없다는 것이었네. 그런데 크리톤, 자네는 내일 죽지는 않을 것이야. 적어도 인간의 판단이 미치는 한, 그렇게 될 가능성은 없네. 따라서 자네는 자네가 놓여 있는 사정에 관계가 없을 것이고 또 자네의 판단이 흐려지지도 않을 걸세. 그렇다면 내게 말해주겠나? 내가 어떤 의견, 즉 어떤 사람들의 의견은 존중할 만하지만 다른 의견, 즉 다른 사람들의 의견은 존중할 필요가 없다고 말하는 것이 옳은지, 옳지 않은지를. 나는 자네에게 그렇게 주장하는 것이 옳은지, 옳지 않은지 묻는 걸세.

크리톤 옳은 말일세.

소크라테스 좋은 의견은 존중하고 나쁜 의견은 존중하지 말아야겠지?

크리톤 그렇지.

소크라테스 그리고 현명한 사람의 의견은 좋고 현명하지 못한 사람의 의견은 나쁘겠지?

크리톤 물론.

소크라테스 다른 문제에 대해서는 어떻게 말했던가? 체조 연습에 열중하고 있던 학생은 만인의 찬양과 비난과 의견을 경청해야 할까, 아니면 그가 누구든 의사 또는 체육가 한 사람의 말만 들어야 할까?

크리톤 한 사람의 말을 들어야지.

소크라테스 그리고 그는 많은 사람이 아니라 오직 한 사람의 책망을 두려워하고 또 칭찬을 반가워해야겠지?

크리톤 물론 그렇지.

소크라테스 그리고 그는 모든 다른 사람의 의견을 종합해서 그것에 따르기보다는 오히려 분별력이 있는 한 사람의 교사가 좋다고 생각하는 방식에 따라 행동하고 훈련하고 먹고 마셔야겠지?

크리톤 그렇지.

소크라테스 그리고 그가 한 사람에게 복종하지 않고 그 의견과 칭찬을 존중하지 않는다면, 그래서 분별력이 없는 많은 사람의 의견을 존중한다면, 그는 해를 입게 되겠지?

크리톤 분명히 그는 해를 입을 걸세.

소크라테스 그러면 그러한 해는 복종하지 않는 자의 어디에 어떠한 영향을 미칠까?

크리톤 물론 육체에 영향을 미치겠지. 육체가 화를 입어 못쓰게 되겠지.

소크라테스　맞았네. 그렇다면 크리톤, 일일이 열거할 필요는 없겠지만 다른 일도 마찬가지가 아니겠나? 우리가 지금 검토하고 있는 문제인 정의와 부정의, 미와 추, 선과 악의 문제에 있어서도 우리는 많은 사람의 의견을 따르고 그 의견을 두려워해야 할까? 아니면 분별력이 있는 한 사람의 의견을 따르고 그 의견을 두려워해야 할까? 세상의 다른 모든 사람보다도 그를 더 두려워하고 존경해서는 안 되는가? 그리고 우리가 그를 버린다면, 우리는 정의에 의해서는 향상되고 부정에 의해서는 퇴폐된다고 생각되어온 우리의 원칙을 파괴하고 손상할 것이 아닌가? 그러한 원칙이 있는가?

크리톤　소크라테스, 물론 그런 원칙이 있네.

소크라테스　같은 예를 들기로 하세. 분별력이 없는 사람들의 충고를 받고 행동함으로써 우리가 건강에 의해서는 증진되고 질환에 의해서는 악화되는 것을 파괴하기에 이르렀다면 삶의 보람이 있을까? 게다가 파괴당한 것이 신체라면?

크리톤　살 보람이 없네.

소크라테스　손상을 입고 나빠진 육체를 갖고도 우리는 살 수 있을까?

크리톤　물론 살 수 없지.

소크라테스　그렇다면 정의에 의해서는 향상되고 불의에 의해서는 타락되는 인간의 더 고상한 부분이 파괴된다면, 그래도 삶은 보람이 있는 것일까? 그것이 인간에게 어떠한 것이든 정의 및 부정의와 관계되는 원칙을 육체보다 열등한 것이라고 생각할 수 있는가?

크리톤　물론 그렇게 생각할 수는 없네.

소크라테스　육신보다 귀중한 것인가?

크리톤 훨씬 더.

소크라테스 그렇다면, 나의 벗이여, 우리는 많은 사람이 우리에 대해 무슨 말을 하든 괘념하지 말아야 하네. 오직 정의와 부정의를 분별할 줄 아는 한 사람, 그 사람이 말하는 것, 그리고 진리를 존중해야 하네. 그러므로 자네가 우리는 정의와 부정의, 선과 악, 명예와 불명예에 대해서는 많은 사람의 의견을 존중해야 한다고 충고할 때, 자네는 처음부터 잘못을 범하고 있네. 어떤 사람은 "좋아, 그렇지만 많은 사람은 우리를 죽일 수도 있다"라고 말할 거야.

크리톤 그래, 소크라테스. 분명히 그렇게 대답할 거야.

소크라테스 자네가 말하는 것은 옳아. 그러나 나는 아직도 이전의 주장이 여전히 타당하다는 데 놀라움을 금치 못하네. 그리고 나는 가장 가치 있는 것은 사는 것이 아니라 잘 사는 것이라는 다른 주장도 변함이 없는지, 이 점도 고려해주기 바라네.

크리톤 물론 그 주장도 여전히 변함이 없네.

소크라테스 그리고 훌륭한 삶은 올바르고 명예로운 삶인데, 이 점도 여전하겠지?

크리톤 물론 그렇지.

소크라테스 나는 이러한 전제에서 내가 아테네인의 동의 없이 도망쳐야 할 것인가 아닌가 하는 문제를 고찰하겠네. 그리고 분명히 도망가는 것이 옳다면 나는 도주를 기도하겠네. 그러나 옳지 않다면 삼가겠네. 자네가 말한 돈이나 세간의 평이나 자녀 교육의 의무 등 다른 문제는, 거의 이성에 의존하지 않고 사람들을 죽이는가 하면 가능하다면 사람들을 살려내려고도 하는 군중의 이론에 지나지 않는 것이 아닐까. 나는 이 점이 두렵네. 그러나 지금은 논의가 여기까지 진전되었으니 우리가 고려해야 할 유일한 문제는 우리가 도망가거나 또는 우리의 도주를 도와준 다른 사람들에게 돈을 주고 감사를 함으로써 폐를 끼치는 것이 옳은 행동인가 하는 점이네. 만일 옳지 못한 행동이라면 내가 여기에 남아 있어서 죽임을 당하거나 그 외의 재난이 닥칠 것이 확실하더라도 이를 고려해서는 안 되네.

크리톤 자네가 옳다고 생각하네. 그러면 우리는 어떻게 해야 할까?

소크라테스 그 문제는 함께 생각해보기로 하세. 그래서 자네가 나를 논박할 수 있다면 그렇게 해보게. 그러면 나는 자네를 따르겠네. 나의 친애하는 벗이여, 그렇지 않으면 아테네인의 소망을 저버리고 내가 도망해야 한다고 자꾸 되풀이해서 말하지 말게. 자네가 나에게 도망가라고 설득하는 노력을 높이 평가하기는 하지만, 나는 나 자신의 슬기로운 판단을 저버리면서까지 자네의 말을 따르지는 않을 것이기 때문이네. 그러니 내가 처음에 한 말을 생각해보고 내게 가장 좋은 대답을 들려주게.

크리톤 그렇게 하기로 하세.

소크라테스 우리는 결코 고의로 나쁜 일을 해서는 안 된다고 말할 수 있을까? 또는 어떤 면에서는 고의로 나쁜 일을 해야 하지만, 다른 면에서는 안 된다고 말할 수 있을까? 또는 지금 내가 주장하고 있고 전에 이미 우리가 합의한 대로 나쁜 일을 하는 것은 항상 악하고 불명예스러운가? 이전에 우리가 도달했던 합의는 이 며칠 사이에 전부 무너져버렸는가? 그리고 이 나이에 평생을 두고 서로 열심히 토론을 해왔으면서도 고작 우리가 어린애보다 나은 점이 없다는 것을 깨달아야 한단 말인가? 아니면 많은 사람의 의견을 무릅쓰고, 그리고 결과야 좋든 나쁘든 간에 우리는 그때 이야기했던 진리, 즉 부정의는 부정한 행동을 하는 사람에게는 항상 악이며 불명예라는 점을 주장해야 할까? 우리는 이렇게 주장할 것인가, 하지 말 것인가?

크리톤 그렇게 주장해야 하네.

소크라테스 그렇다면 우리는 나쁜 일을 해서는 안 될 것이 아닌가?

크리톤 물론 해서는 안 되지.

소크라테스 또한 해를 입더라도 많은 사람이 생각하는 것처럼 보복을 해서는 안 되겠지. 우리는 어떠한 경우에도 아무도 해쳐서는 안 되니까.

크리톤 물론 안 되네.

소크라테스 다시 말하는데 크리톤, 우리는 악을 행해도 좋은가?

크리톤 소크라테스, 분명히 그렇지 않네.

소크라테스 악은 악으로 갚는 것이 많은 사람의 도덕인데 이것은 옳은가, 옳지 않은가?

크리톤 옳지 않네.

소크라테스 다른 사람에게 악한 일을 하는 것은 그 사람에게 해를 입히는 것과 같기 때문이지?

크리톤 물론.

소크라테스 그렇다면 우리는 누구에게도 보복을 하거나 악을 악으로 갚아서는 안 되네. 비록 그 사람이 우리에게 어떤 악을 행했을 경우라도……. 그러나 크리톤, 자네가 말하고 있는 것이 자네의 진정한 생각과 꼭 일치하는지 숙고해주었으면 하네. 상당히 많은 사람이 이러한 의견에 찬성하지 않았고 앞으로도 그럴 것이기 때문이네. 그리고 찬성하는 사람들과 찬성하지 않는 사람들은 이 문제에 대해 공통된 기반을 갖고 있지 않으며, 그들이 그들의 견해 차이가 얼마나 광범한지 알게 되면 오직 서로 경멸할 수 있을 뿐이네. 따라서 해를 입히거나 보복하거나 악을 악으로 갚는 것은 옳지 못하다고 하는 나의 첫 번째 원칙에 자네가 동의하고 찬성하는지 말해주게. 이것을 우리 논의의 전제로 삼는 것이 어떻겠나? 혹은 자네는 전제를 거부하고 반대하는지? 나는 자네가 동의한다고 생각해왔고 지금도 마찬가지이기 때문에 하는 말일세. 그러나 자네의 의견이 다르다면 자네의 생각을 들려주게. 그러나 자네 생각이 전과 다름이 없다면, 나는 다음 단계로 넘어가겠네.

크리톤   말을 계속하게. 내 마음은 변하지 않았으니까.

소크라테스   그러면 다음 문제로 넘어가기로 하세. 이 문제를 질문의 형식으로 제기하고 싶네. 인간은 자신이 옳다고 인정하는 일을 해야 하는가, 아니면 자신을 속이고 올바른 일을 하지 않아야 하는가?

크리톤   인간은 자신이 옳다고 여기는 일을 해야 하네.

소크라테스   그러나 이것이 옳다면, 그 귀결은 무엇일까? 아테네인의 의사를 거스르고 감옥을 나간다면 나는 나쁜 일을 하는 것이 아닌가? 혹은 오히려 내가 조금이라도 해를 끼쳐서는 안 될 사람들에게 나쁜 일을 하는 것은 아닌지? 나는 우리가 옳다고 인정한 원칙을 포기하는 것은 아닌지? 어떻게 생각하나?

크리톤   나는 대답할 수 없네, 소크라테스. 전혀 아는 바가 없기 때문일세.

소크라테스   그러면 이 문제를 다음과 같이 생각해보게. 내가 막 도망(명칭이야 자네가 좋을 대로 붙여도 상관없네)을 가려고 하는데 국법과 정부가 나에게 "소크라테스, 당신이 무슨 일을 하려고 하는지 말해주게. 당신은 당신의 행동으로 가능한 한 우리, 그리고 국법과 국가 전체를 쓰러뜨리려고 하지 않는가? 법의 결정이 힘을 발휘하지 못하고 개인에 의해 무효가 되고 짓밟히는 경우에도 당신은 국가가 존속하고 전복되지 않는다고 생각하는가?"라고 묻는다고 상상해보게. 크리톤, 이러한 말에 대해, 또는 이와 비슷한 말에 대해 어떤 대답을 할 수 있을까? 어떤 사람이든지, 특히 웅변가는, 선고는 진행되어야 한다고 요구하는 법률을 변호하기 위해 할 말이 많을 걸세. 웅변가는 이 법률은 무효화되어서는 안 된다고 논박할 걸세. 그러면 우리는 "그렇다. 그러나 국가는 우리에게 해를 입혔고 공정하지 못한 선고를 내렸다"라고 대답하겠지. 내가 그렇게 말한다면 어떻게 될까?

크리톤 매우 정당하네, 소크라테스.

소크라테스 국법은 "그러면 그것이 우리와 당신 사이의 약속이었던가? 또는 당신은 그것이 어떤 것이든 간에 국가의 선고를 지켜야 하는가?"라고 물을 것이네. 그리고 내가 이 말을 듣고 놀라움을 나타낸다면 국법은 아마도 이런 말을 덧붙일 거야. "소크라테스, 놀라지 말고 대답하게. 당신은 여러 질문을 하고 이에 대답하는 습관을 갖고 있지 않나? 말해보게. 우리를 거스르고 우리와 국가를 파괴하려고 노력하는 데 있어서 당신을 정당화해주는 불만은 무엇인가? 우선 우리는 당신을 존재하게 만들지 않았는가? 당신의 아버지는 우리의 도움으로 당신의 어머니와 결혼하여 당신을 낳았다. 결혼을 규제하는 법률에 대한 반대가 있으면 말해주게." 나는 "없다"고 대답할 수밖에 없네. "혹은 탄생 후에 어린이의 양육과 교육을 다루는 법률에 대한 반대라도 있나? 당신도 그 법률 밑에서 교육을 받았네만. 교육을 맡고 있는 법률이 당신의 아버지에게 당신을 음악과 체육으로 교육하라고 명령한 것이 옳지 못했던 가?" 나는 옳은 명령이었다고 대답하지 않을 수 없네. "그렇다면, 우선 당신은 우리에 의해 탄생되고 양육되고 교육되었으니 당신의 선조들과 마찬가지로 당신도 우리의 자녀이며, 노예라는 점을 부정할 수 있는가? 그리고 이것이 사실이라면 당신은 우리와 동등할 수는 없다. 또한 당신은 우리가 당신에게 하려는 일을 우리에게 할 수 있는 권리를 가졌다고 생각할 수도 없다. 당신은 아버지나 주인이 있다면, 그가 당신을 때렸거나 욕설을 퍼부었거나 또는 다른 나쁜 일을 했다고 해서, 아버지나 주인을 때리거나 욕하거나 다른 악행을 할 권리를 가졌다고 생각하는가? 그렇게 말할 수는 없겠지? 그리고 우리가 당신을 파멸시키는 것이 옳다고 생각한다고 해서 당신도 그 보복으로 우리와, 그리고 당신과 관계되는 한에 있어서 당신의 나라를 파괴할 권리를 가졌다고 생각하는가? 오, 참된 덕의 교사여, 당신은 그렇게 하는 것이 옳다고 생각하는가? 당신 같은 철학자가 우리 나라는 어머니나 아버지를 비롯한 다른 조상보다도 훨씬 귀중하고 고귀하며 신성하고, 신들과 분별력 있는 사람들의 눈에는 훨씬 존귀한 것으로 보인다는 사실을 알지 못했단 말인가? 또한 나라가 노했을 때는 아버지가 노했을 경우보다 부드럽고 존경하는 태도로 달래야 하며 설득하거나 설득하지 못하는 경우에는 순종해야 한다는 것을 알지 못했단 말인가? 그리고 우리는 나라의 처벌을 받았을 때는, 그것이 감금이든 태형이든 처벌에 조용히 참고 따라야만 하네. 그리고 나라가 우리를 부상을 입거나 죽게 될 싸움터로 이끌어간다 하더라도 우리는 따라가는 것이 올바르네. 누구든 굴복하거나 도망가거나 자기 자리를 이탈해서는 안 되며, 싸움터나 법정이나 어느 곳에서든지 도시와 국가가 그에게 명령하는 것을 행해야만 한다네. 그렇지 않으면 그는 도시나 국가의 정의에 대한 견해를 바꿔야 하네. 그리고 아버지나 어머니에게 폭행을 가해서는 안 된다면 더군다나 국가에 대해 폭행을 가할 수는 없지 않은가?" 크리톤, 이 말에 대해 우리는 어떤 대답을 해야 할까? 법률이 하는 말은 옳은가, 옳지 않은가?

크리톤 나는 법률이 하는 말이 옳다고 생각하네.

소크라테스 그러면 법률은 이렇게 말할 걸세. "소크라테스, 당신은 현재 계획을 세우고 있는 일을 통해 우리에게 해를 끼치려 하고 있다는 우리의 말이 옳은가, 그렇지 않은가를 생각해보게. 당신을 세상에 태어나게 하고 양육하고 교육했으며 당신과 기타 모든 시민에게 우리가 당연히 주어야 할 재산을 차지하게 했을 뿐 아니라 우리는 모든 아테네인에게 그들이 성인이 되어서 국가 행정을 알게 되고 법률을 이해하게 되었을 때 우리가 싫어진다면 그들이 좋아하는 곳으로 재산을 갖고 가도 좋다고 선언했고, 그러한 자유를 아테네인에게 부여했네. 어떠한 법률도 그들을 금지하거나 방해하지는 않네. 우리나 도시를 싫어하고 식민지나 다른 도시로 이주하기를 원하는 사람은 그가 좋아하는 곳으로 그의 재산을 갖고 갈 수 있네. 그러나 우리가 재판을 하고 나라를 다스리는 방식을 경험한 자가 아직도 그대로 남아 있다면, 그는 우리가 그에게 명령하는 바를 행하겠다는 사실상의 계약을 맺은 것과 같네. 그리고 우리는 이러한 사람이 우리에게 복종하지 않는 경우 삼중의 부정을 저지르게 된다고 주장하네. 첫째는 우리에게 복종하지 않음으로써 그는 그의 어버이에게 복종하지 않은 것이 되기 때문이며, 둘째는 우리는 그에게 교육을 베푼 자이기 때문이며, 셋째는 그는 우리의 명령에 마땅히 따르겠다고 우리와 약속했기 때문이네. 게다가 그는 우리의 명령에 따르지 않았을 뿐 아니라, 우리의 명령이 옳지 못함을 우리에게 설득하지도 않았네. 즉 우리는 난폭하게 명령하는 것이 아니라 복종하거나 우리를 설득하는 양자택일을 허용하고 있기 때문이네."

자네가 자네의 계획을 실행한다면 우리가 지금까지 말해온 것처럼 자네는 이러한 비난을 받게 될 것이야. 더구나 다른 아테네인 이상으로. 여기서 내가 왜 다른 사람 이상의 비난을 받느냐고 물었다고 생각해보세. 국법은 나는 다른 사람들 이상으로 이러한 동의를 잘 알고 있었다고 정당한 대답을 할 거야. 국법은 이렇게 말할 테지. "소크라테스, 우리나 도시가 당신을 불쾌하게 만들지 않았다는 분명한 증거가 있네. 모든 아테네인 중에서 당신은 이 도시를 떠난 적이 거의 없는 사람이며, 당신이 떠나지 않았다는 것은 당신이 이 도시를 사랑한다는 뜻도 되니까. 당신은 이스트모스[6]에 한 번 간 일을 제외하고는 축제를 보기 위해 이 도시를 나간 적이 없고 출정[7]할 때를 제외하고는 다른 곳에 간 일도 없기 때문이야. 또한 다른 사람들처럼 여행을 한 적도 없었어. 또한 당신은 다른 나라나 다른 나라의 법에 호기심을 가져본 적도 없었네. 당신의 사랑이 우리나 우리 나라에서 벗어난 적은 없었네. 우리는 당신이 특별히 아끼는 것이었고, 당신은 우리가 당신을 다스리는 것을 묵인하고 있었지. 또한 당신은 이 도시에서 애들을 낳았는데 이것은 당신이 만족하고 있다는 증거야. 게다가 당신은 재판 과정에서 당

---

[6] 그리스 본토에서 펠로폰네소스 반도에 이르는 지협. 여기서 2년마다 포세이돈 신을 위한 대축제가 열렸다.
[7] 소크라테스는 세 번 출정했다. 《변명》 참조.

신이 원했다면 처벌로 추방을 제의할 수도 있었어. 국가는 지금은 당신이 국외로 나가는 것을 거절하지만 그때는 허락했을 거야. 그러나 당신은 추방보다는 죽음을 택하겠다고 하고 태연히 죽을 수 있는 체했단 말이야. 그런데 지금은 그때의 훌륭한 감정은 잊어버리고 우리 법률을 존중하지 않으며 오히려 우리를 파괴하려 하고 있어. 그리고 당신이 시민으로서 한 약속과 동의에 등을 돌리고 달아나려고 하는데, 이것은 오직 비천한 노예나 할 수 있는 짓이야. 무엇보다도 먼저 다음 질문에 대답해주게. 당신은 말만이 아니라 행동에 있어서도 우리에 의해 다스림을 받을 것을 약속했다고. 우리가 말하는 것이 옳은가, 옳지 않은가?" 크리톤, 우리는 어떤 대답을 할까? 우리는 동의할 수밖에 없겠지?

크리톤 동의할 수밖에 없군, 소크라테스.

소크라테스 그러면 법률은 다음과 같이 말하겠지. "소크라테스, 당신은 우리와의 약속 및 동의를 파기하려고 하는 것이야. 게다가 당신은 강요를 받거나 기만을 당해서 성급하게 약속한 것이 아니라, 70년 동안이나 숙고할 시간을 갖고 한가하게 약속한 거야. 그런데 이 70년 동안에 우리가 당신의 마음에 들지 않았거나 또는 우리의 약속이 당신에게 공정하지 못했다면 당신은 마음대로 이 도시를 떠날 수 있었어. 당신은 마음대로 할 수 있었고, 좋은 정부를 갖고 있다고 당신이 가끔 칭찬한 라케다이몬이나 크레타, 또는 다른 그리스의 국가나 그리스 밖의 국가로 갈 수도 있었어. 따라서 당신은 어떤 아테네인보다도 이 나라를 좋아했어. 다시 말하면 우리 법률을 좋아했어(법률이 없는 나라를 좋아할 수는 없지 않아). 당신은 이 나라에서 나간 적이 없었으니까. 이 도시를 떠나지 않았다는 점에서는 절름발이나 장님이나 다른 불구자도 당신에게 미치지 못할 거야. 그런데 지금 당신은 달아남으로써 당신의 약속을 저버리려 하고 있어. 소크라테스, 우리의 충고를 들을 생각이라면 그러지 말게. 이 도시에서 탈출함으로써 당신 자신을 웃음거리로 만들지 말게.

생각해보게. 약속을 어기고 이러한 잘못을 저지른다면 그것이 당신 자신이나 당신의 친구들에게 좋은 일이 되겠는지. 당신의 친구들이 추방당하고 시민권을 박탈당하며, 또한 재산을 잃는다는 것은 명약관화한 사실일세. 소크라테스, 그리고 당신 자신도 만일 예컨대 잘 다스려지고 있는 테베나 메가라 같은 이웃 도시로 도망간다면, 적으로서 이러한 도시에 가게 될 것이며 이 도시의 정부는 당신을 경계할 것이고, 모든 애국적인 시민들은 당신을 법의 파괴자라고 여겨 악의에 찬 시선을 던질 것이며 재판관들이 마음속으로 당신에 대한 그들의 판결이 정당했음을 확인하도록 만드는 데 지나지 않을 걸세. 법을 타락시키는 자는 젊은이와 인류의 어리석은 계층을 타락시키는 자이기 때문이야. 그렇다면 당신은 질서 있는 도시와 유덕한 사람들을 피할 생각인가? 이렇게 하면서까지 살 보람이 있는가? 아니면 소크라테스, 염치 불구하고 그들에게 가서 대화를 나눌 셈인가? 그런데 당신은 그들에게 무슨 말을 할 수 있을까? 여기에서 당신은 덕과 정의와 교훈과 법률이 인간들 사이에서 최선의 것이라는 점에 대해 무슨 말을 하려는가? 이것은 당신에게 어울리는 일일까? 분명히 그렇지 않네. 그러나 당신이 잘 다스려지고 있는 나라를 떠나 무질서와 방종이 범람하는 테살리아의 크리톤의 친구들에게 간다면 그들은 당신이 탈옥한 이야기를 듣고 좋아할 걸세. 보통 탈주자가 하듯이 염소 가죽이나 다른 옷을 입고 변장을 한 우스운 모양을 보고……. 그러나 당신이 늙었음에도 조금 더 살 겠다는 비열한 욕망 때문에 부끄러움도 없이 가장 신성한 법을 어겼다는 것을 일깨워줄 사람이 한 사람도 없을까? 당신이 그들의 기분을 맞춘다면 없을지도 모르지. 그러나 그들이 화를 내게 되면 당신은 여러 더러운 말을 듣게 될 거야. 당신은 생존하기는 할 테지. 그러나 어떻게? 모든 사람에게 아첨하고 모든 사람의 시중을 들면서. 그리고 무슨 일을 할까? 테살리아에서 먹고 마실 테지. 마치 잔치에 참석하려고 그곳에 가기나 한 것처럼……. 그런데 정의와 덕에 대한 당신의 훌륭한 감정은 어디로 가버렸을까? 당신은 자식들을 위해서, 그들을 키우고 교육하기 위해서 살고자 한다고 말한다면 그들을 테살리아로 데리고 가서 애들한테서 아테네 시민권을 박탈해버릴 셈인가? 이것이 당신이 자식들에게 베풀려는 혜택인가? 혹은 비록 당신이 그들과 떨어져 있더라도 당신이 살아 있기만 한다면 그들은 여기서 더 많은 보살핌을 받고 더 좋은 교육을 받게 되리라고 생각하는가? 당신의 친구들이 그들을 돌볼 것이기 때문에 당신이 테살리아의 주민이 되면 친구들이 자식들을 돌봐주고, 당신이 저세상의 주민이 되면 돌봐주지 않는다고 생각하는가? 천만에. 친구라고 자처하는 사람들이 조금이라도 쓸모가 있는 사람들이라면, 그들은 확실히 당신 자식을 돌봐줄 걸세.

그렇다면 소크라테스, 당신을 길러준 우리의 말을 듣게. 생명이나 자식, 그 외의 다른 어떤 것보다도 먼저 정의를 생각하게. 그렇게 했을 때 비로소 저승의 임금 앞에서 당신 자신을 변명할 수 있게 될 거야. 만일 당신이 크리톤이 하라는 대로 하면 당신이나 당신에게 속한 사람들은 이 세상에서 더 행복해지지도, 더 신성해지지도, 더 올바르게 되지도 않고, 또한 저세상에서도 더 행복해지지는 않기 때문일세. 이제 당신은 무고한 몸으로 피해자로서 떠나가는 것이지 악행을 한 사람으로 떠나가는 것이 아니네. 법률이 아니라 인간의 희생자로서……. 그러나 악은 악으로 갚고 손해는 손해로 갚으면서 우리와 한 약속과 동의를 파기하고, 당신이 조금도 해를 끼쳐서는 안 될 모든 것, 즉 당신 자신, 당신의 친구, 당신의 나라, 그리고 그 나라의 법률에 해를 끼치면서 살아간다면 우리는 당신이 살아 있는 동안 줄곧 당신에게 분노할 것이며, 우리의 친구인 저승의 법률도 당신을 적으로 받아들일 걸세. 저승의 법률도 당신이 최대의 노력을 기울여 우리를 파괴했다는 사실을 알고 있을 테니. 따라서 우리 말을 듣고 크리톤의 말을 듣지 말게."

친애하는 크리톤, 나는 내 귓속에서 속삭이는 이러한 목소리를 듣는 것 같네. 마치 신비가들의 귀에 들리는 피리 소리처럼……. 이 목소리는 내 귓속에서 윙윙거리면서 다른 소리를 듣지 못하게 하네. 그리고 나는 자네가 다른 말을 아무리 하더라도 소용이 없다는 것을 알고 있네. 할 말이 있거든 해보게.

크리톤 소크라테스, 나는 할 말이 없네.

소크라테스 크리톤, 그렇다면 신의 뜻에 맡겨두고 신이 이끄는 대로 따라가기로 하세.

파이돈

대화하는 사람
파이돈, 에케크라테스

대화 속에 나오는 인물
소크라테스, 아폴로도로스, 심미아스, 케베스, 크리톤

장면
소크라테스의 감옥

에케크라테스[1] 파이돈, 소크라테스가 독약을 마시던 날 당신은 감옥에서 그와 함께 있었습니까? 그렇지 않으면 그때 일을 다른 사람한테서 들었습니까?

파이돈[2] 네, 함께 있었습니다, 에케크라테스.

에케크라테스 그렇다면 그의 임종에 대해서 들려주십시오. 그는 마지막 순간에 무슨 말을 했습니까? 우리는 그가 독약을 마시고 죽었다는 이야기는 들었지만 더 자세한 것은 아무것도 알지 못합니다. 지금은 플레이우스[3] 시민들 중에 아테네에 가는 사람이 하나도 없고, 또한 아테네에서 이곳으로 오는 나그네도 오랫동안 끊어져 자세한 이야기를 들을 수가 없었기 때문입니다.

---

1 Echekrates : 플레이우스 사람으로 피타고라스학파에 속해 있었다.
2 Phaidon : 엘리스 사람으로. 포로가 되어 아테네에 왔으나 후에 해방되어 소크라테스의 제자가 되었다.
3 Phleious : 펠로폰네소스 반도의 동북부에 있는 마을로 피타고라스학파의 요람지로 알려져 있다. 파이돈은 소크라테스가 죽은 다음 아테네를 떠나 고향으로 가는 도중 플레이우스에 들러 이곳에 살던 에케크라테스와 이 대화를 나누었다. 따라서 소크라테스가 죽은 후 다소 시간이 경과한 다음에 있었던 대화인 듯하다.

파이돈 재판 과정에 대해서도 듣지 못했습니까?

에케크라테스 들었습니다. 어떤 사람이 재판에 관해서 알려주었습니다. 그러나 우리는 판결을 받은 다음 왜 곧바로 처형되지 않고 오래 있다가 처형되었는지 이해할 수 없었습니다. 그 까닭은 무엇이었습니까?

파이돈 에케크라테스, 우연한 일이었지요. 아테네 사람들이 델로스 섬[4]으로 보내는 배가 우연히 그가 판결을 받기 전날에 그 선미(船尾)를 장식했던 것입니다.

에케크라테스 그 배는 어떤 배입니까?

파이돈 아테네의 전설에 따르면 테세우스가 열네 명의 소년 소녀를 데리고 크레타 섬으로 가서 그들을 구출하고 자기 자신도 탈출했을 때 탔던 배라고 합니다.[5] 그리고 그때 아테네 사람들은 만일 그들이 무사히 돌아오면 매년 델로스 섬에 사절단을 보낼 것을 아폴론 신에게 맹세했다고 합니다. 지금도 이 관습은 계속되고 있는데 델로스 섬으로 떠났다가 돌아오기까지의 항해 기간은—아폴론 신의 사제가 선미를 장식하는 것으로 시작됩니다만—신성한 기간으로 여겨져 이 기간 동안에는 도시를 더럽히지 않기 위해 법에 의한 처형도 금지됩니다. 그런데 배가 역풍을 만나 지체하면 갔다 오는 데 걸리는 시간이 상당합니다. 이미 말한 것처럼 이 배는 재판 전날에 장식되었는데, 이 때문에 소크라테스가 판결을 받은 다음에도 오랫동안 감옥에 갇힌 채 처형되지 않은 것입니다.

---

4 아테네의 동남쪽 키클라데스 군도에 있는 작은 섬으로 아폴론의 탄생지로 알려져 있다.
5 크레타의 미노스 왕이 국력이 약한 아테네에 싸움을 걸어왔을 때, 아테네는 매년 소년 소녀 7명씩을 크레타 섬으로 보내기로 약속하고 강화했으며, 세 번째로 아이들을 보내게 되었을 때 용사 테세우스는 소년 소녀를 데리고 크레타 섬으로 가서 괴물 미노타우로스를 죽이고 무사히 소년 소녀와 함께 귀환했다는 전설이 있다.

에케크라테스 파이돈, 그의 임종 때 태도는 어떠했습니까? 무슨 말을 하고 어떤 행동을 했습니까? 그리고 그의 친구 중에서 그와 함께 있던 사람들은 누구입니까? 아니면 당국이 참석하는 것을 금지해서 그가 임종할 때 그의 곁에는 친구가 한 사람도 없었습니까?

파이돈 아닙니다. 친구 몇 명이 그와 함께 있었습니다.

에케크라테스 바쁜 일이 없다면, 가능한 한 자세하게 그때 일어난 일을 말해주십시오.

파이돈 당장 바쁜 일도 없으니 당신의 소망을 들어주기로 하지요. 소크라테스를 다시 생각하는 것은 내게는 언제나 가장 큰 기쁨이니까요. 내가 말을 하든 남이 그의 말을 하는 것을 듣든 간에 말입니다…….

에케크라테스 당신의 말을 듣는 사람들도 당신과 똑같은 심정을 가진 사람들입니다. 될 수 있는 대로 정확하게 말해주십시오.

파이돈 나는 그의 곁에 있으면서 이상한 느낌이 들었습니다. 왜냐하면 나는 친구의 임종 자리에 있다는 것이 거의 믿기지 않았고, 따라서 에케크라테스, 나는 그를 가엾게 여기지 않았어요. 그는 조금도 두려운 빛을 나타내지 않고 죽었으며, 그의 말이나 태도는 고상하고 정중해서 나는 그가 축복을 받았다고 생각했습니다. 그는 신의 부름 없이 저세상으로 가는 것이 아니며, 저세상에 닿아서 행복한 사람이 있으면 그야말로 바로 그러한 사람이라고 나는 생각했습니다. 그래서 그러한 시간에는 당연히 연민의 정을 느끼게 마련인데 나는 그를 가엾게 여기지 않았던 것입니다. 그러나 나는 철학적 토론을 할 때면 언제나 느끼던 즐거움을 갖지 못했습니다. 그때도 우리 대화의 주제는 철학이었기 때문에 하는 말입니다. 즐거움이 전혀 없었던 것은 아니지만 이 즐거움에는 기묘하게도 고통이 섞여 있었습니다. 이는 그가 곧 죽을 것이라는 생각이 내 머리에서 떠나지 않았기 때문이며, 그 자리에 있던 사람들은 모두 이러한 이중의 감정을 느끼고 있었습니다. 우리는 어느 때는 웃고, 어느 때는 울었습니다. 특히 흥분 잘하는 아폴로도로스가 심했습니다. 그 사람이 어떤 사람인지 당신도 아시지요?

에케크라테스 네.

파이돈 그 사람은 아주 미친 것 같았습니다. 그래서 나나 다른 사람들은 모두 마음이 매우 어지러웠습니다.

에케크라테스 그 자리에 있던 사람들은 누구입니까?

파이돈 아테네에 사는 사람으로는 아폴로도로스 외에 크리토불로스와 그의 아버지 크리톤, 헤르모게네스, 에피게네스, 아이스키네스, 안티스테네스가 있었습니다. 그리고 파이아니아의 크테시포스, 메네크세노스와 그 밖의 몇 사람이 있었습니다. 내 기억에 잘못이 없다면 플라톤은 병중이었습니다.

에케크라테스 다른 곳에서 온 사람들도 있었습니까?

파이돈 네, 테베에서 온 심미아스와 케베스, 파이돈데스, 그리고 메가라에서 온 에우클레이데스와 테르프시온이 있었습니다.

에케크라테스 아리스티포스와 클레옴브로토스도 있었습니까?

파이돈 없었습니다. 그들은 아이기나 섬에 가 있었다고 하더군요.

에케크라테스 그 외의 다른 사람은?

파이돈 대체로 앞에 말한 사람들뿐인 것 같습니다.

에케크라테스 그러면 무슨 말을 했습니까?

파이돈 처음부터 말하기로 하지요. 대화 전부를 상세히 전하도록 노력하겠습니다. 며칠 전부터 우리는 늘 아침 일찍 재판이 열렸던 법정에 모였습니다. 법정은 감옥에서 멀지 않은 곳에 있었지요. 거기서 우리는 이야기를 나누며 문이 열리기를 기다리곤 했습니다(감옥 문은 일찍 열리지 않았기 때문입니다). 문이 열리면 우리는 안으로 들어가서 소크라테스와 함께 하루를 보내는 것이 보통이었습니다. 마지막 날 아침에는 우리는 보통 때보다 더 일찍 모였습니다. 그 전날 저녁에 감옥을 나올 때, 우리는 그 신성한 배가 델로스에서 돌아왔다는 말을 들었던 것입니다. 그래서 우리는 늘 모이는 장소에서 아주 일찍 만나기로 약속했지요.

감옥에 도착하니 늘 문을 열어주던 간수가 밖으로 나와 우리를 가로막고 그가 부를 때까지 기다리라고 말하더군요. 간수는 "11명의 집행위원[6]이 지금 소크라테스와 같이 있습니다. 그들은 소크라테스의 사슬을 풀고, 그가 오늘 죽는다는 것을 알려주고 있습니다"라고 말했습니다. 간수는 곧 돌아와서 들어가도 좋다고 일러주더군요.

들어가보니 소크라테스는 방금 사슬에서 풀려나 있었고, 그 옆에는 당신도 잘 아는 크산티페[7]가 애들을 안고 앉아 있었습니다. 크산티페는 우리를 보자 울음을 터뜨리며, 여자들이 흔히 그렇듯이 "소크라테스, 당신이 친구분들과 이야기하고 저분들이 당신과 이야기하는 것도 이것이 마지막이에요"라고 말했습니다.

소크라테스는 크리톤을 바라보며 말했습니다. "크리톤, 누구를 시켜서 저 사람을 집으로 데려가도록 하게."

---

[6] 아티카의 10구(區)에서 추첨으로 뽑힌 10명의 위원과 1명의 서기가 감옥의 관리, 형의 집행 등을 담당하고 있었는데, 이들을 집행위원이라 불렀다.

[7] Xanthippe : 소크라테스의 아내.

그래서 크리톤의 하인 중에서 어떤 사람이 가슴을 치며 통곡하는 크산티페를 데리고 나갔습니다. 크산티페가 나가자 소크라테스는 침상에 앉아서 몸을 구부려 발을 문질렀습니다. 그리고 발을 문지르면서 말했습니다.

"사람들이 쾌락이라고 부르는 것은 얼마나 묘한 일인가, 그리고 쾌락의 반대라고 여겨지는 고통과의 관계도 또 얼마나 이상한 것인가! 쾌락과 고통은 동시에 같은 사람에게 주어지는 일은 없으면서도 그중 하나를 추구해서 얻은 사람은 대체로 다른 하나도 어쩔 수 없이 얻게 마련이기 때문이야. 그 몸뚱이는 둘이지만, 머리 하나에 붙어 있는 셈이야. 그리고 아이소포스[8]가 이러한 점을 알았더라면 그는 신이 쾌락과 고통 간의 싸움을 화해시키려다가 도저히 불가능함을 알고 양자의 머리를 하나로 만들어버렸고 그래서 하나를 얻으면 다른 하나가 뒤따르게 마련이라는 우화를 지었을 것이라고 나는 생각하네. 지금의 내 경험으로도 알 수 있어. 발이 사슬에 묶였을 때는 고통스럽더니, 쾌락이 뒤따라오는 것 같아."

이 말을 듣고 케베스가 말했습니다. "소크라테스, 아이소포스의 이름을 일깨워주셔서 감사합니다. 그 때문에 여러 사람이 내게 물었고, 바로 그저께도 시인 에우에노스가 했던 질문이 생각납니다. 에우에노스는 분명히 다시 물을 것이고, 따라서 내가 그에게 할 대답을 마련해주셔도 좋다고 생각하신다면 내가 어떤 대답을 할지 말씀해주십시오. 그는 시도 한 줄 쓰지 않던 당신이 지금 감옥에 들어와서는 아이소포

---

8 Aisopos : 우화 작가 이솝을 말한다.

스의 우화를 시로 옮기고 또 아폴론 신을 찬미하는 노래를 짓는 까닭을 알고 싶어 합니다."

소크라테스는 대답했습니다. "케베스, 그에게 사실대로 말하게. 나는 그나 그의 시와 겨룰 생각은 전혀 없다는 것을. 그와 겨룬다는 것이 쉽지 않은 일임을 나는 잘 알고 있네. 그러나 나는 어떤 꿈의 의미에 대해 품고 있는 의구심을 씻어버릴 수 있을지 알고 싶었네. 나는 살아오는 동안 종종 '음악[9]을 지어야 한다'는 암시를 꿈속에서 받았네. 똑같은 꿈이 때에 따라 형태를 달리하면서도 항상 같은 말 또는 거의 같은 말을 들려주었네. 즉 꿈은 '음악을 연마하고 음악을 지어라' 하고 말했네. 그리고 지금까지 나는 이 말이 나에게 다만 철학을 연구하도록 권고하고 격려하는 것으로 생각해왔네. 철학은 내가 일생 동안 탐구해온 것이고, 또 가장 고상하고 훌륭한 음악이니까. 그 꿈은 마치 경주를 하고 있는 선수에게 선수가 달리고 있는 중인데도 구경꾼들이 달리라고 소리치는 것처럼 내가 이미 하고 있는 일을 내게 하라고 명령하는 것이라고 생각했네. 그러나 나는 이에 대해 확신을 가질 수가 없었네. 이 꿈이 말하는 음악은 항간의 통속적인 음악을 말하는지도 모르기 때문이야. 그래서 사형선고를 받고 축제 때문에 나에게 잠시의 유예가 생기자, 나는 내 의아심을 풀기 위해 꿈의 명령에 따라 내가 이 세상을 떠나기 전에 시를 몇 편 짓는 것이 안전하지 않을까 생각했네. 그래서 우선 나는 축제의 신을 찬양하는 찬가를 지었다네. 그리고 나서 진정한 시인이라면

---

[9] 원어는 무지케(musike)로 뮤즈가 다스리는 기예 전반을 가리킨다. 따라서 시, 음악, 학문, 예술 등을 총칭하는 말이다. 넓은 의미로 '문예'라고 옮길 수도 있다. 여기서는 영어의 music에 따라 음악이라고 옮겼으나, 이 말이 갖는 넓은 뜻에 유의하기 바란다.

단지 낱말을 이어 맞추는 일만 할 것이 아니라 이야기를 만들어내야 한다고 생각했네. 그러나 나는 만들어낼 만한 이야기가 없었으므로 친숙하게 알고 있는 아이소포스의 우화들이 제일 먼저 생각나는 바람에 그것들을 택해서 시로 옮겨놓은 것일세. 케베스, 에우에노스에게 이렇게 말하고 그에게 용기를 내라고 전해주게. 또한 그가 바보가 아니라 현명한 사람이라면 나를 따라오기를 내가 바라고 있다고 말해주게. 그리고 나는 아테네 사람들이 명령하는 대로 오늘 죽게 될 것 같다고."

심미아스가 말했습니다. "그런 사람에게 무슨 말씀입니까? ……나는 그 사람을 자주 만나보았기 때문에 내 생각으로 그는 불가피한 경우를 당하지 않는 한 당신의 충고를 따르지 않을 것입니다."

소크라테스는 말했습니다. "그래? 에우에노스는 철학자가 아닌가?"

심미아스는 말했습니다. "나는 그가 철학자라고 생각합니다."

"그렇다면 그는, 아니 그뿐 아니라 철학 정신을 가진 사람은 누구든지 죽음을 두려워하지 않아야 하네. 그러나 스스로 목숨을 끊어서는 안 되지. 자살은 옳은 일이 아니니까."

여기서 그는 자세를 바꾸어 발을 침상에서 땅에 내려놓았는데, 대화가 계속되는 동안 그는 줄곧 앉아 있었습니다.

케베스가 물었습니다. "당신은 왜 사람은 자살을 해서는 안 되지만 철학자는 죽을 각오가 되어 있어야 한다고 말합니까?"

소크라테스는 대답했습니다. "저, 케베스, 그리고 심미아스, 자네들은 필롤라오스[10]의 제자들인데, 그에게서 이 문제에 대해 듣지 못했나?"

---

10 Philolaos : 기원전 5세기 사람으로 후기 피타고라스학파의 중심인물 중 하나. 한때 테베에 학원을 세웠는데 이때 케베스와 심미아스가 그의 가르침을 받았다.

"듣긴 했습니다. 그러나 그의 말은 애매모호했습니다, 소크라테스."

"내 말도 역시 들은 말을 옮기는 데 지나지 않지만, 내가 들은 말을 전하지 못할 이유도 없지. 그리고 사실상 나는 저세상으로 가려고 하는 때이니 내가 바야흐로 출발하려고 하는 순례의 길이 어떤 성질의 것인지, 이에 대해 생각하고 담론하는 것은 매우 어울리는 일 같군. 지금부터 해가 질 때까지[11] 그 사이를 메우는 데 이보다 좋은 일이 있겠는가?"

"그러면 소크라테스, 왜 자살은 옳지 않다고 생각하시는지 말해주십시오. 나는 방금 당신이 물어본 필롤라오스가 우리와 함께 테베에 있을 때 자살은 옳지 못하다고 주장하는 것을 분명히 들었습니다. 또 다른 사람들도 같은 말을 했는데, 나는 그들이 하는 말의 의미를 이해할 수 없었어요."

소크라테스는 대답했습니다. "걱정하지 말게. 자네가 이해할 날이 올 걸세. 다른 나쁜 일들은 때로는 어떤 사람에게는 좋은 일이 되기도 하는데 어째서 죽음은 유일한 예외일까, 그리고 오히려 죽는 것이 나을 경우에도 왜 스스로 목숨을 끊어서는 안 되고 다른 사람의 손을 기다려야 하는가, 이 점을 의아하게 여길 줄로 생각하네."

"사실 그렇습니다"라고 케베스는 조용히 웃으며 모국어인 보이오티아 말로 말했습니다.

"내가 말한 데는 외견상 모순이 있다는 점을 인정하네. 그러나 실제로는 모순이 전혀 없을 걸세. 인간은 문을 열고 달아날 권리를 갖지 못한 죄수라고 몰래 속삭이는 주장이 있지.[12] 이것은 내가 전혀 이해할 수

---

11 해가 지면 사형이 집행된다.
12 오르페우스 교단의 주장을 말한다. 이 교단에 따르면 '신체는 영혼의 감옥'이다. 피타고라스학파도 이 주장을 계승했다.

없는 엄청난 신비야. 그러나 신들은 우리의 수호자이며, 우리 인간은 신들의 소유물이라는 사실만은 나도 믿네. 자네는 동의하지 않나?"

"네, 저도 전적으로 동의합니다"라고 케베스는 대답했습니다.

"그러면 만일 자네의 소유물 중 하나, 예컨대 소나 나귀가 죽는 것이 좋겠다고 자네가 말하지도 않았는데 마음대로 자살한다면 자네는 화를 내지 않겠나? 그리고 가능하다면 소나 나귀를 처벌하지 않겠나?"

케베스는 대답했습니다. "화를 내고 처벌해야지요."

"그렇다면 문제를 이렇게 볼 때, 사람은 마땅히 기다려야 하고, 신이 지금 나를 부르는 것처럼 신이 부를 때까지는 스스로 목숨을 끊어서는 안 된다고 말하는 데는 까닭이 있다고 할 수 있네."

케베스는 말했습니다. "소크라테스, 당신의 말은 옳은 것 같습니다. 그렇지만 신은 우리의 수호자이며 우리는 신의 소유물이라는, 정당한 것처럼 보이는 믿음과, 방금 당신이 말씀하신 것처럼 철학자는 기꺼이 죽어야 한다는 주장을 어떻게 절충하시겠습니까? 인간들 가운데서 가장 현명한 자들이 그들을 다스리는 최선의 지배자인 신들의 보호에서 즐거운 마음으로 벗어난다는 것은 불합리한 듯합니다. 현명한 사람이라면 그가 자유로워졌을 때 신보다 훌륭히 자기 자신을 보살필 수 있으리라 생각하는 사람은 한 사람도 없을 것이 분명하기 때문입니다. 어리석은 자는 혹 이렇게 생각할지도 모릅니다. 그는 끝까지 남아서 선(善)에서 도피하지 않는 것이 그의 의무이고 따라서 도피하는 것은 아무런 의미도 갖지 못한다는 사실을 고려하지 못하고, 오히려 주인의 손에서 벗어나는 것이 낫다고 주장할지도 모릅니다. 현명한 사람은 자기보다 훌륭한 자와 항상 함께 있기를 원할 것입니다. 그런데 소크라테스, 이것은 방금 말씀하신 것과는 반대가 됩니다. 왜냐하면 이러한 견해에 따르면 현명한 자는 죽는 것을 비탄하고 어리석은 자는 기뻐해야 하기 때문입니다."

케베스의 진지한 태도는 소크라테스를 흐뭇하게 만든 모양이었습니다. 그는 우리를 돌아보면서 말했습니다. "여기에 한결같이 탐구하고, 들은 것을 대뜸 믿으려고 하지 않는 사람이 있군."

심미아스가 말했습니다. "정말 그렇군요. 내 생각으로는 그가 지금 말한 반대 의견에는 약간의 타당성이 있는 것 같습니다. 정말로 현명한 사람이 달아나기를 원하고, 자기보다 훌륭한 자에게서 쉽게 떠나려고 한다면 여기에 무슨 의미가 있겠습니까? 그리고 나는 케베스는 바로 당신을 두고 말하고 있다고 생각합니다. 그는 당신이 너무 쉽게 우리 곁을 떠나려 하고 또 당신이 스스로 우리의 선량한 주인이라고 공언한 신들에게서 너무 쉽게 떠나려 한다고 생각하는 것입니다."

소크라테스는 대답했습니다. "옳아, 자네 말에도 일리가 있네. 그렇다면 자네는 내가 마치 법정에 선 것처럼 자네의 비난에 대해 변명해야 한다고 생각하나?"

심미아스는 말했습니다. "그렇게 해준다면 우리는 기뻐할 것입니다."

"그러면 자네들 앞에서 재판관들 앞에서 했던 변명보다 성공적으로 변명하도록 노력해보겠네. 심미아스, 그리고 케베스, 우선 현명하고 선한 다른 신들에게로 가려고 한다는(이에 대해서는 다른 문제에 대해서와 마찬가지로 나는 확신을 갖고 있네), 그리고 둘째로 내가 뒤에 남겨두고 가는 사람들보다 더 좋은 사람들에게로 떠나간다는(이에 대해서는 반드시 확실하다고는 할 수 없지만) 그러한 신념이 내게 없다면 나도 죽음을 슬퍼해야 마땅하다는 점을 전적으로 인정해야만 하네. 그러나 나는 이런 신념을 갖고 있기 때문에 전혀 슬퍼하지 않네. 죽은 자에게도 무엇인가 아직 남아 있는 일이 있고, 예부터 전해오는 것처럼 착한 사람에게는 악한 사람보다 훨씬 좋은 일이 있다는 훌륭한 희망을 갖고 있는 것이야."

"그러나 소크라테스, 당신은 당신의 사상도 함께 갖고 가렵니까? 당신은 그 사상을 우리에게 나누어 주지 않으렵니까? 그 사상들은 우리도 알아두어야 할 은전(恩典)이기 때문입니다. 게다가 당신이 우리를 설득할 수 있다면 그것은 당신에 대한 비난을 논박하는 대답이 될 것입니다"라고 심미아스가 말했습니다.

소크라테스는 대답했습니다. "최선을 다하겠네. 그러나 우선 크리톤의 말을 들어보기로 하지. 그는 아까부터 나에게 무슨 말을 하고 싶어 했으니까."

크리톤이 대답했습니다. "다른 일이 아닐세. 자네에게 독약을 줄 책임을 진 간수가 아까부터 내가 자네에게 전해주기를 바라며 내게 한 말인데, 자네는 말을 너무 많이 해서는 안 된다네. 말을 하면 열이 오르고 열이 오르면 독약의 작용을 방해하기 쉽다고 간수가 말하네. 흥분한 사람들은 때로는 두 번, 세 번씩 마셔야 한다네."

소크라테스는 말했습니다. "그렇다면 그 사람이 할 일이나 생각하라고 하게. 그리고 필요하다면 두 번, 세 번이라도 독약을 줄 준비나 하라고 하게. 이게 전부일세."

크리톤은 말했습니다. "나는 자네가 그렇게 말할 줄 알고 있었네. 그러나 간수의 말을 안 들어줄 수도 없었네."

소크라테스는 말했습니다. "간수에 대해서는 너무 염려하지 말게.

오, 나의 재판관 여러분, 그러면 나는 여러분에게 진정한 철학자는 죽음을 맞이하여 기쁜 마음을 가져야 할 이유가 있으며, 또한 죽은 다음에는 저세상에서 최대의 선을 얻는다는 희망을 가질 수 있다는 것을 입증하려고 하네. 심미아스와 케베스, 어떻게 그러한지를 설명하고자 하네. 진정으로 철학에 헌신하는 사람은 남에게 오해받기 쉽기 때문일세. 세상 사람들은 참된 철학자는 항상 죽음과 죽어가는 것을 추구한다는 사실을 알지 못해. 그리고 만일 사실이 이렇다면, 그리고 일생 동안 죽음을 갈망해왔다면 그가 대망하던 시간이 닥쳤을 때 어째서 그가 한결같이 추구하고 갈망하던 일을 한탄할 것인가?"

심미아스는 웃으면서 말했습니다. "웃을 일은 아닙니다만 소크라테스, 당신의 말을 들으니 웃지 않을 수가 없군요. 많은 사람은 당신의 말을 듣고 당신이 철학자를 참으로 잘 설명했다고 말할 것이고, 우리 고향 사람들도 철학자들이 바라는 삶은 사실상 죽음이며, 철학자는 그들이 원하는 대로 죽어 마땅하다는 것을 알게 되었다고 말할 것이 틀림없다고 생각했기 때문입니다."

"심미아스, 이렇게 생각하는 것은 그 사람들이 옳아. 단 '철학자들이 알게 되었다'는 말만 제외하고는. 참된 철학자에게 합당한 죽음이 어떤 것인지, 또는 어떻게 죽는 것이 합당하고 어떠한 죽음을 원하는지 철학자들이 알게 되었다고 말할 수는 없기 때문이야. 그러나 참된 철학자들에 대해서는 이 정도로 해두세. 우리의 문제나 토론하기로 하세. 죽음이라는 것이 존재한다고 믿는가?"

"분명히 믿습니다"라고 심미아스가 대답했습니다.

"그것은 영혼과 육체의 분리가 아닌가? 그리고 죽는다는 것은 이러한 분리의 완성인 것이야. 영혼이 독립해 있어서 육체에서 해방되고 육체가 영혼에서 해방될 때, 이것이 바로 죽음이 아닌가?"

"그렇습니다"라고 심미아스가 대답했습니다.

"또 한 가지 문제가 있네. 만일 자네와 내가 이 문제에 대해 의견이 일치될 수 있다면 아마도 이 문제는 우리의 현재 탐구를 밝혀줄 걸세. 철학자는 먹고 마시는 쾌락 ― 이것도 쾌락이라고 부를 수 있다면 ― 에 유념해야 마땅한가?"

"물론 안 됩니다"라고 심미아스가 대답했습니다.

"그러면 사랑의 쾌락에 대해서는 어떠한가? 철학자는 사랑의 쾌락을 추구해야 할까?"

"절대로 안 됩니다."

"그리고 예를 들면 값비싼 옷이나 신발, 기타 육신의 장식품을 얻는 따위, 그 밖의 여러 신체적 향락을 철학자는 보람 있다고 생각할 것인가? 오히려 이러한 것들은 거들떠보지도 않고 철학자는 자연이 요구하는 것 이상의 것은 경멸해야 할까? 자네는 어떻게 생각하나?"

"참된 철학자는 이러한 것들을 경멸할 것이라고 생각합니다."

"자네는 참된 철학자는 전적으로 영혼에만 관심을 갖고 육체에는 관심을 갖지 않는다고 말하는 것이 아닌가? 그는 가능한 한 육체에서 멀리 떨어져서 영혼만을 생각한다는 말이겠지?"

"맞습니다."

"이러한 문제에 있어서 철학자는 다른 사람들과는 달리 영혼을 육체와의 결합에서 분리하는 온갖 방법을 다 쓴다는 것이겠지?"

"맞습니다."

"그러나 심미아스, 세상 사람들은 육체적 쾌락에서 쾌락감을 얻지 못하고 또 육체적 쾌락을 맛보지 못하는 사람들에게는 삶은 살 만한 것이 못 되어 육체적 쾌락에 무관심한 사람은 죽은 것과 같다는 의견인데……."

"그것도 사실입니다."

"그러면 지식의 획득에 대해서는 어떻게 말해야 할까? 육체는 만일 탐구에 참여한다면 방해가 될까, 도움이 될까? 다시 말하면 보고 듣는 데도 어떤 진리가 있는가 하는 말일세. 보거나 듣는 것은 시인들이 늘 우리에게 일러주듯이 부정확한 증인이 아닌가? 그렇지만 보고 듣는 것조차 부정확하고 명석하지 못하다면 다른 감각에 대해서는 어떻게 말해야 할까? 자네는 보고 듣는 것은 감각 가운데서는 가장 나은 것이라고 인정할 테지?"

"그렇습니다"라고 심미아스는 대답했습니다.

"그렇다면 영혼은 언제 진리를 획득하는가? 육체와 함께 무엇을 고찰하려고 하면 영혼은 속지 않을 수 없을 텐데."

"그렇습니다."

"그렇다면 참된 존재가 드러난다고 할 때, 그것은 사유를 통해서 영혼에 드러나야 하겠지?"

"네."

"그리고 정신이 자기 자신으로 돌아가서 소리나 시각이나 고통이나 쾌락 따위가 정신을 괴롭히지 못할 때, 즉 정신이 육신에서 떠나서 가능한 한 육신과 관계하지 않을 때, 다시 말하면 정신이 육체적 감각이나 욕망을 갖지 않고 오직 참된 존재만을 갈망할 때, 사유는 최상의 것이 되겠지?"

"물론입니다."

"그리고 이렇게 함으로써 철학자는 육체를 경멸하고, 그의 영혼이 육체에서 벗어나 홀로 독립하기를 바라는 것이 아닐까?"

"그렇습니다."

"좋아. 그렇지만 심미아스, 또 다른 문제도 있네. 정의 자체가 있을까, 없을까?"

"분명히 있습니다."

"그러면 미(美) 자체, 선(善) 자체도?"

"물론입니다."

"그러나 자네는 자네의 눈으로 그러한 것들을 본 일이 있나?"

"결코 보지 못했습니다."

"그러면 다른 육체적 감각으로 이러한 것들에 도달한 일이 있었나? 그런데 나는 이러한 것들뿐 아니라 크기 자체, 건강 자체, 힘 자체, 또는 만물의 본질, 또는 참된 본성도 말하고 있는 것일세. 자네는 육체의 기관을 통해서 이러한 것들의 실재를 지각해본 적이 있었나? 혹시 오히려 지적 통찰력으로 그가 고찰하는 각각의 사물의 본질을 가장 정확하게 파악하려고 노력하는 사람만이 몇 가지 자연에 대한 지식에 가장 가깝게 접근하는 것이 아닐까?"

"물론 그렇습니다."

"그리고 사유 작용에 있어서 정신만으로 위에서 말한 것에 접근하고 이성과 함께 시각을 비롯한 다른 감각을 끌어들이거나 침입시키지 않고, 바로 명석한 정신의 빛으로 각각의 진리 자체를 탐구하는 사람이 정의 자체, 미 자체 등에 관한 가장 순수한 진리를 획득하게 되는 것이 아닐까? 말하자면 눈이나 귀나 다른 모든 신체가 영혼을 더럽힐 때는 진리와 지식의 획득을 방해하고 혼란하게 만드는 요인이 된다는 의견으로, 가능한 한 눈이나 귀나 기타의 신체와 관계를 끊는 사람, 이 사람이야말로 참된 존재에 대한 지식을 획득할 것이 아닌가?"

심미아스는 대답했습니다. "소크라테스, 당신의 말에는 놀라운 진리가 깃들어 있습니다."

"이러한 모든 일을 고려할 때 진정한 철학자들은 다음과 같은 말로 표현할 수 있는 반성을 할 수밖에 없겠지? 진정한 철학자들은 '우리가 육체와 더불어 있는 동안은, 그리고 영혼이 육체의 악에 감염되는 동안은 우리의 욕구는 충족되지 않는다는 결론으로 우리와 우리의 논의를 이끌어가는 사유의 길을 우리는 찾아내지 않았는가? 그리고 우리의 욕구는 진리라고 생각한다. 왜냐하면 육체는 양식을 요구하는데 이것만으로도 우리에게는 끝없는 번거로움이 생기고 게다가 병이라도 걸리면 우리의 참된 존재에 대한 추구를 압도하고 방해하기 때문이다. 또한 육체는 우리의 마음속을 애욕과 욕망과 공포와 모든 종류의 환상과 끝없는 어리석음으로 가득 차게 만들고, 사실상 사람들이 말하는 것처럼 사유의 힘을 전적으로 빼앗아버리는 것이기 때문이다. 전쟁이나 불화나 분쟁은 왜 일어나는가? 육체와 육체의 욕망이 바로 그 원인이 아닌가? 전쟁은 돈을 좋아하기 때문에 일어나고 돈은 육체 때문에 육체를 돌보기 위해서 획득해야만 한다. 이러한 모든 장애로 말미암아 우리는 철학하는 데 쓸 시간이 없다. 그리고 마지막으로 또 가장 나쁜 것이기도 하지만, 우리가 한가한 시간이 생겨서 사색에 잠기려고 하더라도 언제나 육체가 끼어들어 우리의 탐구에 동요와 혼란을 일으켜서 놀랍게도 우리가 진리를 보지 못하게 만든다. 이것은 우리가 어떤 것에 대한 순수한 지식을 가지려면 육체에서 벗어나야만 한다는 경험에 의해서도 입증되고 있는 일이다. 영혼 자체만이 사물 자체를 볼 수 있다. 그리고 이때에만 우리는, 우리가 갈구하며 우리의 애인이라고 부르는 지혜에 도달하게 될 것이다. 우리가 살아 있는 동안이 아니라 죽은 다음에야 도달하게 될 것이다. 왜냐하면 육체와 함께 있는 동안에는 영혼이 순수한 지식을 가질 수 없다면 다음 두 경우 중 하나가 가능할 것이기 때문이다. 곧 지식은 전혀 획득되지 않거나 획득된다 하더라도 죽은 다음의 일이다. 죽은 다음에야 비로소 영혼은 육체를 떠나 홀로 있게 되기 때문이다. 현세에 있어서는 가능한 한 육체와 관계를 갖거나 사귀지 않고, 또 육체의 본성에 전염되지 않고, 신이 우리를 해방해주는 시각까지 우리 자신을 깨끗이 지킬 때 우리는 지식에 가장 가깝게 접근할 수 있다고 나는 생각한다. 따라서 육체의 어리석음에서 풀려날 때 우리는 순수하게 될 것이며, 순수한 것과 사귈 것이며, 스스로 도처에서 밝은 빛을 보게 될 것이다. 그런데 이 빛은 바로 진리의 빛이다'라고 말할 거야.

　순수하지 못한 것은 순수한 것에 접근할 수 없기 때문이야. 심미아스, 이것이 참된 애지자(愛智者)들이 서로 주고받을 수밖에 없고, 또 생각할 수밖에 없는 말일세. 자네도 동의하겠지, 그렇지 않은가?"

　"소크라테스, 물론입니다."

　"오, 친구여, 하지만 이것이 진리라면, 내가 내 여행을 마치고 지금 가려고 하는 곳에 다다르면 평생 추구하던 것을 얻게 되리라는 희망을 품는 가장 큰 이유도 여기에 있네. 그러므로 나는 기쁜 마음으로 나의 길을 가려고 하며, 나만이 아니라 마음에 결심이 서 있고 순수한 태도를 가졌다고 믿는 모든 사람이 그럴 거야."

"옳은 말입니다"라고 심미아스는 대답했습니다.

"그리고 이미 말했지만 영혼이 육체에서 분리되는 것이 바로 카타르시스(淨化) 아닌가? 곧 영혼이 모든 방면에서 육체에서 벗어나 자기 자신으로 응집하고 결합하며, 저세상에서와 마찬가지로 이 세상에서도 가능한 한 영혼이 자기 자신의 자리에 홀로 머물러 있는 습관, 이것이야말로 영혼이 육체의 쇠사슬에서 풀려나는 것이 아닌가?"

심미아스는 말했습니다. "맞습니다."

"그런데 영혼과 육체의 이러한 분리 혹은 해방을 죽음이라고 부르지 않는가?"

심미아스는 대답했습니다. "그렇습니다."

"그리고 진정한 철학자만이 항상 영혼을 해방하려고 노력하지. 영혼과 육체의 분리 혹은 해방은 그들의 각별한 관심사가 아닌가?"

"그렇습니다."

"그리고 가능한 한 죽음에 가장 가까운 상태에서 살려고 하던 사람들이 죽음이 닥쳤을 때 불평한다는 것은 처음에 내가 말한 것처럼 가소로운 자가당착일 거야."

"물론입니다."

"그러니 심미아스, 참된 철학자들은 항상 죽음을 연습하고 있으며, 따라서 죽음을 가장 두려워하지 않는 사람들이야. 이 문제를 이렇게 생각해보게. 말하자면 참된 철학자들은 모든 면에서 육체의 적이었으며 영혼과 함께 있는 것만을 원하고 있다면, 그들의 이러한 소망이 성취될 때, 그들이 거기에 도착하면 평생 동안 소망하던 것, 즉 지혜를 얻을 희망이 있고 동시에 적과 함께 있지 않아도 될 곳으로 출발하는 것을 기뻐하지 않고 오히려 무서움에 떨고 한탄한다면 이것은 얼마나 모순된 태도일 것인가? 많은 사람은 저승에 가면 거기서 지상에서 사랑하던 사람들이나 아내나 자식을 만나고 그들과 이야기할 수 있다는 희망에 부풀어서 죽기를 원해왔어. 그런데 참된 애지자이며 저승에서만 지혜를 보람 있게 터득할 수 있다는 강한 신념을 가진 사람이 죽음을 한탄하겠는가? 그는 기쁜 마음으로 떠날 것이 아닌가? 오, 나의 친구여, 그가 진정한 철학자라면 그는 기쁜 마음으로 떠날 것이 분명해. 그는 거기에서, 오직 거기에서만 순수한 형태로 지혜를 찾아낼 수 있다는 부동의 신념을 갖고 있기 때문이야. 따라서 이것이 진리라면, 내가 말한 것처럼 그가 죽음을 두려워하는 것은 매우 어리석은 짓이야."

"정말 그렇습니다"라고 심미아스가 대답했습니다.

"따라서 죽음이 다가오는 것을 슬퍼하고 주저하는 사람이 있다면, 그는 지혜를 사랑하는 자가 아니라 육체를 사랑하는 자이며, 동시에 돈이나 권력 또는 두 가지를 다 사랑하는 자일지도 모른다는 충분한 증거야."

"그렇습니다"라고 심미아스는 말했습니다.

"그러니 심미아스, 용기는 철학자에게만 특유한 성품이 아닐까?"

"그렇습니다."

"또한 절제도 마찬가지야. 일반 대중들도 절제는 정욕을 다스리고 누르는 것이며 정욕보다 탁월한 것이라 생각하지만, 이 절제도 오직 육체를 경멸하고 철학하는 생활을 하는 자에게만 속하는 덕이 아닌가?"

"대체로 그렇습니다."

"자네가 다른 사람들의 용기와 절제를 고려해보기를 바란다면, 그것이 모순된 것임을 알게 될 거야."

"어째서 그렇습니까?"

소크라테스는 말했습니다. "자네도 사람들은 일반적으로 죽음을 커다란 악이라고 생각한다는 것을 알고 있을 텐데."

"알고 있습니다"라고 심미아스는 대답했습니다.

"그런데 용감한 사람은 죽음보다 큰 악을 두려워하기 때문에 죽음에 직면하는 것이 아닐까?"

"사실 그렇습니다."

"그렇다면 철학자들을 제외하고는 다른 모든 사람은 오직 공포 때문에, 다시 말하면 두려워하는 것이 있기 때문에 용감한 거야. 그런데 사람들이 공포 때문에, 또 비겁하기 때문에 용감할 수 있다는 것은 확실히 이상한 일이야."

"그렇군요."

"그리고 절제도 마찬가지 경우가 아닌가? 사람들은 방종하기 때문에 절제를 요구하는 것이야. 이 말이 모순된 것같이 들릴지 모르지만, 사실은 이것이 저들의 어리석은 절제의 진상이야. 그들에게는 잃어버리기 싫은 쾌락이 있고, 이 쾌락을 지키기 위해서 그들은 몇 가지 쾌락을 삼가는데 이는 다른 쾌락에 압도당했기 때문이야. 그리고 쾌락에 정복당하는 것을 사람들은 방종이라고 부르지만, 그들에게 쾌락의 정복은 쾌락에 의해 정복당함으로써만 가능한 거야. 이러한 의미에서 나는 그들은 방종하기 때문에 절제하게 된다는 말을 한 거야."

"사리에 맞는 말입니다."

"그렇지만 어떤 공포나 쾌락이나 고통을 마치 화폐처럼 다른 공포나 쾌락이나 고통과 바꾸고, 또 더 큰 것을 더 작은 것과 바꾸는 것은 덕의 교환이 아니야. 오, 축복받은 심미아스, 모든 사물을 교환할 수 있는 참된 화폐가 하나 있지 않은가? 그것은 바로 지혜야. 이러한 지혜와 바꿀 때만, 그리고 이러한 지혜를 가져야만 용기든, 절제든, 정의든, 무엇이든지 참으로 사고팔 수 있는 거야. 그리고 모든 참된 덕은 공포나 쾌락이나 이 밖에 이와 비슷한 좋은 일 또는 나쁜 일이 따르든 따르지 않든 간에, 지혜와 짝하는 것이 아닌가? 그러나 이러한 여러 좋은 것으로 되어 있는 덕도 지혜와 분리되어 서로 맞바꾸게 되는 경우에는 덕의 그림자에 지나지 않고, 또한 여기에는 어떠한 자유도 건강도 진리도 없어. 그러나 참된 교환에서 이러한 모든 것은 정화되지. 그리고 절제, 정의, 용기, 지혜 자체가 이러한 것들을 정화하는 거야. 신비 의식의 창시자들은 참으로 의미 있는 말을 한 것 같아. 그들이 오래전에 비유를 통해, 정화되지도 않고 비의(秘儀)도 받지 않고 저세상으로 간 사람은 진흙 구덩이에 빠지지만, 비의를 받고 정화된 다음에 저세상에 닿은 사람은 신들과 함께 살 것이라고 말한 것은 결코 틀린 말이 아니야. 비의에 종사하는 사람들이 말하는 것처럼 '나르테크스[13]의 지팡이를 들고 다니

---

13 남유럽에 있는 나무의 일종. 속이 비어 있는데, 프로메테우스가 이 나무속에 불을 넣어서 갖고 왔다고 한다. 바쿠스 축제 때 이 나무를 휘두르며 도취되어 바쿠스 신과 합일하는 체험을 얻으려고 했다. 따라서 나르테크스의 지팡이를 들고 다니는 사람은 많으나 바쿠스는 적다고 한 것은 신과의 합일을 원하는 사람은 많으나 그 경지에 도달하는 사람은 적다는 뜻이며, 여기서는 정화되어서 저세상으로 가는 사람은 적다는 뜻이다.

는 자는 많으나 바쿠스는 적기' 때문이야. 나는 이 말이 '참된 철학자'가 적다는 뜻으로 해석하네. 나는 평생에 걸쳐 능력껏 이러한 참된 철학자 중 하나가 되려고 노력해왔네. 내가 올바르게 노력해왔는지, 그리고 내가 성공했는지 그 여부를 나는 잠시 후에 사실 그대로 알게 될 걸세. 나 자신이 저세상에 도달했을 때 신이 알려주려고 한다면……. 이것이 나의 신념이네. 그러니 심미아스와 케베스여, 나는 여러분과 이 세상에서의 나의 주인에게서 떠나가면서 서러워하지도, 불평하지도 않는 것이 옳다고 주장하네. 나는 저세상에서도 이 세상에서와 마찬가지로 좋은 주인과 벗을 만나게 되리라고 믿기 때문이네. 그러나 사람들 대부분은 이러한 말을 믿지 않아. 내가 아테네의 재판관들보다도 여러분들을 잘 설득했다면 아주 좋은 일일 텐데."

케베스는 말했습니다. "소크라테스, 나는 당신 말의 대부분에 동의합니다. 그러나 영혼에 관한 말은 사람들이 믿으려 하지 않을지 모릅니다. 사람들은 영혼이 육신을 떠나면 있을 곳이 없어지고, 따라서 죽은 그날로 사멸하고 종말을 고하며, 영혼이 육체에서 해방되자마자 연기나 공기처럼 뿔뿔이 흩어져 날아가다가 없어져버리는 것이 아닌가 해서 두려워합니다. 소크라테스, 만일 당신이 말한 여러 가지 악에서 해방된 다음에 영혼이 다시 온전하게 모일 수만 있다면 당신이 말한 것이 옳다고 할 수 있는 충분한 이유가 있습니다. 그러나 사람이 죽은 다음에도 영혼은 여전히 존재하며, 어떤 힘과 지능을 갖고 있다는 것을 입증하려면 상당히 설득력 있는 재논증이 반드시 필요합니다."

소크라테스는 말했습니다. "옳은 말이야, 케베스. 그러면 이러한 일이 가능하다는 데 대해 좀 더 이야기하기로 할까?"

케베스는 말했습니다. "이 문제에 대한 당신의 의견을 몹시 듣고 싶습니다."

소크라테스는 말했습니다. "지금 내가 말하는 것을 듣는 사람은 그가 설사 오래된 적인 저 희극작가들[14] 중 한 사람이라 할지라도, 내가 관심도 없는 문제에 대해 쓸데없는 말을 한다고 비난하지는 못할 거야. 그러니 자네가 원한다면 탐구를 계속하기로 할까. 인간의 영혼은 죽은 후에 저승에 있는지 그렇지 않은지 하는 문제부터 고찰하기로 하세. 영혼은 이 세상에서 저세상으로 갔다가 이 세상으로 되돌아와서 죽은 자에게서 다시 태어난다고 주장하는 옛날의 이론이 생각나는군. 만일 산 사람이 죽은 사람에서 태어난다고 하는 것이 사실이라면 우리 영혼은 저세상에 존재해야만 하네. 그렇지 않다면 어떻게 영혼이 다시 태어날 수 있을 것인가? 산 사람은 오직 죽은 사람에서만 태어난다는 확실한 증거가 있다면, 저세상에 영혼이 존재한다는 것이 확실해질 거야. 그렇지 않다면 다른 논증이 필요하겠지."

케베스는 대답했습니다. "그렇습니다."

"그러면 이 문제를 다만 인간에 관련해서 고찰하지 말고 동물 전체, 식물 전체, 따라서 생성하는 모든 것에 관련해서 고찰하기로 하세. 그러면 증명하기가 더 쉬울 거야. 반대되는 것을 갖고 있는 것은 모두 이 반대되는 것에서 생기는 것이 아닌가? 나는 선과 악, 정의와 부정 등을 말하는 것일세. 반대되는 것에서 생기는 것은 이 밖에도 무수하게 있지. 그리고 나는 모든 반대 관계에는 필연적으로 동일한 교체 관계가 있을

---

14 희극 《구름》에서 소크라테스를 조롱한 아리스토파네스 등을 말한다.

뿐임을 보여주고 싶네. 다시 말해 예컨대 어느 것이 더 큰 것이 되었다면, 그것은 더 작은 것이 된 다음에야 더 큰 것이 될 수 있다는 말일세."

"그렇습니다."

"그리고 더 약한 것은 더 강한 것에서 생기고, 더 빠른 것은 더 느린 것에서 생길 테고."

"맞습니다."

"또 더 나쁜 것은 더 좋은 것에서, 더 옳은 것은 더 옳지 않은 것에서 생기고."

"물론입니다."

"그리고 이것은 모든 반대 관계에 해당되겠지? 반대 관계에 있는 것은 모두 반대되는 것에서 생겼다고 믿어도 좋을까?"

"네."

"모든 사물의 이러한 보편적인 반대 관계에는 또한 항상 진행되고 있는 두 가지 생성 과정, 즉 갑에서 을로, 그리고 을에서 갑으로 되돌아가는 과정이 있지 않을까? 더 큰 것과 더 작은 것이 있는 경우에는 역시 증가와 감소라는 생성 과정이 있어서 생장하는 것을 증가라 하고 쇠퇴하는 것을 감소라고 하는 것이겠지?"

"네"라고 케베스는 대답했습니다.

"그리고 분할과 결합, 냉각과 가열 등 다른 많은 과정이 있는데, 이것도 마찬가지로 갑이 을로 되고 을이 갑으로 되는 변천을 내포하고 있네. 그리고 일일이 말로 표현되지 않았다 하더라도 이러한 과정이 필연적으로 모든 반대물을 지배하고 있네. 반대물은 사실상 반대에서 나오고, 갑에서 을이 되는 변천 과정이 있는 것이 아닐까?"

"그렇습니다"라고 케베스는 대답했습니다.

"자 그러면, 잠자는 것이 깨어 있는 것의 반대인 것처럼 삶의 반대물도 있지 않을까?"

케베스는 말했습니다. "있습니다."

"그러면 그게 무엇인가?"

"죽음입니다"라고 케베스는 대답했습니다.

"죽음과 삶이 반대 관계에 있다면, 죽음과 삶은 각기 반대되는 것에서 생기고, 또한 두 가지 생성 과정도 있겠지?"

"물론입니다."

소크라테스는 말했습니다. "자, 나는 자네에게 말한 두 쌍의 반대물 중 하나와 그 생성 과정을 분석할 테니 자네는 다른 하나를 나에게 설명해주게. 두 쌍의 반대물 중 하나란 잠자는 것과 깨어 있는 것을 말하네. 잠자는 상태는 깨어 있는 상태의 반대이고, 잠자는 상태에서 깨어 있는 상태가 생기고 깨어 있는 상태에서 잠자는 상태가 생기네. 생성 과정은 하나는 잠드는 것이며, 또 하나는 깨어나는 것이지. 옳다고 생각하나?"

"전적으로 동의합니다."

"그러면 같은 방식으로 자네가 삶과 죽음을 내게 설명해주게. 죽음은 삶의 반대가 아닌가?"

"네."

"그리고 삶과 죽음은 각기 반대물에서 생기겠지?"

"네."

"산 것에서 무엇이 생길까?"

"죽음입니다."

"그리고 죽은 것에서는?"

"오직 한 가지 대답을 할 수 있을 뿐입니다. 산 것이라고."

"그러면 케베스, 그것이 사물이든 인간이든 간에, 살아 있는 것은 죽은 것에서 생긴다는 말이지?"

"분명히 그렇습니다"라고 케베스는 대답했습니다.

"그러면 이 추리에서 우리의 영혼이 저승에 존재한다는 것이 밝혀졌겠지?"

"그렇습니다."

"두 가지 생성 과정 중 하나는 볼 수 있네. 죽는 것만은 확실히 볼 수 있지 않은가?"

"분명합니다"라고 케베스는 말했습니다.

"그러면 그 결과는 무엇일까? 반대되는 과정은 제외해도 될까? 자연은 다리 하나로만 걸어 다닌다고 할 것인가? 오히려 우리는 죽음에 대응하는 생성 과정을 정해야 하지 않겠는가?"

"그래야 합니다"라고 케베스는 대답했습니다.

"그러면 그 과정은 무엇인가?"

"다시 살아나는 것입니다."

"그리고 다시 살아나는 일이 있다면 그것은 죽은 것이 살아 있는 것의 세계에 태어나는 게 아닌가?"

"정말 그렇습니다."

"따라서 여기에 죽은 것이 살아 있는 것에서 생기는 것과 마찬가지로, 살아 있는 것은 죽은 것에서 생긴다는 결론에 도달하는 새로운 길이 있네. 그리고 이것이 사실이라면 죽은 자의 영혼은 어떤 곳에 있다가 거기서 되살아난다는 가장 확실한 증거가 되네."

케베스는 말했습니다. "그렇습니다, 소크라테스. 우리가 앞에서 인정한 것에서 필연적으로 그러한 결론이 나오는 것 같습니다."

"그리고 케베스, 앞에서 인정한 것이 잘못이 아니라면 다음과 같은 일이 입증되리라고 생각하네. 즉 생성은 직선으로만 진행되고 자연에는 보상이나 순환이 없으며, 어떤 요소들이 그 반대물로 되었다가 다시 되돌아오는 일이 없다면, 모든 사물은 결국은 같은 형태를 갖고 같은 상태에 놓이고 따라서 사물의 생성은 있을 수 없으리라는 것을 자네도 알고 있을 거야"라고 소크라테스는 말했습니다.

"무슨 뜻이죠?"라고 케베스는 물었습니다.

소크라테스는 대답했습니다. "매우 단순한 일이야. 잠을 예로 들어 설명하겠네. 자네도 알다시피 잠자는 상태와 깨어 있는 상태의 교체가 없다면, 결국 잠자는 엔디미온[15]의 이야기는 무의미해질 거야. 모든 다른 사물도 역시 잠자는 상태에 있을 것이므로 그를 다른 것에서 구별하지 못할 테니까. 또는 결합만이 있고 실체의 분할이 없다면 아낙사고라스[16]의 혼돈이 다시 나타날 거야. 친애하는 케베스, 만일 생명을 가진 모든 것이 죽고 죽은 다음에는 죽은 상태에 그대로 머물러 있어서 다시 살아나지 못한다면, 결국 모든 것은 죽게 되고 산 것은 하나도 남지

---

15 Endymion : 코린토스의 목동. 희세의 미남이어서 달의 여신 아르테미스가 그에게 반했다. 여신은 자신의 애무를 의식하지 못하도록 엔디미온을 영원한 잠에 빠지게 했다.
16 Anaxagoras : 기원전 5세기의 그리스 철학자. 그는 태초에는 혼돈이 있을 뿐이었으나, 누스(nous, 이성)에 의해 분리 정돈됨으로써 세계에 질서가 있게 되었다고 주장했다.

않게 될 거야. 이 밖에 다른 결과는 있을 수 없지 않은가? 살아 있는 것은 다른 것에서 나오고 또한 이 다른 것들도 죽는다면, 궁극적으로는 죽음이 모든 것을 삼켜버리게 될 것이 아닌가?"

케베스는 말했습니다. "다른 도리는 없군요, 소크라테스. 나는 당신의 논증이 절대로 옳다고 생각합니다."

소크라테스는 말했습니다. "그래, 케베스. 내 의견으로도 반드시 그럴 것 같군. 그리고 우리는 이러한 일들을 인정함으로써 기만당하는 것은 아니야. 오히려 나는 다시 살아나는 일이 정말로 있고, 살아 있는 것은 죽은 것에서 생기고, 죽은 자의 영혼은 생존하며, 착한 영혼은 악한 영혼보다 좋은 운명을 맞이한다는 것을 확신하네."

케베스가 덧붙여 말했습니다. "소크라테스, 지식은 상기(想起)에 지나지 않는다는, 당신이 좋아하는 이론이군요. 이 이론이 옳다면, 우리가 지금 상기하는 것은 예전에 배운 일이 있었다는 것이 필연적인 귀결입니다. 그러나 우리의 영혼이 사람의 형태로 존재하기 전에 어디엔가 있지 않았다면 이것은 불가능할 것입니다. 따라서 여기에 영혼 불멸에 대한 또 하나의 증거가 있는 것입니다."

심미아스는 말했습니다. "그러면 케베스, 말을 잠시 돌려서 상기설을 밑받침하는 논거가 무엇이었는지 말해주게. 지금 나는 이에 대해 확실한 기억을 갖고 있지 못하네."

케베스는 말했습니다. "질문에 의해서 훌륭한 증거를 파악할 수 있네. 자네가 어떤 사람에게 올바른 방식으로 질문을 한다면 그는 스스로 옳은 대답을 찾아낼 걸세. 그러나 만일 그에게 이미 지식과 올바른 이성이 없다면 어떻게 이러한 일이 가능하겠나? 그리고 이것은 도형이나 이와 비슷한 것을 문제로 삼을 때 가장 명백하게 입증되네."[17]

소크라테스가 말했습니다. "그러나 심미아스, 자네가 아직도 믿을 수 없다면, 이 문제를 다른 방식으로 살펴보고 나와 같은 생각을 가질 수 없는지 알아보기로 하세. 자네는 아직도 지식이 상기인지 아닌지 의심을 품고 있는 것 같아 하는 말일세."

심미아스는 말했습니다. "의심하는 것은 아닙니다만, 상기설을 스스로 상기하고 싶었던 것이며, 케베스의 말을 듣고 다시 상기하게 되고 옳다는 생각도 듭니다. 그러나 아직도 당신이 어떻게 말할지 알고 싶군요."

소크라테스는 대답했습니다. "내가 말하고 싶은 것은 다음과 같네. 즉 내가 잘못이 아니라면, 어떤 사람이 상기하는 것은 전에 언젠가는 배웠던 것이어야만 한다는 점에 우리는 동의해야 할 걸세."

"그렇습니다."

"그러면 이러한 지식 또는 상기의 본질은 무엇일까? 나는 다음과 같이 묻고 싶네. 어떤 것을 보거나 듣거나 또는 다른 방식으로 지각한 사람은 그것을 알 뿐 아니라, 문제가 되고 있는 것 외의 개념도 갖게 되는가 아니면 그렇지 않은가라고. 그런데 이 개념은 그것과 동일한 것이 아니라 별개의 개념이네. 따라서 그는 갖고 있던 개념을 상기한다고 말하는 것이 공정하지 않을까?"

"무슨 뜻이지요?"

"내가 말하고자 하는 것을 예를 들어 말하면 다음과 같네. 하프에 대한 지식과 인간에 대한 지식은 다르겠지?"

---

[17] 플라톤의 다른 대화편 《메논》에서 소크라테스는 무지한 소년에게 질문함으로써 그 소년이 스스로 피타고라스의 공리를 풀게 한다.

"그렇습니다."

"그러면 사랑하는 사람이 늘 쓰고 있는 하프나 옷이나, 그 밖의 다른 것을 보았을 때 애인들의 감정은 어떨까? 그들은 하프를 알아보고 마음의 눈으로 그 하프의 주인인 청년의 모습을 그려보지 않을까? 이것이 바로 상기일세. 마찬가지로 심미아스를 본 사람은 케베스를 상기할 걸세. 이러한 예는 무수히 있네."

"정말로 무수히 있습니다"라고 심미아스는 대답했습니다.

"그리고 상기는 대체로 시간이 흐르고 부주의로 말미암아 이미 잊었던 것을 회복하는 과정일세."

심미아스는 말했습니다. "그렇군요."

"자, 그렇다면 자네도 집이나 하프의 그림을 보고 사람을 상기하는 경우가 있겠지? 그리고 심미아스의 그림을 보면 케베스를 상기하게 될 거야."

"그렇습니다."

"또한 자네는 심미아스 자신을 상기하는 경우도 있겠지?"

"물론입니다."

"그리고 이러한 모든 경우에 있어서 상기는 비슷한 것에서 생기기도 하고, 비슷하지 않은 것에서 생기기도 하지?"

"그런 것 같습니다."

"그런데 상기가 비슷한 것에서 생겼을 때 확실히 또 하나의 문제가 제기되네. 즉 그 유사성이 상기된 것에 어느 정도 미치지 못하는지 또는 그렇지 않은지……."

"그렇군요"라고 심미아스는 말했습니다.

파이돈 113

"그러면 한 걸음 더 나아가서 '같은 것'이 있다고 주장해보세. 그러나 나뭇조각이나 돌이 다른 나뭇조각이나 돌과 같다든가 하는 것이 아니라, 이러한 것을 넘어서서 같은 것 자체가 있다고 한다면? 우리는 그렇게 말할 수 있을까?"

심미아스는 말했습니다. "네, 그렇게 말할 수 있습니다. 맹세코 생명을 걸고 말할 수 있습니다."

"그러면 우리는 이러한 같음 자체의 본질을 알고 있나?"

"알고 있습니다"라고 심미아스는 말했습니다.

"그러면 어디서 그것에 대한 지식을 얻었는가? 우리는 나뭇조각이나 돌 같은 물질적인 것들을 보고 이러한 것들과는 다른 같은 것 자체라는 관념을 추출해낸 것이 아닌가? 자네는 여기에 차이가 있다는 것을 인정할 거야. 이 문제를 다른 방식으로도 살펴보기로 하세. 동일한 나뭇조각이나 돌이 어느 때는 같고 어느 때는 같지 않지?"

"그렇습니다."

"그러나 정말로 같은 것은 항상 같지 않은가? 다시 말하면 같음이라는 관념이 같지 않음이라는 관념과 동일한 경우가 있나?"

"불가능한 일입니다, 소크라테스."

"그렇다면 이러한 이른바 같은 것들이 같음이라는 관념과 동일한 것은 아니겠지?"

"분명히 그렇지 않다고 말할 수밖에 없습니다, 소크라테스."

"그런데 같은 것들은 같음이라는 관념과는 다른 것임에도 이러한 같은 것들에서 자네는 같음이라는 관념을 인식하고 획득하나?"

"그렇습니다"라고 심미아스는 말했습니다.

"같음이라는 관념은 같은 것들과 비슷한 경우도 있고 비슷하지 않은 경우도 있겠지?"

"네."

"그러나 이것은 상관없는 일이야. 비슷한 것이든 비슷하지 않은 것이든 간에 자네가 어떤 것을 볼 때 언제나 다른 것을 생각한다면, 그것은 분명히 상기 작용이 아니겠는가?"

"그렇습니다."

"그러면 나무나 돌이나 다른 물질적인 것들의 같은 면에 대해서 자네는 어떻게 생각하나? 이러한 것들에서 어떠한 인상을 받는가? 같음 자체와 동일한 의미에서 이러한 것들도 같다고 할 수 있을까? 아니면 이러한 것들은 같음 자체에 어느 정도 미치지 못하는 것인가?"

"네, 훨씬 못합니다"라고 심미아스는 말했습니다.

"그리고 다음과 같은 점을 인정해야만 하겠지? 나나 또는 다른 사람이 어떤 대상을 바라보고, 그가 보고 있는 것이 다른 것과 같게 되려고 하지만 이에 미치지 못하고 다른 것이 될 수도 없으며 오히려 열등하다는 것을 관찰할 때, 이러한 관찰을 한 사람은 어떤 것이 그것과 비슷하기는 하지만 그것에 미치지 못하는 다른 어떤 것을 미리 알고 있어야만 할 거야."

"확실히 그렇습니다."

"이것은 같은 것들과 같음 자체라는 우리의 문제에도 해당되는 것이 아닌가?"

"그렇습니다."

"그렇다면 우리는 처음으로 물질적으로 같은 것들을 보고, 이렇게 외견상 같은 것들은 같음 자체에 도달하려고 노력하지만 이에 미치지 못한다는 것을 알기에 앞서서 같음 자체를 알고 있었던 것이 아닐까?"

"그렇습니다."

"또한 이 같음 자체는 시각이나 촉각, 기타의 감각을 매개로 해서만 알려지고, 또한 그렇게 해서만 알려질 수 있다는 것을 인정해야 하지 않을까? 이 점에서는 모든 감각이 같지 않을까?"

"네, 소크라테스. 지금의 논의에서 본다면 모든 감각에 대해 그렇다고 할 수 있습니다."

"그러면 모든 감각적인 사물은 같음 자체에 도달하려고 하지만 이에 미치지는 못한다는 지식을 감각에서 이끌어낼 수 있을 게 아닌가?"

"네."

"그렇다면 우리는 보거나 듣거나 기타 방식으로 지각을 시작하기 전에 절대적인 같음을 알고 있어야 할 거야. 그렇지 않으면 감각을 통해서 알게 된 같은 것들에 이 기준을 적용할 수 없을 것이 아닌가? 감각을 통해서 알게 된 같은 것들은 절대적인 대등에 도달하려고 하지만 이에 미치지는 못하기 때문이야."

"지금까지 한 논의로 보아서 그 밖의 추리는 불가능하군요."

"그리고 우리는 태어나자마자 보고 듣고 또 다른 감각을 사용하지 않는가?"

"그렇습니다."

"그렇다면 우리는 그전에 같음에 대한 지식을 획득한 것이 틀림없겠지?"

"네."

"말하자면 태어나기 전이란 뜻이지?"

"그렇습니다."

"그리고 만일 우리가 태어나기 전에 이러한 지식을 획득했고 또 나면서부터 이러한 지식을 활용한다면, 우리는 태어나기 전에 그리고 태어나는 순간에, '같다'든가 '…보다 크다'든가 '…보다 작다'든가 하는 것만이 아니라 그 밖의 모든 관념을 알고 있었다는 것이 되네. 우리가 지금 논하고 있는 것은 같음 자체만이 아니고 아름다움, 선함, 정의, 거룩함, 그 밖에 우리가 묻고 대답하는 대화 과정에서 본질이라는 이름을 붙일 수 있는 모든 것이기 때문이야. 이러한 모든 것에 대해서 우리는 태어나기 전에 지식을 얻었다고 확실히 주장할 수 있을까?"

"그럴 수 있습니다."

"그러나 만일 지식을 얻은 다음에 우리가 각각의 경우에 획득한 것을 망각하지 않는다면 우리는 언제나 지식을 갖고 태어나서 생명이 있는 한 언제나 계속해서 알고 있지 않으면 안 될 거야. 안다는 것은 지식을 획득하고 유지하며 망각하지 않는 것이기 때문이야. 심미아스, 망각은 바로 지식의 상실이라는 뜻이 아닌가?"

"그렇습니다, 소크라테스."

"그러나 우리가 태어나기 전에 얻은 지식을 태어날 때에 상실하고, 그 후에는 감각을 사용하여 이전에 알고 있는 것을 회복한다면, 우리가 학습이라고 부르는 과정은 우리가 본래 갖고 있던 지식을 회복하는 것이고, 따라서 이 과정을 상기라고 불러도 잘못은 아니겠지?"

"맞습니다."

"따라서 다음과 같은 점이 명백해지네. 우리가 시각이나 청각이나 다른 감각의 도움을 받아서 어떤 것을 지각할 때 이러한 지각에서 그 것과 비슷하든 비슷하지 않든 간에 그것과 관련이 있으나 망각했던 어떤 다른 것의 개념을 획득할 수 있다는 것을. 따라서 내가 이미 말한 것처럼 다음과 같은 이자택일 중 하나가 가능할 걸세. 즉 우리는 태어날 때부터 이러한 지식을 갖고 있었고 일생 동안 계속해서 알고 있거나, 또는 태어난 다음에는 학습을 하는 사람들만이 기억하며 따라서 학습은 상기에 지나지 않거나, 둘 중 하나일세."

"네, 확실히 그렇습니다, 소크라테스."

"그러면 심미아스, 자네는 어느 쪽을 택하려나? 우리는 태어날 때부터 지식을 갖고 있었는가? 또는 태어나기 전에 알고 있던 것을 상기하는 것인가?"

"당장은 선택할 수 없습니다."

"어쨌든 자네는 지식을 갖고 있는 사람이 자신의 지식을 설명할 수 있는지 그렇지 못한지에 대해서는 결정을 내릴 수 있을 텐데……, 어떻게 생각하나?"

"분명히 그는 설명할 수 있을 것입니다."

"그러면 자네는 지금 우리가 논하고 있는 문제에 대해 모든 사람이 설명할 수 있다고 생각하나?"

"소크라테스, 그럴 수만 있다면 얼마나 좋겠습니까! 나는 오히려 내일 이때쯤이면 이 문제에 대해서 정당한 설명을 할 수 있는 사람이 이미 한 사람도 살아남지 못하게 될 것이 두렵습니다."

"그렇다면 심미아스, 모든 사람이 이 문제에 대해 알고 있다고 생각하지 않는다는 말인가?"

"분명히 그렇습니다."

"그들은 이전에 배웠던 것을 상기하고 있는 것이지?"

"그렇습니다."

"그러면 언제 우리의 영혼은 이러한 지식을 얻었을까? 인간으로 태어난 후가 아니라면?"

"분명히 태어난 후에 얻은 것은 아닙니다."

"그렇다면 태어나기 전인가?"

"네."

"그렇다면 심미아스, 우리의 영혼은 인간의 형태를 취하기 이전부터 육체 없이 존재했고, 지능도 갖고 있었음에 틀림이 없네."

"소크라테스, 이러한 개념들이 바로 태어나는 순간에 우리에게 주어지는 것이라고 당신이 생각하지 않는다면 태어나는 때가 남아 있는 유일한 시간이니까요."

"그렇지, 나의 친구여. 그러나 만일 그렇다면 우리는 언제 그 개념들을 잃을까? 우리가 태어났을 때는 이 개념들이 우리에게 없기 때문이야. 이 점은 이미 인정한 바 있네. 우리는 이러한 개념들을 받는 즉시 잃어버렸는가, 아니면 다른 어떤 때 잃어버렸는가?"

"소크라테스, 그럴 수는 없는 일입니다. 나는 부지중에 난센스를 말했다는 것을 알았습니다."

"그렇다면 심미아스, 우리가 늘 말해온 것이지만 아름다움 자체, 선함 자체, 모든 사물의 절대적 본질이 있다면, 그리고 우리가 태어나기 이전부터 있었다는 것을 방금 알게 된 이러한 본질에 우리의 모든 감각을 관련시키고 또 이러한 관념은 태어나기 전부터 갖고 있었고 선천적인 소유물임을 발견하고서 이 본질과 우리의 모든 감각을 비교하는 것이라면, 우리 영혼은 태어나기 이전부터 존재해야만 한다고 말할 수 있지 않을까? 만일 그렇지 않다면 우리의 논의는 무력한 것이 아니겠나? 우리의 영혼이 태어나기 전부터 있었던 것과 마찬가지로 이러한 관념들도 우리가 태어나기 전부터 있었다는 것이 증명된 셈일세. 만일 관념이 없다면 우리의 영혼도 존재하지 않을 테니까."

"그렇습니다, 소크라테스. 나는 영혼이나 관념의 존재에 대해 똑같은 필연성이 있음을 확신합니다. 그리고 우리의 논의는 탄생 이전의 영혼의 존재는 당신이 말하는 본질의 존재와 분리해 생각할 수 없다는 관점에 성공적으로 도달했습니다. 아름다움, 선함 그리고 당신이 방금 말한 다른 개념들이 가장 진정하고 절대적인 존재라는 것. 이보다 명백한 일은 없다고 생각하기 때문입니다. 나는 이상의 증명으로 만족합니다."

"좋아, 그러나 케베스도 역시 만족했는지? 나는 케베스도 설득해야만 하거든."

심미아스가 말했습니다. "케베스도 만족했으리라고 생각합니다. 그는 인간 중에서 가장 의심이 많은 사람이긴 하지만 그도 역시 탄생 이전의 영혼의 존재를 충분히 믿게 되었으리라고 나는 확신합니다. 그러나 죽은 다음에도 영혼이 계속해서 존재한다는 점은 아직 증명되지 않았고, 이 점에 대해서는 나도 만족을 느끼지 못합니다. 나는 케베스가 언급한 많은 사람의 감정, 즉 인간이 죽으면 영혼은 흩어져버릴 것이며, 이것이 영혼의 종말이라고 하는 감정에서 벗어날 수 없습니다. 영혼이 다른 곳에서 오는 것이며, 특별한 요소들로 구성되어 있고, 인간의 육체에 들어오기 전에도 존재했다는 것을 인정하더라도, 어째서 일단 육체에 들어왔다가 다시 나간 다음에 소멸해서 없어지지 않을까요?"

케베스가 말했습니다. "심미아스, 자네 말이 옳아. 필요한 증명의 절반은 된 셈이야. 곧 우리가 태어나기 전부터 영혼이 존재한다는 것은 증명되었네. 죽은 다음에도 태어나기 이전과 마찬가지로 영혼이 존재하리라는 점을 증명하는 것이 나머지 절반이며, 이것은 보충되어야만 한다네. 이 증명이 이루어지면 논증은 완성될 거야."

소크라테스는 말했습니다. "그러나 심미아스와 케베스, 이에 대해서는 이미 증명했네. 자네가 두 가지 논증―영혼은 태어나기 전부터 존재한다는 논증과 우리가 앞서 인정한 바 있는 또 하나의 논증, 즉 살아 있는 것은 모두 죽은 것에서 태어난다는 논증―을 합쳐본다면 알 수 있을 걸세. 만일 영혼이 태어나기 전부터 존재하며, 생명을 갖고 태어나는 경우에는 오직 죽음과 죽은 자에게서만 태어날 수 있다면, 영혼이 다시 태어나기 위해서는 영혼은 죽은 다음에도 계속해서 존재해야 하지 않는가? 자네가 바라는 증명은 이미 완료되었다는 것이 확실하네. 나는 아직도 자네와 심미아스는 이 논의를 더 증명해주었으면 하고 바란다고 생각하네. 자네들은 어린애처럼 영혼이 육체를 떠나면 바람이 영혼을 정말로 날려버리고 흐트러뜨리지 않을까 하는 두려움에 떨고 있네. 특히 사람이 심한 폭풍우 속에서 죽거나 하늘이 맑지 못할 때 죽는다면 그럴 것이라고……."

케베스는 웃으면서 대답했습니다. "그렇다면 소크라테스, 우리가 그러한 두려움에서 벗어나도록 해주어야 합니다. 게다가 엄밀하게 말하면 우리가 두려워하는 것이 아니라, 우리 마음속에는 어린애가 있어서 이 어린애에게는 죽음은 유령과 같습니다. 따라서 이 어린애가 어둠 속에 홀로 있을 때도 두려워하지 않도록 설득해야 합니다."

소크라테스는 말했습니다. "자네들이 마법으로 그 두려움을 쫓아버릴 때까지 매일 마법사가 주문을 외도록 하세."

"그런데 당신이 떠나버리고 나면 어디서 우리는 두려움을 쫓아줄 훌륭한 마법사를 구할 수 있을까요?"

소크라테스는 대답했습니다. "케베스, 그리스는 넓은 곳이네. 훌륭한 사람도 많고 외국에서 온 종족도 적지 않아. 이러한 모든 사람 가운데서 훌륭한 마법사를 찾게. 먼 곳까지 가서 널리. 수고나 돈을 아끼지 말고. 돈을 쓰는 데 이보다 좋은 기회는 없을 테니까. 그리고 여러분 가운데에서도 찾아봐야 하네. 자네들보다 이 일을 잘하는 사람을 찾을 수 없을지도 모르기 때문이야."

케베스는 대답했습니다. "반드시 찾아보겠습니다. 그런데 지금은 당신이 괜찮다면, 아까 중단했던 논점으로 되돌아가기로 합시다."

소크라테스는 대답했습니다. "그렇게 하세. 그보다 좋은 일은 없으니까."

"감사합니다."

소크라테스는 말했습니다. "흩어져버리는 것이라고 우리가 생각하고 있는 것이 무엇인지, 그리고 우리가 두려워하고 있는 것이 무엇인지, 또한 우리가 두려움을 갖고 있지 않는 것이 무엇인지, 이것부터 따져보아야 하지 않을까? 그다음에 더 나아가 우리는 흩어져버리는 것이 영혼의 본질인지 아닌지 탐구해야 할 거야. 우리 자신의 영혼에 대해 희망을 품을 것인지, 또는 두려워할 것인지는 이 문제에 대한 대답에서 밝혀질 거야."

"그렇겠군요"라고 케베스는 말했습니다.

"그런데 복합물이나 합성물은 합성된 것이기 때문에 또한 당연히 분해될 수 있을 거야. 그러나 합성되지 않은 것은, 만일 이러한 것이 있다고 하면, 이것만은 분해될 수 없을 거야."

"네, 그렇다고 생각하지 않을 수 없군요"라고 케베스는 말했습니다.

"따라서 합성되지 않은 것은 항상 동일하고 변하지 않는다고 생각되며, 반면 합성된 것은 항상 변하고 결코 동일할 수 없을 거야."

"그렇습니다"라고 케베스는 말했습니다.

"그렇다면 이제 아까 논하던 데로 되돌아가기로 하세. 우리가 대화 과정에서 실재 또는 참된 존재―같음의 본질이든, 아름다움의 본질이든, 또는 다른 어떤 것의 본질이든―라고 정의한 관념 또는 본질은 어떠한 본질인가? 다시 말하면 그것은 때에 따라 어느 정도 변화하는 본질인가? 또는 그것은 각기 항상 그대로 있으며 항상 동일하고 단순하고 독립적이며 불변의 형태를 갖고 있고, 어떠한 방법으로든지 또 어느 때나 변화를 일으킬 수 없는 본질인가?"

"소크라테스, 그것은 항상 동일합니다"라고 케베스는 대답했습니다.

"그러면 사람, 말, 옷, 기타 동일한 이름으로 불리면서 똑같다든가 아름답다고 일컬어지는 많은 것이 있는데 이에 대해서는 어떻게 생각하나? 이러한 것들은 모두 항상 변하지 않고 동일한가, 또는 정반대인가? 오히려 이러한 것들은 그 자체에 있어서나 상호 간에 있어서나 거의 언제나 변하고, 거의 언제나 동일하지 않은 것이라고 말할 수 있는가?"

케베스는 대답했습니다. "후자입니다. 이것들은 언제나 변화하는 상태에 있습니다."

"그런데 자네는 그러한 것들은 만지고 보고, 감각을 통해 지각할 수 있지만, 불변의 것들은 오직 정신을 통해서만 파악하지 않나? 불변의 것들은 형태가 없어서 보이지 않는 것이 아닌가?"

"확실히 그렇습니다"라고 케베스는 말했습니다.

소크라테스는 말을 계속했습니다. "자, 그렇다면 두 종류의 존재, 즉 하나는 보이는 것이고 하나는 보이지 않는 것이 있다고 생각해보세."

"그러시죠."

"보이는 것은 변화하고 보이지 않는 것은 변화하지 않을 테지?"

"그렇게 말할 수 있을 것 같습니다."

"그러면 더 나아가 인간의 한 부분은 육체이고, 또 하나의 부분은 영혼이 아닌가?"

"그렇습니다."

"그러면 육체는 보이는 것과 보이지 않는 것 중에서 어떤 것에 더 가깝고, 어떤 것을 더 닮았는가?"

"물론 보이는 것에 가깝지요. 이 점은 아무도 의심하지 못할 것입니다."

"그러면 영혼은 보이는가, 보이지 않는가?"

"소크라테스, 인간에게는 보이지 않습니다."

"그런데 우리가 '보인다' 또는 '보이지 않는다'고 한 것은 사람의 눈에 '그 형태가 보인다' 또는 '그 형태가 보이지 않는다'는 뜻이 아닌가?"

"네, 사람의 눈을 기준으로 말한 것입니다."

"그러면 영혼은 볼 수 있는가, 볼 수 없는가?"

"볼 수 없습니다."

"그러면 보이지 않는 것이지?"

"네."

"그러면 영혼은 보이지 않는 것에 더 가깝고, 육체는 보이는 것에 더 가깝다고 말할 수 있지?"

"그것은 필연적인 귀결입니다, 소크라테스."

"그런데 예전부터 이런 말을 해오지 않았는가? 영혼이 육체를 지각의 도구로 사용할 때, 다시 말하면 시각이나 청각이나 다른 어떤 감각을 사용할 때―육체를 통해 지각한다는 것은 감각을 통해 지각한다는 의미이기 때문이야―영혼도 육체에 의해 가변적인 영역으로 이끌려가 방황하고 혼미에 빠진다고 말해오지 않았는가 말일세. 세계가 영혼을 속박해서 영혼은 변화에 접하게 되면 술 취한 사람처럼 허둥지둥하는 것이 아닐까?"

"그렇습니다."

"그러나 자기 자신으로 돌아와서 반성할 때, 영혼은 다른 세계, 즉 순수하고 영원하며, 불멸하고 불변하는 영역으로 들어가게 되네. 이러한 것들은 영혼과 동질적인 것으로서 영혼이 자기 자신으로 돌아와서 허용을 받고 방해를 받지 않을 때는 언제나 이러한 것들과 함께 살게 되네. 이렇게 되면 영혼은 그릇된 길에서 벗어나고 따라서 변하지 않는 것과 사귐으로써 영혼은 불변의 것이 되네. 그리고 이러한 영혼의 상태를 지혜라고 부르는 것이 아닌가?"

"참으로 훌륭한 말입니다"라고 케베스는 대답했습니다.

"그러면 앞서 논한 것과 지금 논한 것에서 추리한다면 영혼은 어느 것에 더 가깝고 어느 것을 더 닮았는가?"

"소크라테스, 지금까지 해온 논의를 경청한 사람은 영혼은 변하지 않는 것에 무한히 가깝다는 의견을 갖게 될 것이라고 생각합니다. 아주 둔한 사람들까지도 이 사실을 부정하지는 못할 것입니다."

"그러면 육체는 변하는 것에 더 가까운가?"

"네."

"이 문제를 다른 각도에서 다시 한번 고찰해보기로 하세. 즉 영혼과 육체가 결합되어 있을 때, 영혼은 지배하고 다스리며, 육체는 복종하고 섬길 것을 자연이 명한다네. 그런데 이 두 기능 중에서 어느 것이 신적(神的)인 것을 닮았는가? 신적인 것은 본성상 명령하고 지배하는 것이며 죽어야 할 것은 지배받고 예속되는 것이라고 자네는 생각하지 않나?"

"그렇습니다."

"그러면 영혼은 어느 것을 닮았는가?"

"영혼은 신적인 것을, 육체는 죽어야 할 것을 닮았습니다. 이 점에 대해서는 의심의 여지가 없습니다, 소크라테스."

"그러면 케베스, 지금까지 말해온 모든 것 중에서 이것이 결론이 아닌지 생각해보게. 즉 영혼은 신적인 것에 매우 흡사하고 불멸하며 예지적인 것이고, 단일한 형태를 갖고 분해되지 않으며 변화하지 않는 것이고, 한편 육체는 가장 인간적인 것이며, 사멸해야 하고, 예지적인 것이 아니며, 많은 형태를 가졌고, 분해되며 변화하는 것이네. 친애하는 케베스, 지금 내가 말한 것을 명확하게 부정할 수 있는가?"

"부정할 수 없습니다."

"그러나 이것이 사실이라면 육체는 재빨리 분해되지 않을까? 그리고 영혼은 거의 또는 전적으로 분해되지 않을 것이 아닌가?"

"확실히 그렇습니다."

"그리고 더 나아가 자네는 이런 사실도 알고 있을 테지? 인간이 죽은 다음에 육체, 다시 말하면 인간의 눈에 보이는 부분, 즉 눈에 보이는 세계에 놓여 있고 시체라고 불리며 본성적으로 분해되고 부패하고 소멸하는 것은, 임종 당시의 육체적 조건이 좋고 그해의 계절이 유리하면 즉시 분해되거나 부패하지 않고 얼마 동안 아니 심지어 오랫동안 보존된다는 것을. 이집트에서 하는 것처럼 육체를 수축시키고 향유를 바르면 육체는 거의 영구히 보존될 수도 있네. 그리고 썩는다 하더라도 뼈나 인대처럼 사실상 파괴되지 않는 부분도 있네. 그렇지 않은가?"

"네, 그렇습니다."

"그러나 눈에 보이지 않는 영혼은 순수하고 고상한 참된 저승으로 가며 선하고 현명한 신에게로 (신이 허락하신다면, 나의 영혼도 곧 그리로 가게 될 거라네) 가게 되는데, 이러한 것이 영혼의 본성이요 기원이라고 한다면, 나는 거듭 말하지만, 이러한 영혼이 많은 사람이 말하는 것처럼 육체를 떠나자마자 바람에 날려버리고 파괴될 것인가? 친애하는 심미아스, 그리고 케베스, 절대로 그럴 수는 없네. 오히려 육체를 떠날 때 순수하며, 일생 동안 자발적으로 육체와 관계한 적이 없고 오히려 항상 이러한 관계를 피하고 자기 자신을 가다듬었기 때문에 육체의 흔적을 남기지 않은 영혼, 그리고 이러한 육체에서 분리되는 것을 영구히 연습해온 영혼은 따라서 사실상 항상 죽음을 연습해오지 않았는가? 다시 말하면 이 영혼은 참된 철학도이거니와, 철학은 바로 죽음의 연습이 아니던가?"

"물론 그렇습니다."

"그렇다면 무형의 영혼은 무형의 세계, 곧 신적이며 불멸이고 이성적인 세계로 떠나가고 그 세계에 닿으면 영혼은 더없는 행복을 얻게 되어 인간의 과오와 어리석음, 두려움과 거친 정열, 그리고 다른 모든 인간의 악에서 풀려나고 비의(秘儀)를 받은 사람들에 대해 사람들이 말하는 것처럼 영원히 신과 함께 사는 거야. 그렇지 않은가, 케베스?"

"네, 의심의 여지가 없습니다"라고 케베스는 말했습니다.

"그러나 더럽혀진 영혼, 떠날 때에 순수하지 못한 영혼, 항상 육체의 벗이고 노예이며 육체와 육체의 욕망 및 쾌락을 사랑하고 매혹당한 영혼, 그래서 결국은 진리는 만지고 보고 맛보는 등 이러한 육욕에 이용할 수 있는 육체적 형태로서만 존재한다고 믿게 된 영혼, 다시 말하면 육체의 눈에는 어두워서 보이지 않고 오직 철학으로만 도달할 수 있는 지성적 원리를 미워하고 두려워하고 피해온 영혼. 자네는 이러한 영혼이 순수하고 깨끗하게 떠나갈 수 있다고 생각하나?"

케베스는 대답했습니다. "불가능합니다."

"이러한 영혼은 늘 육체와 관계하고 육체를 돌봄으로써 마침내 육체적인 것이 그 본성에 섞이게 되어 육체적인 것에 속박당하고 말 거야."

"물론 그렇겠지요."

"그리고 나의 친구여, 이 육체적인 요소는 무겁고 둔하며 세속적인 것이고 영혼을 내리눌러서 다시 가시적인 세계로 끌어내리는 시각적 요소야. 이러한 영혼은 보이지 않는 세계, 즉 저승을 두려워하기 때문이지. 이 영혼은 무덤가를 배회하게 되고 따라서 사람들이 말하는 것처럼 무덤 근처에서는 영혼의 유령 같은 형상을 볼 수 있는데 이 영혼은 떠날 때 순수하지 못했고 오히려 시각에 매달려 있었기 때문에 눈에 보이는 거야."

"정말로 그런 것 같습니다, 소크라테스."

"물론 그렇지, 케베스. 이러한 영혼은 좋은 영혼이 아니라 나쁜 영혼임에 틀림이 없어. 이러한 영혼은 기왕의 악한 생활에 대한 벌을 받기 위해 그런 곳을 배회할 수밖에 없는 거야. 그래서 이 영혼에서 절대로 떠나지 않는 육체적인 것을 갈망한 나머지 결국은 다른 육체에 갇히게 될 때까지 이 영혼은 방황을 멈추지 않게 되네. 그리고 전생에서 가졌던 것과 똑같은 성질을 가진 감옥을 다시 찾아낸다고 생각할 수 있네."

"어떤 성질이지요, 소크라테스?"

"내가 하고자 하는 말은, 음식을 탐내고 방탕하고 술을 좋아해서 이러한 것을 피할 생각을 전혀 하지 않은 사람들은 나귀나 그러한 종류의 짐승이 된다는 것이야. 자네는 어떻게 생각하나?"

"그러한 의견은 매우 그럴듯하다고 생각합니다."

"그리고 부정이나 독재나 폭력을 좋아하는 사람들은 이리나 독수리나 솔개가 될 거야. 그 밖의 다른 것이 된다고 생각할 수는 없지 않은가?"

"네, 그러한 성질이라면 의심의 여지가 없지요"라고 케베스는 말했습니다.

소크라테스는 말했습니다. "그러면 다른 모든 것도 그 몇 가지 성질이나 경향에 따라서 각기 알맞은 것을 할당하는 것은 어려운 일이 아닐 테지?"

케베스는 말했습니다. "어렵지 않습니다."

"어떤 사람들은 다른 사람들보다 더 행복할 거야. 그리고 그들 가운데서 가장 행복하고 가장 좋은 곳으로 가는 사람들은 절제와 정의라고 불리며, 철학이나 이성 없이도 습관으로 획득되는 국민의 사회적 덕을 실천해온 사람들이야."

"왜 그들이 가장 행복합니까?"

"그들은 꿀벌이나 장수말벌이나 개미처럼 그들 자신과 비슷한 온화하고 사회적인 것이 될 수도 있고, 다시 사람의 형태를 갖고 태어날 수도 있으며, 올바르고 절제 있는 사람들은 이러한 것들에서 나온다고 생각할 수도 있기 때문이야."

"그럴 수도 있을 것입니다."

"철학을 연구하지 않은 까닭에 전적으로 순수하지 못한 영혼은 육체를 떠나서 신과 함께 있지 못하며, 오직 애지자만이 신과 함께 있을 것을 허락받네. 그리고 심미아스와 케베스, 이것이 철학에 헌신한 사람들이 모든 육체적 정욕을 삼가하고 극복하며 그것에 빠지지 않는 이유일세. 그들은 돈을 사랑하는 사람들이나 세상 사람들처럼 가난해지거나 가족이 파멸되는 것을 두려워해서 그러는 것이 아니야. 또한 권력과 명예를 좋아하는 사람들처럼 나쁜 행위 때문에 불명예나 악평을 얻게 될 것을 두려워하기 때문도 아니야."

"소크라테스, 그것은 참된 철학자에게는 어울리지 않는 일이군요"라고 케베스는 말했습니다.

소크라테스는 말했습니다. "정말로 어울리지 않는 일일세. 그러므로 육체를 돌보고 키우는 데만 골몰하지 않고 자신의 영혼을 조금이라도 돌봐온 사람들은 이러한 모든 것과 작별을 하는 거야. 그들은 장님의 뒤를 따라가지는 않을 거야. 그리고 철학이 그들을 정화하고 악에서 해방하면, 그들은 철학의 영향을 거슬러서는 안 되며, 철학이 어디로 인도하든지 돌아서서 따라가야 한다고 생각하네."

"무슨 뜻입니까, 소크라테스?"

소크라테스는 말했습니다. "자세히 설명하기로 하지. 지식을 사랑하는 사람들은 영혼은 육체에 속박되고 갇혀 있는 데 지나지 않았다는 것을 알고 있네. 철학이 그의 영혼을 받아들일 때 비로소 그의 영혼은, 자기 자신 가운데서 자기 자신을 통해서가 아니라 감옥의 창살을 통해서만 진정한 존재를 볼 수 있었다는 것을 알게 되네. 영혼은 온갖 무지의 수렁 속에서 허덕이고 육욕으로 말미암아 스스로를 속박하는 공범자가 되고 있었던 거야. 이것이 영혼의 본래 상태였네. 그렇지만 내가 이미 말한 바 있고 또 지식을 사랑하는 사람들은 잘 알고 있는 일이지만, 철학은 영혼이 영혼 스스로를 가두어두는 것이 얼마나 무서운 일인지 보고 영혼을 받아들여 점잖게 달래고, 눈과 귀와 다른 감각은 기만으로 가득 차 있음을 지적해줌으로써 또한 이러한 감각들에서 물러나고 꼭 필요한 경우 말고는 이러한 감각의 사용을 삼가며, 영혼을 집중시키고 가다듬도록 설득함으로써, 영혼 자신과 순수한 존재에 대한 영혼 자신의 순수한 파악만을 신뢰하고, 다른 수단을 통해서 영혼에 이르고 수시로 변화하게 마련인 것은 무엇이든 믿지 말도록 권함으로써 영혼을 해방하려고 노력하게 되네. 이러한 것들은 눈에 보이고 만질 수 있는 것이지만, 영혼이 스스로의 본성을 통해 보는 것은 예지적인 것이며 보이지 않는 것이기 때문이야. 그리고 참된 철학자의 영혼은 이러한 해방을 거슬러서는 안 되며, 따라서 가능한 한 쾌락과 욕망과 고통과 두려움을 멀리해야 한다고 생각하네. 인간이 큰 기쁨이나 슬픔이나 두려움이나 욕망을 가질 때, 이러한 것들에서 해를 입는데, 그것은 예컨대 육욕 때문에 희생된 건강이나 재산의 상실 따위처럼 예상할 수 있는 해악일 뿐 아니라, 훨씬 더 큰 해악, 가장 크고 나쁜 해악이며, 전혀 생각지도 못하던 해악이야."

"소크라테스, 그것은 무엇입니까?"라고 케베스는 물었습니다.

"쾌락이나 고통의 감정이 가장 강렬할 때 어느 누구의 영혼이나 이 강렬한 감정의 대상을 가장 명백하고 가장 참된 것으로 생각한다는 것이 바로 그 해악이야. 그러나 사실은 그렇지 않고 이러한 대상들은 가시적인 것에 지나지 않아."

"그렇군요."

"그리고 영혼이 육체에 의해 가장 심하게 구속되어 있는 상태가 바로 이런 상태가 아닌가?"

"어째서 그렇지요?"

"왜냐하면 모든 쾌락과 고통은 영혼이 육체와 비슷해질 때까지, 그리고 영혼이 육체가 옳다고 주장하는 것을 옳다고 믿을 때까지 영혼을 육체에 못 박고 속박해두는 일종의 못이기 때문이야. 그리고 육체와 뜻을 같이하고 동일한 기쁨을 즐김으로써 영혼은 육체와 똑같은 습관과 기호를 가질 수밖에 없고, 따라서 영혼이 저승으로 떠날 때 순수할 수는 없는 일이니 언제나 육체의 영향을 받고 있기 때문이야. 그러므로 이 영혼은 다른 육체 속에 가라앉아 거기서 싹이 트고 성장하며, 따라서 신적이며 순수하고 단순한 것과는 사귀지 못하는 거야."

케베스는 대답했습니다. "정말로 옳은 말입니다, 소크라테스."

"그리고 케베스, 이것이 참된 애지자가 절제 있고 용감한 까닭이야. 세상 사람들이 주장하는 이유 때문에 그런 것은 아니야."

"확실히 세상 사람들이 주장하는 이유 때문에 그런 것은 아닙니다."

"분명히 그렇지 않지! 철학자의 영혼은 다른 방식으로 추리할 거야. 철학은 영혼을 해방하지만, 영혼이 해방되면 다시금 영혼을 쾌락과 고통의 속박에 내맡기기 위해 해방하는 것은 아니지. 그건 마치 페넬로페[18]가 낮에 짠 옷을 밤이 되면 다시 풀어버리는 것 같은 일이겠지. 오히려 철학자의 영혼은 격정을 가라앉히고 이성에 따르며 의견의 대상이 아닌 참되고 신적인 것을 바라보고 여기서 영양을 취하면서 영혼의 관조 안에서만 살 거야. 따라서 이 영혼은 주어진 시간을 다 살려고 노력하고 죽은 다음에는 자기와 동질적인 것, 즉 자기와 비슷한 것이 있는 곳으로 가서 인간의 악에서 해방되기를 바라게 되네. 심미아스와 케베스, 이렇게 양육되고 이러한 추구를 해온 영혼이 육체를 떠날 때 바람에 날려 흩어져버려서 어느 곳에도 존재하지 않게 되는 일은 결코 없을 테니 두려워하지 말게."

소크라테스가 말을 마치고 나서 상당한 시간 동안 침묵이 흘렀습니다. 소크라테스 자신도 우리 대부분과 마찬가지로 지금까지 말해온 것에 대해 숙고하고 있는 듯했습니다. 케베스와 심미아스만이 서로 몇 마디 주고받았을 뿐입니다. 그리고 소크라테스는 그들이 말을 주고받는 것을 보고 그들이 지금까지 한 논의를 어떻게 생각하는지, 그리고 부족한 점이나 없는지 물었습니다. "왜냐하면 철저히 따지는 사람이 이 문제를 따져보면, 아직도 의심스러운 점, 공격할 점이 남아 있기 때문일

---

18 Penelope : 오디세우스의 아내. 호메로스의 《오디세이아》에 따르면 트로이 원정 후에 돌아오지 않는 남편을 이타카에서 기다리고 있던 페넬로페는 구혼자들의 성급한 구혼을 피하기 위해 한 폭의 천을 다 짤 때까지 남편이 돌아오지 않으면 구혼에 응하겠다고 핑계를 대고 남편이 돌아올 때까지 낮에는 짜고 밤에는 푸는 일을 되풀이했다고 한다.

세. 자네들이 다른 문제를 고려하고 있다면 나는 더 할 말이 없지만 만일 아직도 이 문제에 대해 의심스러운 점이 있다면 주저하지 말고 정확하게 자네들이 생각하고 있는 바를 말하게. 자네들에게 더 좋은 이론이 있다면 이를 듣기로 하세. 만일 내가 소용이 된다면 나는 즐겨 도움이 되겠네."

심미아스가 말했습니다. "소크라테스, 솔직하게 말하겠습니다. 아까부터 우리의 마음에는 여러 의문이 일어나서 대답을 듣고 싶은 점을 질문하라고 서로 권하고 또 재촉하고 있던 중입니다. 그러나 이러한 때에 조르는 것은 귀찮은 일이 아닐까 해서 묻지 못했던 것입니다."

소크라테스는 미소를 띠며 대답했습니다. "오, 심미아스, 무슨 말을 하나? 만일 내가 지금 내 생애의 어느 때보다도 불행하지 않다는 것을 자네들에게까지도 설득할 수 없다면 내가 현재의 상태를 불운하다고 여기지 않는다는 것을 다른 사람이 믿게 만들 수는 없을 거야. 자네들은 내가 백조보다도 못한 예언력을 갖고 있다고 생각하는 것은 아닐까? 왜냐하면 백조들은 일생 동안 노래하며 지내지만 죽을 때가 왔다는 것을 알면 그들의 주인인 신에게로 바야흐로 돌아가게 된다는 생각을 하고 즐거워서 어느 때보다도 더 즐겁게 노래하기 때문이야. 그러나 사람들은 죽음을 두려워하기 때문에 어떤 새든, 나이팅게일이나 제비나 후투티까지도 춥거나 배고프거나 고통스러울 때는 노래하지 않는다는 것을 생각하지 못하고, 백조는 최후가 온 것을 슬퍼해서 운다고 헐뜯는 주장을 하는 거야. 새들은 슬픈 노래를 부르는 것이라고 말하지만 나는 새들이 슬퍼서 운다고 생각하지는 않아. 백조도 마찬가지야. 오히려 백조는 아폴론 신에게 바쳐졌기 때문에 예언의 재능을 받았고,

저세상에 있을 좋은 일들을 기대하고 있는 거야. 그러므로 백조들은 죽음의 날이 오면 다른 때보다도 더 즐겁게 노래하고 기뻐하는 거지. 그리고 나도 역시 아폴론 신에게 바쳐진 종이며 백조의 동료임을 믿고, 또한 나의 주인한테서 백조에 뒤지지 않는 예언의 재능을 받았다고 생각하기 때문에 백조와 마찬가지로 즐거운 마음으로 세상을 떠나려고 하네. 따라서 이것만이 자네들이 반대하는 점이라면 염려하지 말게. 그러니 말하고 싶은 것, 묻고 싶은 것이 있으면 11위원들이 허락하는 동안에 말하게."

심미아스는 말했습니다. "알았습니다, 소크라테스. 그러면 나는 나대로 이해가 가지 않는 점을 말하고, 케베스는 케베스대로 자기의 의문점을 말하기로 하죠. 이 세상에 살면서 이러한 문제에 대해 어떤 확실성에 도달한다는 것이 얼마나 어려운 일인가, 오히려 불가능한 일이 아닐까 하는 생각이 듭니다(감히 말하면 당신도 같은 생각을 갖고 있겠지만). 그렇지만 나는 이러한 문제에 대한 이론을 증명하기 위해 최선을 기울이지 않았거나 온갖 측면에서 이 문제를 검토하기 전에 지쳐버리는 사람은 비겁하다고 생각합니다. 왜냐하면 다음 두 가지 중 한 가지를 이룰 때까지는 참고 견뎌야 하기 때문입니다. 즉 그는 이러한 문제에 대한 진리를 발견하거나 배우든가, 또는 이것이 불가능하면 인간이 생각해 낸 이론 가운데서 가장 훌륭하고 확실한 이론을 받아들여 이 이론을 인생을 항해하는 뗏목으로 삼는 것이 좋다고 나는 생각합니다. 물론 그를 더 확실하고 안전하게 인도해줄 신의 조언을 얻지 못하면 위험이 없지 않으리라는 점을 나도 인정하지만요. 이제 당신이 요구한 대로 거리낌 없이 질문하겠습니다. 이렇게 해야 후에 왜 그때 내가 생각하는 바를 말하지 못했던가 하는 후회는 하지 않게 될 테니까요. 이 문제를 나 혼자 생각해봐도 그렇고 케베스와 의견을 나누어봐도 마찬가지입니다만, 소크라테스, 지금까지 한 논의는 아무래도 불충분하다고 생각되기 때문입니다."

소크라테스는 대답했습니다. "나의 친구여, 자네가 옳을지도 모른다고 생각하네. 그러나 어떤 점에서 지금까지 한 논의가 불충분한지 알고 싶군."

심미아스는 대답했습니다. "다음과 같은 점에서 그렇습니다. 가령 어떤 사람이 화성(和聲)과 하프에 동일한 이론을 적용한다면, 그는 화성이 잘 이루어진 하프의 경우엔 화성은 눈에 보이지 않고 비물체적인 것이며 완전하고 신적인 것인 반면, 하프와 그 줄은 물질이며 물체적인 것이고 합성된 것이며, 세속적인 것이고 소멸되는 것과 비슷하다고 말하지 않을까요? 그리고 어떤 사람이 하프를 부수거나 줄을 끊어서 잘라버렸을 때, 위에서 말한 견해를 갖고 있는 사람은 당신과 마찬가지로 동일한 추리에 따라 화성은 살아 있으며 소멸하지 않았다고 말할지도 모릅니다. 소멸되어버리는 줄 없는 하프나 끊어진 줄은 남아 있고, 하늘에 속해서 불멸하는 것과 동일한 성질을 갖고 이러한 것에 속해 있는 화성은 소멸되어버리는 것보다 앞서서 사라져버린다고 상상할 수는 없는 일이라고 그는 말할 겁니다. 화성은 아직도 어디엔가 있어야만 하고, 나뭇조각이나 줄은 화성에 어떤 일이 일어나기 전에 썩어버리겠지요. 소크라테스, 이것이 바로 우리의 영혼에 대한 개념이구나 하는 생각이 당신에게도 떠올랐으리라고 생각합니다. 즉 육체는 열기와 냉기, 습기와 건조 등의 요소들이 하프의 줄 같은 역할을 하고 이러한 것들이 합쳐진 것이라고 할 때 영혼은 조화, 다시 말하면 이러한 요소들이 알맞은 균형을 갖고 혼합된 것이라고 할 수 있겠지요. 그런데 그렇다면, 육체의 줄이 질병이나 기타 상해로 말미암아 지나치게 느슨해지거나 너무 팽팽해질 때, 비록 가장 신적인 것이라고 하더라도 영혼은 음악이나 다른 예술 작품의 조화처럼 물론 즉시 소멸할 것입니다. 그러나 육체의 물질적 잔재는 썩어 없어지거나 태워버릴 때까지 상당히 오랫동안 남아 있습니다. 따라서 어떤 사람이 영혼은 육체의 여러 요소의 조화이므로 이른바 죽음이 닥치면 제일 먼저 소멸한다고 주장하면 우리는 그에게 어떤 대답을 해야 할까요?"

소크라테스는 늘 그러하듯이 뚫어지게 우리를 바라보며 미소를 띠고 말했습니다. "심미아스의 말에도 일리가 있네. 그런데 왜 자네들 가운데서 나보다 잘 대답할 수 있는 사람이 그에게 대답하지 않는가? 나에 대한 그의 공격은 강력하기 때문에 하는 말일세. 그러나 아마도 그에게 대답하기 전에 좀 더 생각할 시간을 얻기 위해서 케베스의 말을 들어보는 것이 좋을 듯하군. 그리고 두 사람의 말을 다 듣고 나서 그들이 말하는 것이 진리라면 우리는 그들에게 동의해야 할 것이고, 그렇지 않다면 우리 주장을 견지해야 할 거야." 다시 말을 이어 소크라테스는 말했습니다. "그러면 케베스, 자네를 괴롭히는 문제점이 무엇인지 말해주게."

케베스는 말했습니다. "말하기로 하지요. 지금까지의 논의는 제자리에서 맴돌고, 아직도 앞서 말한 반대가 그대로 적용된다는 게 나의 느낌입니다. 육체의 형태 속에 들어오기 이전에 영혼이 존재했다는 점은 매우 확실하며, 감히 말한다면 매우 충분히 증명되었다는 것을 인정합니다. 그러나 나의 판단으로는 죽은 후의 영혼의 존재는 아직도 증명되지 않았습니다. 그런데 나의 반대 의견은 심미아스의 반대 의견과는 다릅니다. 나는 영혼이 육체보다 더 지속적이라는 사실을 부인하지 않으며, 오히려 이러한 모든 점에서 영혼은 육체를 훨씬 능가한다고 생각하기 때문입니다. 그렇다면 지금까지의 논의는 내게 말하겠지요. 왜 당신은 믿지 못하느냐, 사람이 죽은 다음에도 더 약한 것이 계속해서 존재하는 것을 보면서도 당신은 더 지속적인 것이 동일한 기간 동안 역시 존재하지 않으면 안 된다는 것을 인정하지 않으려 하느냐고. 그러면 심미아스와 마찬가지로 나도 반대 의견을 비유로써 말하겠는데 내 반대 의견에 중요한 점이 있는지 고려해주십시오. 내가 인용하려고 하는 비유는 늙은 직조공에 관한 것입니다. 이 직조공은 죽었는데, 그가 죽은 다음에 어떤 사람이 말합니다. '그는 죽지 않았어, 그는 틀림없이 살아 있어. 보라, 저기에 그가 손수 짜서 입었던 상의가 조금도 썩지 않고 완전하게 남아 있지 않은가.' 그리고 나서 그는 믿지 못하는 사람들에게 인간이 더 오래 존속하는지, 또는 입어서 낡은 옷이 더 오래 존속하는지 묻는 것입니다. 그리고 그는 인간이 더 오래 존속한다는 대답을 얻으면 그는 덜 지속적인 것이 남아 있기 때문에 더 지속적인 인간이 존속해야만 한다는 것을 확실하게 증명했다고 생각합니다. 그러나 심미아스, 자네의 논평을 구하면서 하는 말이지만 이것은 잘못이야. 이렇게 말하는 것이 난센스를 말하는 데 지나지 않는다는 것은 누구나 알 수 있는 일이야. 왜냐하면 사실은 이렇기 때문이야. 앞에 말한 직조공은 많은 상의를 지어서 입었으므로 그가 지은 몇 개의 상의보다 그가 더 오래 살았다고 하겠지만, 마지막에 지은 옷만은 그 사람보다 더 오래 남아 있게 되네. 그러나 그렇다고 해서 인간이 상의보다 더 하찮고 약하다는 것이 증명된 것은 아닐세. 그런데 육체와 영혼의 관계도 동일한 비유로 말할 수 있을 거야. 따라서 어떤 사람이 같은 방식으로 영혼은 존속하며 육체는 영혼에 비해 약하고 단명하다고 말해도 잘못은 아닐 걸세. 그는 마찬가지 방식으로 모든 영혼은, 특히 인간이 오랫동안 산다면 많은 육체를 닳아서 못 입게 될 때까지 입는다고 논할 수 있을 거야. 사람이 살아 있는 동안에 육체는 소모되고 소멸되지만 영혼은 항상 다른 옷을 짜서 낡은 것을 보충한다는 걸세. 그러나 물론 영혼이 죽으면 영혼은 마지막으로 짠 옷을 입고 있게 마련이고, 이 옷은 영혼보다 오래 남게 되지. 그리고 영혼이 죽으면 결국 육체는 본래의 취약성을 드러내서 재빨리 썩어서 없어지게 되네. 그러므로 나는 힘이 월등하다고 해서 영혼이 죽은 다음에도 계속 존재한다는 것이 증명되었다고 보는 이론을 믿지 않네. 자네 이상으로 이 이론이 옳다는 것을 인정하고, 태어나기 전에 영혼이 존재했을 뿐 아니라, 어떤 영혼은 살아남아서 죽은 다음에도 계속 존재할 것이며, 다시 태어났다 다시 죽을 것이며, 영혼에는 여러 번 다시 태어나는 것을 견뎌낼 만한 자연적인 힘이 있다는 것을 인정한다 해도, 설사 그렇다 하더라도 우리는 아직도 영혼이 거듭해서 태어나는 일에 지쳐서 결국은 거듭되는 죽음 하나에 굴복해 완전히 소멸될 것이라고 생각할 수 있네. 그리고 이러한 죽음, 다시 말하면 영혼에 파멸을 초래하는 육체의 붕괴는 아무도 알지 못하네. 우리는 누구든 이러한 붕괴를 경험한 적이 없기 때문이야. 따라서 만일 그렇다면 영혼이 전적으로 불멸이며 소멸하지 않는다는 것을 증명할 수 없는 한, 죽음을 맞이하여 태연한 사람은 오직 어리석은 자부심을 가진 데 지나지 않네. 그러나 영혼의 불멸을 증명할 수 없다면 바야흐로 죽음을 맞이한 사람은 육체가 분해되었을 때, 영혼도 역시 완전히 소멸할 것을 두려워할 이유를 항상 갖고 있다고 할 수 있네."

후에 서로 한 말입니다만, 그들이 말하는 것을 듣고 우리는 불쾌한 기분이 들었습니다. 그때까지는 우리는 확고하게 믿고 있었습니다만, 이제는 우리의 믿음이 흔들려서 지금까지의 이론뿐만 아니라 앞으로 전개될 이론에 대해서도 혼란과 불신이 야기되는 것 같았습니다. 우리는 판단할 자격이 없거나 또는 믿음의 근거가 전혀 없는 것 같았습니다.

에케크라테스 파이돈, 저도 동감입니다. 맹세코 그렇습니다. 그런데 당신이 말하고 있는 동안에 나도 그렇다면 어떤 이론도 다시는 신뢰할 수 없을 것이 아닌가 하는, 동일한 의문에 사로잡히기 시작했습니다. 이제는 의심스러운 것이 되었지만 소크라테스의 이론보다 더 옳은 것이 무엇이겠습니까? 영혼은 조화라고 하는 것이 내가 항상 놀라운 매력을 느끼고 있던 이론이며, 이 이론이 언급되었을 때 나는 즉시 나의 원래 신념으로 되돌아갔어요. 따라서 이제는 처음부터 다시 시작해서, 인간이 죽어도 영혼은 살아남는다는 것을 확신시키는 다른 이론을 찾아내야겠어요. 제발 소크라테스가 그 후 이 토론을 어떻게 끌고 나갔는지 말해주시오. 그도 당신이 말한 불쾌감에 사로잡힌 것 같았습니까? 아니면 냉정하게 공격에 대처했습니까? 그리고 그는 강력한 답변을 했는지 또는 불충분한 답변을 했는지? 가능한 한 상세하게 그 후의 일을 말해주시오.

파이돈 에케크라테스, 나는 자주 소크라테스에게 경탄했습니다만, 이때처럼 경탄한 적은 없었습니다. 그가 답변할 수 있다는 것은 놀라운 일이 아닙니다만, 우선 젊은 사람들의 말을 받아들이는 온화하고 유쾌하고 긍정적인 태도가 나를 놀라게 했고, 다음에는 지금까지의 논의로 말미암아 우리가 상처를 받았다는 것을 재빨리 알아차리고 이 상처를 쉽게 고쳐준 점 때문이에요. 그는 마치 패배해서 달아난 군대를 정돈시켜 그와 함께 논쟁의 전선으로 되돌아가도록 명령하는 장군 같았습니다.

에케크라테스 어떻게 되었는데 그렇게 말합니까?

파이돈 내 말을 들어보세요. 나는 마침 그의 오른쪽 가까운 곳에 있는 걸상에 앉아 있었고 그는 침상에 앉아 있었는데, 침상은 상당히 높았어요. 그는 내 머리를 쓰다듬으며, 내 머리카락을 목에 눌러 붙였어요. 그는 나의 머리카락을 갖고 장난하는 것을 좋아했습니다. 그러고 나서 그는 말했습니다. "파이돈, 내일이면 자네의 이 고운 머리카락을 자르겠지."[19]

나는 대답했습니다. "네, 소크라테스. 그렇게 되겠지요."

"자네가 내 충고를 듣는다면 자르지 않아도 될 걸세."

"어떻게 하면 됩니까?"라고 나는 말했습니다.

그는 대답했습니다. "만일 지금까지 말해온 이론이 죽어버리고 우리가 다시 살려내지 못한다면, 내일이 아니라 오늘, 자네와 나는 둘 다 머리를 깎아야 할 걸세. 그리고 만일 내가 자네라면, 또 이 이론이 나를 버리고 달아나버린다면, 그리고 내가 심미아스와 케베스에 대해 나의 논거를 지키지 못한다면, 나는 아르고스[20] 사람들처럼 다시 싸움을 벌여

---

19 당시는 슬픔의 표시로 머리를 잘랐는데, 내일이면 소크라테스가 죽은 후이므로 소크라테스의 죽음을 슬퍼하여 머리를 자르게 될 것이라는 뜻이다.
20 Argos : 펠로폰네소스 동쪽에 있었다. 이곳 사람들은 머리를 길게 기르는 습관이 있었

내가 심미아스와 케베스를 패배시킬 때까지는 머리를 기르지 않겠다고 맹세하겠네.”

나는 말했습니다. “그렇게 하겠습니다. 그러나 헤라클레스조차도 두 사람과 맞서서는 안 된다고 말했는데요.”

소크라테스는 말했습니다. “그러면 나를 부르게. 해가 질 때까지는 내가 자네의 이올라오스[21]가 되지.”

나는 대답했습니다. “헤라클레스가 이올라오스를 부르는 것이 아니라, 이올라오스가 헤리클레스를 부르는 것처럼 나는 당신을 부르겠습니다.”

소크라테스는 말했습니다. “마찬가지 아닌가. 그러나 우선 위험을 피하도록 조심하세.”

“어떠한 성질의 위험입니까?”

소크라테스는 대답했습니다. “이론을 싫어하는 사람이 되지 않도록 하세. 인간에게 이보다 나쁜 일은 일어날 수 없을 거야. 사람을 싫어하는 사람도 있고 이론을 싫어하는 사람도 있지만, 모두 같은 원인에서 생기는 거야. 즉 세상에 대한 무지야. 사람을 싫어하는 것은 무경험에서 오는 지나친 자신에서 생기지. 자네가 어떤 사람을 믿고 그를 전적으로 진실하고 건전하고 믿을 만하다고 생각했는데 얼마 후에 그가 거

으나 기원전 550년경 스파르타와 싸워 영토를 빼앗긴 다음에는 영토를 회복할 때까지 남자는 모두 머리를 기르지 않고 여자는 황금 장식품을 쓰지 않기로 맹세했다. 헤로도토스《역사》참조.

21 Iolaos : 헤라클레스가 히드라(머리가 아홉 개인 뱀으로 머리를 자르면 곧 다시 생긴다)와 큰 게와 고전하고 있을 때 그의 조카인 이올라오스가 도와주어 이겼다고 한다. 앞의 ‘해가 질 때까지’라는 말은 ‘희망이 있는 동안’이라는 뜻이다.

짓투성이이고 악한이라는 게 밝혀졌다고 하세. 또 한 사람, 그리고 또 한 사람, 이렇게 여러 번 같은 일을 겪으면 특히 가장 믿고 가까운 친구라고 생각하던 사람들한테서 당하고 이 친구들과 자주 다툴 때, 그는 결국 모든 사람을 미워하게 되고 인간 중에는 착한 사람이 한 사람도 없다고 믿게 되네. 자네도 이러한 성격상의 특색을 알고 있을 테지?"

"알고 있습니다."

"그런데 이러한 감정은 부끄러운 것이 아닌가? 이러한 사람은 다른 사람들을 다루는 데 있어서 인간성을 전혀 알지 못한다는 것이 분명하지 않은가? 만일 경험이 있다면 이 경우의 진실한 상태, 즉 선한 사람도 악한 사람도 극소수이고, 대부분의 사람은 그 중간에 속한다는 사실을 배웠을 것이기 때문이야."

"무슨 뜻입니까……"라고 나는 물었습니다.

소크라테스는 대답했습니다. "아주 큰 것과 아주 작은 것에 대해서 하는 말과 마찬가지야. 키가 아주 큰 사람이나 아주 작은 사람은 쉽게 찾아볼 수 없네. 그리고 이것은 크고 작은 것, 빠르고 느린 것, 아름다운 것과 더러운 것, 검은 것과 흰 것 등, 모든 극단적인 것에 일반적으로 해당되는 말이야. 자네가 인간이나 개나 그 밖의 다른 것을 예로 들더라도 극단적인 것은 드물고 그 중간이 많아. 자네도 이 점을 모르지는 않을 거야."

"네, 알고 있습니다"라고 나는 말했습니다.

소크라테스는 말했습니다. "만일 악이 경쟁을 벌인다면 가장 나쁜 것은 극소수밖에 없을 것이라고 상상할 수 없을까?"

"네, 그럴 것 같습니다"라고 나는 말했습니다.

소크라테스는 말했습니다. "확실히 그럴 거야. 이 점에서는 이론은 사람의 경우와는 다르지만. 자네 말에 끌려서 내가 하고 싶은 말과는 다른 말을 한 셈이네. 그러나 다음과 같은 점에서는 비교할 수 있네. 대화술에 대한 기술이 없는 단순한 사람이 어떤 이론이 옳다고 믿었다가 후에 거짓이라고 생각하고—사실상 거짓이냐 아니냐 하는 것은 상관이 없네—다음에도 여러 번 이러한 경우를 겪을 때 그는 더는 믿을 것이 없게 되고, 자네도 알다시피 논쟁으로 세월을 보내는 사람들은 마침내 그들이야말로 인류 가운데서 가장 현명한 사람이 되었다고 생각되네. 그들만이 모든 이론이나 또는 사실상 모든 것이 극단적으로 건전하지 못하고 확실하지 않으며, 모든 것은 에우리포스[22]의 조류처럼 끊임없는 성쇠에 따라 위아래로 흔들린다는 것을 알고 있다고 생각하기 때문이야."

"옳은 말입니다"라고 나는 말했습니다.

소크라테스는 말했습니다. "그렇고말고, 파이돈. 그런데 진리나 확실성이나 지식의 가능성이 있다고 하면, 사람이 처음에는 옳다고 여겼으나 후에는 거짓임이 밝혀진 어떤 이론에 부딪혔다고 해서 자기 자신과 자기 자신의 지능의 결핍을 탓하지 않고, 괴로운 나머지 결국은 자기 자신이 아니라 이론 전반에 기꺼이 책임을 돌리고, 그 후에는 영원히 이론을 미워하고 욕하고, 실재에 관한 진리와 지식을 상실한다는 것은 얼마나 슬픈 일인가?"

"네, 그렇습니다. 참으로 슬픈 일입니다"라고 나는 말했습니다.

---

22 에우보이아 섬과 보이오티아 사이에 있는 해협. 이 해협에서는 하루에 일곱 번이나 조류의 방향이 바뀐다고 한다. 여기서는 소피스트의 논법을 비판하고 있는 것이다.

소크라테스는 말했습니다. "그러면 우선 우리의 영혼이 모든 이론에는 건강도 건전성도 없다는 사상을 허용하거나 받아들이는 일에 대해 각별히 조심해야 하네. 오히려 우리는 아직 우리 자신의 건전성에 도달하지 못했으며, 자신의 건강을 획득하기 위해 남자답게 싸우고 최선을 다해야 한다고 말해야 할 걸세. 자네와 그 밖의 다른 모든 사람은 미래의 생활 전체를 위해서, 나 자신은 죽음에 대비해서 말이지. 이 순간 나는 철학자의 침착성을 갖지 못한 것 같아 하는 말일세. 오히려 일반 대중처럼 나는 승리를 좋아하는 사람에 지나지 않아. 그런데 승리를 좋아하는 사람은 논쟁을 할 때, 문제가 정당한 것인가 하는 점은 개의치 않고 오직 듣는 사람에게 자기 자신의 주장을 확신시키고자 애를 쓰네. 그리고 현재로서는 그와 나 사이의 차이점은 단지 다음과 같은 것에 지나지 않네. 즉 그는 청중이 그의 말을 옳게 여기도록 애를 쓰는 데 반해 나는 오히려 나 자신을 확신시키려고 노력하고 있네. 나에게 있어서 청중을 설득한다는 것은 이차적인 문제에 지나지 않아. 그러면 내가 이론을 통해 어디까지 도달할 수 있는가를 보기로 하세. 내 말이 옳다면, 나는 진리를 설득해서 좋은 일을 하는 셈이네. 그러나 죽은 다음에는 아무것도 남는 것이 없다 해도 남은 시간이 얼마 되지 않으니 나는 애통함으로써 친구들을 괴롭힐 생각은 없고, 또 나의 무지는 지속되지 않고 나와 함께 죽을 것이므로 아무런 해도 끼치지 못할 거야. 심미아스와 케베스, 이것이 이 문제를 다루는 나의 심경이네. 그리고 나는 자네들에게 진리만을 생각하고, 소크라테스의 일은 생각하지 말라고 요구하겠네. 내가 자네들에게 진리를 말한다고 생각되면 나에게 동의하고, 그렇지 않으면 열정 때문에 자네들과 나 자신을 기만하는 일이 없도록,

그리고 내가 죽기 전에 벌처럼 나의 가시를 자네들에게 남기는 일이 없도록, 전력을 다 기울여 반대해주게."

그는 다시 말했습니다. "그러면 우리의 논의를 계속하기로 하세. 우선 내가 자네들이 말한 것을 잘 기억하고 있나 보기로 하세. 내 기억이 옳다면, 심미아스는 비록 영혼이 육체보다 더 아름답고 신적인 것이라 하더라도 조화의 형태로 있는 것이므로 제일 먼저 소멸하지 않을까 하는 두려움과 불안을 갖고 있네. 한편 케베스는 영혼이 육체보다 더 지속적임을 인정하기는 하지만, 영혼이 여러 육체들을 입어서 낡게 만든 다음에는 영혼 자신이 소멸하고 뒤에 마지막 육체만 남기는 것이 아닌가 하는 점은 아무도 확실히 알지 못하는 일이라고 말했네. 따라서 이것이 바로 죽음이며 육체 속에서는 항상 파괴 작업이 진행되고 있으므로 육체가 아니라 영혼이 파괴되는 것이 죽음이라고 했네. 심미아스와 케베스, 이것이 우리가 고찰해야 할 문제점들이 아닌가?" 심미아스와 케베스는 이 말에 동의했습니다. 소크라테스는 말을 계속했습니다. "그러면 자네들은 앞서의 이론 전체를 부인하는가, 또는 일부만을 부인하는가?"

그들은 대답했습니다. "일부만입니다."

소크라테스는 말했습니다. "그러면 지식은 상기(想起)이며, 이것으로 미루어보아 영혼은 육체에 갇히기 전에 어디엔가 존재하고 있었음에 틀림이 없다고 한 부분에 대해서는 어떻게 생각했나?"

케베스는 지금까지 한 논의의 이 부분에서는 놀라운 감명을 받았으며, 이에 대한 확신은 절대로 흔들리지 않았다고 말했습니다. 심미아스도 동의했고, 다르게 생각할 여지가 거의 없다고 믿는다고 덧붙였습니다.

소크라테스가 말했습니다. "그러나 테베에서 온 친구여, 자네가 아직도 조화는 합성된 것이며, 영혼은 육체에 매어진 여러 줄로 이루어진 조화라고 주장한다면 자네는 다르게 생각하지 않을 수 없을 거야. 왜냐하면 자네는 조화는 조화를 구성하는 요소들에 앞서서 존재한다는 것을 결코 용인하지 못할 것이 분명하기 때문이야."

"결코 용인할 수 없습니다, 소크라테스."

"자네가 한편으로 영혼은 인간의 형태나 육체를 취하기 전에 존재했다고 말하면서 또 한편으로 영혼은 아직도 존재하지 않는 것으로 이루어졌다고 말할 때 바로 이러한 생각을 내포하고 있다는 사실을 자네는 깨닫지 못하고 있나? 조화는 자네가 생각하는 것처럼 영혼과 같은 것은 아니기 때문이야. 오히려 하프와 줄과 소리가 부조화의 상태로 먼저 존재하고 그 후 마지막으로 조화가 생기는 거야. 그리고 조화가 제일 먼저 소멸되네. 그런데 영혼을 조화로 보는 사상과 앞서 말한 사상이 어떻게 일치할 수 있는가?"

"일치할 수 없군요"라고 심미아스는 대답했습니다.

소크라테스는 말했습니다. "그리고 조화를 주제로 하는 논의에도 분명히 조화가 있어야겠네."

심미아스는 대답했습니다. "물론이죠."

소크라테스는 말했습니다. "그러나 지식은 상기라고 하는 주장, 그리고 영혼은 조화라고 하는 주장, 이 두 주장에는 조화가 없네. 자네는 어느 쪽을 택하려는가?"

심미아스는 대답했습니다. "소크라테스, 두 주장 중 전자를 나는 훨씬 더 굳게 믿습니다. 내 관점에서 본다면 전자는 후자보다는 충분히 논증되었고, 후자는 전혀 논증되지 않았으며 다만 개연적이고 그럴 듯한 근거만을 갖고 있기 때문입니다. 따라서 많은 사람이 믿기는 합니다만. 개연성을 바탕으로 한 이러한 논의는 사기꾼이 하는 것이며, 세심한 주의를 기울이지 않으면 이러한 논의를 사용하는 경우 기하학에 있어서나 다른 일에 있어서나 기만당하기 쉽다는 것을 나는 잘 알고 있습니다. 그러나 지식과 상기에 대한 이론은 내 관점에서 본다면 믿을 만한 근거 위에서 증명된 것입니다. 그리고 이 증명은 영혼에는 존재라는 이름을 붙일 수 있는 본질이 속해 있기 때문에 영혼은 육체에 들어오기 전에 존재해야만 한다는 것이었습니다. 나는 확신하건대 이러한 결론을 충분한 근거 위에서 올바르게 받아들였으므로, 영혼은 조화라고 하는 다른 결론을 논하거나 받아들여서는 안 된다고 생각합니다.”

소크라테스는 말했습니다. “심미아스, 이 문제를 다른 방식으로 제기해보겠네. 조화나 그 밖의 다른 합성물이 그것을 구성한 요소들의 상태와 다른 상태로 있을 수 있다고 생각하는가?”

“그럴 수 없습니다.”

“또는 구성 요소들이 하는 일이나 당하는 일 외의 일을 하거나 당할 수는 없겠지?”

심미아스는 동의했습니다.

“그렇다면, 공정하게 말해서 조화를 구성하고 있는 요소들을 이끌지는 못하고 오직 추종할 뿐이야.” 심미아스는 찬성했습니다.

“왜냐하면 조화는 그것을 구성한 부분들에 반대되는 움직임이나 소리나 다른 성질을 나타낼 수 없기 때문이야.”

심미아스는 대답했습니다. “그런 일은 불가능하겠지요.”

"따라서 모든 조화의 본성은 그 요소들이 조화를 이루는 방식에 따르는 것이 아닐까?"

심미아스는 말했습니다. "무슨 말인지 이해가 안 되는군요."

"내 말은 조화에는 정도의 차가 있다는 뜻이야. 곧 가능한 한도에 따라 더 참되고 더 충분하게 조화될 때는 더 좋은 조화, 더 완전에 가까운 조화가 있게 되고, 덜 참되고 불충분하게 조화될 때는 더 못한 조화, 더 완전에 가깝지 못한 조화가 있게 되는 거지."

"그렇습니다."

"그러나 영혼에도 정도의 차가 있는가? 어떤 영혼이 다른 영혼보다 최소한 더 영혼답거나 덜 영혼답다든가, 또는 더 완전에 가깝다거나 완전에 가깝지 않다든가 할 수 있을까?"

"결코 그럴 수 없습니다."

"그러나 확실히 두 가지 영혼이 있어서, 하나는 이성과 덕을 갖고 있어서 선하고, 또 하나는 우매하고 부도덕해서 악하다고 말하지 않는가? 이것은 옳은 말일까?"

"옳다고 생각합니다."

"그러나 영혼은 조화라고 주장하는 사람들은 이처럼 영혼 속에 덕과 악이 있는 것에 대해 어떻게 말할까? 그들은 여기에는 또 하나의 다른 조화와 또 하나의 다른 부조화가 있으며, 유덕한 영혼은 조화되어 있고, 그 자체가 조화이면서도 그 안에 또 하나의 조화를 갖고 있고, 사악한 영혼은 부조화이며, 그 안에는 조화가 없다고 말할 것인가?"

심미아스는 대답했습니다. "나는 대답할 수 없군요. 그러나 영혼은 조화라고 하는 사람들은 그렇게 주장하리라고 생각합니다."

"그리고 우리는 이미 영혼에 대해서는 어떤 영혼을 다른 영혼보다 더 좋다고 말할 수 없다는 것을 인정한 바 있네. 이와 마찬가지로 조화에 대해서도 더 좋은 조화라든가, 덜 좋은 조화라든가, 또는 더 완전에 가까운 조화라든가, 더 완전에 가깝지 못한 조화라든가 하는 말을 할 수 없는 것이 아닐까?"

"그렇습니다."

"그리고 더 좋은 조화나 덜 좋은 조화가 없다는 것은 더 잘 조화되었다든가, 더 나쁘게 조화되었다든가 하는 일이 없다는 뜻이 아닐까?"

"그렇습니다."

"그렇다면 더 좋은 조화도 덜 좋은 조화도 없다는 것은 더 많은 조화나 더 적은 조화를 갖는다는 것은 있을 수 없고 오직 동등한 조화만이 있다는 것이 아닌가?"

"네, 동등한 조화가 있을 뿐입니다."

"그리고 어떤 영혼이 다른 영혼보다 절대적으로 더 영혼답다든가, 또는 덜 영혼답다든가 하는 일이 있을 수 없다고 한다면 더 잘, 또는 더 나쁘게 조화되었다는 일도 결코 있을 수 없겠지?"

"분명히 그렇습니다."

"따라서 부조화도 조화와 마찬가지로 더하고 덜한 점이 없다고 할 수 있겠지?"

"그렇습니다."

"조화나 부조화에 더하고 덜함이 없기 때문에, 만일 악은 부조화이고 덕은 조화라면, 어떤 영혼이 더 많은 악을 갖는다든가 더 많은 덕을 갖는 일도 없겠지?"

"더 많이 갖는 일은 있을 수 없습니다."

"또는 좀 더 정확하게 말한다면, 심미아스, 영혼이 조화라면 영혼은 결코 악할 수는 없을 걸세. 왜냐하면 조화는 그 자체가 절대적으로 조화이므로 부조화와는 관련이 없기 때문이야."

"그렇습니다."

"따라서 절대적으로 영혼다운 영혼도 악할 수 없을 것이 아닌가?"

"지금까지 논해온 것이 옳다면, 어떻게 영혼이 악할 수 있겠습니까?"

"그렇다면 모든 영혼이 그 본성으로 보아 동등한 영혼이라면, 모든 생물의 영혼은 한결같이 선하겠지?"

"옳은 말입니다, 소크라테스"라고 심미아스는 말했습니다.

소크라테스는 말했습니다. "그러면 자네는 이러한 모든 것이 옳다고 생각하나? 영혼은 조화라고 하는 전제에서 나온 귀결이기 때문에 하는 말일세."

"옳다고 할 수 없습니다."

소크라테스는 말했습니다. "다시 한번 묻겠는데 인간의 본성을 이루고 있는 요소들 중에서 영혼, 특히 현명한 영혼 외에 다른 지배자가 있는가? 자네는 영혼 외의 것을 알고 있나?"

"천만에요, 나는 모릅니다."

"그리고 영혼은 육체의 정념에 따르는가? 또는 영혼은 육체의 정념과는 다른 것인가? 예를 들면 육체가 덥고 목마를 경우, 영혼은 우리가 물을 마시는 것을 막지 않는가? 또 육체가 배고플 때 음식을 먹지 못하게 하는 경우도 있지 않은가? 그리고 이것은 영혼이 육체에 반대하는 수많은 예 중 하나에 지나지 않네."

"사실 그렇습니다."

"그러나 우리는 이미 영혼은 조화이기 때문에 영혼을 구성하고 있는 줄들의 긴장, 이완, 진동 및 기타의 상태와 어긋나는 선율을 낼 수는 없다는 데 동의한 바 있네. 영혼은 오직 추종할 뿐 이 줄들을 주도할 수는 없지 않은가?"

심미아스는 대답했습니다. "그럴 수는 없습니다."

"그런데 지금 우리는 영혼이 정반대의 일, 즉 영혼을 구성하고 있다고 믿어지는 요소들을 이끌어간다는 것을 발견하지 않았는가? 일생을 통해 거의 언제나 이러한 요소들에 반대하고 강제하며, 때로는 의술이나 훈련에 의해 난폭하게 고통을 주었다가 다시 부드럽게 다루기도 하네. 마치 아주 다른 것을 대하듯이 때로는 욕망, 정욕, 공포를 위협하고 때로는 훈계하기도 하네. 호메로스가 《오디세이아》에서 오디세우스에 대해 다음과 같이 표현한 것처럼.

그는 가슴을 치며 자기 마음을 꾸짖었다.
참고 견디어라, 나의 마음아, 훨씬 더 심한 일도 참고
견뎌오지 않았는가!

호메로스가 영혼은 육체의 정념에 의해 이끌릴 수 있는 조화라는 생각으로 이러한 시를 썼다고 자네는 생각하는가? 오히려 영혼 자신은 육체의 정념을 이끌고 지배하며, 어떠한 조화보다도 훨씬 신적인 것이라고 생각한 것이 아닐까?"

"네, 소크라테스, 나도 그렇게 생각합니다."

"나의 친구여, 그렇다면 우리가 영혼은 조화라고 말하는 것은 전혀 옳지 않네. 우리는 신성한 시인 호메로스의 말과 어긋나는 말을 해서는 안 되며, 우리 자신이 해온 말과 어긋나는 말을 해서도 안 되기 때문이네."

심미아스는 말했습니다. "그렇습니다."

소크라테스는 말했습니다. "테베의 여신인 하르모니아[23]에 대해서는 이 정도로 말하기로 하세. 여신은 자비롭게도 우리에게 졌으니까. 그러나 케베스, 여신의 남편인 카드모스[24]에 대해서는 뭐라고 말해야 할까? 어떻게 하면 내가 그를 달랠 수 있을까?"

케베스는 말했습니다. "나는 당신이 카드모스를 달래는 방법을 찾아내리라고 생각합니다. 하르모니아에 대해서 내가 전혀 예기하지 못했던 방법으로 논파하는 것을 분명히 보았으니까요. 심미아스가 그의 문제점을 말했을 때, 나는 그에게 어떠한 대답도 할 수 없으리라고 생각했고, 그런데도 당신이 첫 번째 공격을 가하자 그의 이론이 더는 지탱하지 못하는 것을 보고 놀랐기 때문입니다. 그러므로 당신이 카드모스라고 부른 다른 이론도 동일한 운명을 맞이하겠지요."

소크라테스는 말했습니다. "그렇지 않아, 나의 착한 친구여. 뽐내지 말기로 하세. 어떤 악령의 눈이 우리가 지금 하려고 하는 말들을 전복할지도 모르니까. 그러나 이 일은 신에게 맡겨놓는 게 좋을 거야. 하여튼 나는 호메로스의 영웅들처럼 바짝 다가가서 자네가 말한 것이 어떠

---

23 심미아스를 말한다.
24 테베의 여신 하르모니아는 테베의 건설자인 카드모스의 아내다. 심미아스는 테베 출신이므로 조화라는 말과 동음인 하르모니아를 들어 심미아스의 패배를 말하고 있다. 카드모스를 달랜다는 것은 케베스를 설득하겠다는 뜻이다.

한 성질의 것인지 알아보기로 하겠네. 자네는 영혼이 소멸되지 않으며 불멸임을 증명해주기를 바라고 있고, 죽음을 맞이하여 태연한 철학자가 자기는 다른 생활을 해온 사람보다는 저승에서 더 잘 지내게 되리라고 믿는다 하더라도, 영혼의 불멸이 증명되지 않는 한 단지 헛되고 어리석은 신념에 지나지 않는다고 생각하네. 그리고 영혼의 힘과 신성이 논증되고, 영혼이 인간으로 태어나기 전에 존재했다는 것이 증명되었다 하더라도 여기에는 필연적인 귀결로서 영혼의 불멸성이 포함되어 있는 것은 아니라고 자네는 말하고 있네. 영혼이 오래 살아온 것이며, 탄생 전의 상태에서는 많은 것을 알고 있었고 또 많은 일을 했다는 것을 인정한다 하더라도, 이 때문에 영혼이 불멸이라고 할 수는 없다는 말이지. 그리고 영혼이 인간의 형태 속으로 들어온다는 것은 일종의 질병으로서 해체가 시작된 것이며, 삶의 고난이 끝나면 결국 이른바 죽음으로 끝을 맺는다는 말이지. 그리고 자네의 말에 따르면 영혼이 육체 속에 오직 한 번 들어왔느냐 또는 여러 번 들어왔느냐 하는 것은 개인의 두려움에 있어서는 아무런 차이도 없다는 것이지. 영혼의 불멸에 대한 지식이 없거나 영혼의 불멸을 설명할 수 없다면 인간은 어리석은 사람이 아닌 한 두려워하지 않을 수 없기 때문이네. 케베스, 이것이 또는 이와 비슷한 것이 자네의 의견이라고 생각하네. 한 가지 문제라도 빠뜨리지 않기 위해서 나는 일부러 자네가 한 말을 되풀이한 것일세. 보탤 것이나 뺄 것이 있다고 생각하면 그렇게 하게."

케베스는 말했습니다. "현재로서는 보탤 것도 뺄 것도 없습니다. 즉 내가 생각한 것 그대로입니다."

소크라테스는 얼마 동안 말없이 깊은 생각에 잠긴 듯했습니다. 잠시 후에 그는 말했습니다. "케베스, 자네는 생성과 소멸의 본성 전체와 관련되는 엄청난 문제를 제기하고 있네. 자네가 원한다면 이 문제에 대한 나 자신의 경험을 말해주겠네. 만일 내가 말하는 것 중에 자네의 문제점을 해결하는 데 도움이 될 만한 것이 있으면 서슴지 말고 이용하게."

케베스는 말했습니다. "당신의 생각을 몹시 듣고 싶습니다."

소크라테스는 말했습니다. "그러면 말하기로 하지, 케베스. 내가 젊었을 때, 자연의 탐구라고 불리는 철학 분야를 알고자 하는 막대한 욕망을 가졌네. 사물의 원인과 사물이 존재하고 창조되고 파괴되는 까닭을 아는 것은 고상한 일로 생각되었네. 그래서 나는 다음과 같은 문제들을 생각하면서 항상 동요를 느꼈네. 즉 어떤 사람들[25]이 말하는 것처럼 생물의 발생은 온기와 냉기의 원칙에 따라 야기되는 부패의 결과인가? 우리가 생각할 수 있게 하는 요소는 피인가, 공기인가, 또는 불인가, 혹은 이러한 것들이 아니라, 듣고 보고 냄새를 맡는 지각의 힘을 제공하는 두뇌인가? 그리고 기억과 사료(思料)는 이러한 지각들에서 생기고, 학문은 기억과 사료가 고정될 때 기억과 사료에 기초를 두는 것일까? 그 후에 나는 이러한 것들의 소멸에 대해 검토하고 다음에는 하늘과 땅에서 일어나는 일을 검토하고 결국은 나는 이러한 문제들을 다룰 능력이 전혀, 그리고 절대적으로 없다는 결론―이 점은 앞으로 자네가 만족할 만큼 증명하겠네―에 도달했네. 나 자신과 다른 사람들이 잘 알고 있는 것 같던 일들에 대해서도 눈이 어두워져서 갈피를 잡지 못할 정도로 나는 이러한 문제들에 심취했기 때문이었네. 나는 전에

---

[25] 그리스 초기의 자연철학자 아낙시만드로스, 아낙사고라스 등을 말한다.

는 자명한 진리라고 생각하던 것조차도, 예컨대 인간의 성장은 먹고 마시기 때문에 일어나는 일이라는 것조차도 잊어버렸네. 음식의 소화로 살이 불어나고 뼈가 굵어지고 신체의 다른 부분에도 같은 성질의 요소가 증가하면 체중이 적은 사람은 체중이 불어나고, 키가 작은 사람은 키가 커지기 때문일세. 이것은 합리적인 생각이 아니었을까?"

"네, 그렇게 생각합니다"라고 케베스는 말했습니다.

"자, 그러면 다른 문제를 말하기로 하세. 한때 나는 '더 큰 것'과 '더 작은 것'의 의미를 잘 알고 있다고 생각했네. 그래서 나는 키가 큰 사람이 키가 작은 사람 옆에 서 있는 것을 보면 한 사람이 다른 사람보다 머리 하나만큼 크다고 생각했네. 또는 어떤 말은 다른 말보다 크다고 생각했네. 그리고 더 나아가서 10은 8보다 둘이 많고, 둘은 하나의 배이기 때문에, 2큐빗[26]은 1큐빗보다 많다는 것은 분명하다고 생각했네."

"그러면 이러한 것에 대해 지금은 어떻게 생각합니까?" 하고 케베스는 물었습니다.

소크라테스는 대답했습니다. "맹세코 하는 말이지만 이러한 것들의 원인에 대해서 내가 안다는 것은 상상하기조차 어려운 형편이네. 왜냐하면 하나에 하나를 더할 때, 원래의 하나가 둘이 된다고 볼 수도 없고, 덧붙여진 두 단위가 더하기 때문에 둘이 된다고 볼 수도 없기 때문이네. 어떻게 해서 1이 다른 1에서 분리되었을 때는 2가 아니라 1이었던 것이, 이제 합쳐졌을 때는 단지 병치하든가, 두 개의 1을 합치시키는 것으로 말미암아 2가 되는지 나는 이해할 수 없네. 또한 나는 어떻게 해서

---

26 고대의 길이 단위. 팔꿈치에서 가운뎃손가락 끝까지의 길이이다. 1큐빗은 약 46~54cm에 해당한다.

하나를 쪼개면 둘이 되는지도 이해할 수 없네. 이때는 다른 원인에 의해 동일한 결과가 생기기 때문이네. 다시 말하면 앞의 경우에는 1을 1에 더하거나 병치시키는 것이 2가 되는 원인이었는데, 이번 경우에는 하나를 다른 하나에서 분리하고 빼는 것이 그 원인이란 말일세. 또한 이제 나는 1이나 다른 어떤 것이 왜 생기고 소멸하고 존재하는지 그 까닭을 알 수 없게 되었고, 약간 혼란하기는 하지만 새로운 방법을 모색하고 있어서 다른 방법을 채택할 수 없었네.

   그런데 나는 어떤 사람이 아낙사고라스의 책에서 읽었다고 하면서 정신이 모든 것에 질서를 부여하며 만물의 원인이라고 말하는 것을 들었네. 나는 이 사상에 기쁨을 느꼈네. 이 사상은 매우 훌륭하다고 생각되었기 때문이었네. 그리고 정신이 질서를 부여한다면, 정신은 만물에 최선의 방법으로 질서를 부여할 것이며 개개의 특수한 것을 가장 좋은 자리에 배치하리라고 나는 생각했네. 그리고 어떤 것이 생성하고 소멸하고 존재하는 원인을 찾아내고자 하는 사람이 있다면 그는 그 사물이 존재하거나 행동하거나 외부의 영향을 받는 데 최선의 상태가 무엇인지 알아내야 하고, 따라서 인간은 자기나 다른 사람에 대해서 최선의 것만을 고려하면 되며, 다음에는 최악의 것도 역시 알아야 하리라고 생각했네. 왜냐하면 동일한 학문이 최선의 것과 최악의 것을 파악하기 때문이네. 따라서 나는 아낙사고라스에게서 내가 바라고 있던 존재의 원인을 가르치는 스승을 찾았다고 생각하고 기뻐했네. 그리고 나는 그가 먼저 지구가 평면인지 원인지를 가르쳐주리라고 생각했네. 그리고 어느 것이 옳든 간에 그는 이렇게 되는 원인과 필연성을 설명해줄 것이며, 따라서 그는 나에게 최선의 것의 본성을 가르쳐주고 이것이 바로 최선의 것임을 보여주리라 생각했네. 그리고 만일 그가 지구는 우주의 중심에 있다고 한다면, 더 나아가 그는 이러한 위치가 최선의 것임을 설명해줄 것이며, 나는 이러한 설명에 만족하고 다른 종류의 원인을 찾지는 않을 것이라고 생각했네. 그리고 내가 그다음으로 그에게 해와 달과 별에 대해 물으면, 그는 해와 달과 별의 비교적인 속도라든가 회전이라든가 여러 능동적 또는 수동적 상태라든가, 그리고 어떻게 이러한 모든 것이 최선의 것을 위해서 존재하는가 하는 것들을 설명해주리라고 생각했네.

왜냐하면 그가 정신이 이러한 것들에 질서를 부여하는 것이라고 말할 때 그는 이것이 최선이라는 것 외에는 이러한 것들이 지금과 같이 있는 것에 대해 다른 설명을 할 수는 없으리라고 나는 생각했기 때문이네. 그리고 나는 그가 나에게 각각의 것의 원인과 모든 것의 원인을 자세히 설명해줄 때, 그는 각각의 것에 대해 최선의 것이 무엇인가, 그리고 모든 것에 대해 최선의 것이 무엇인가 하는 것도 설명해주리라고 생각했네. 나는 아무리 많은 돈을 주더라도 이러한 희망을 팔지는 않았을 거야. 그래서 나는 그 책들을 들고 더 좋은 것과 더 나쁜 것을 알기 위해 될 수 있는 대로 빨리 열성을 기울여서 읽었네.

나는 얼마나 큰 기대를 갖고 있었던가. 그런데 나는 얼마나 비참한 실망을 맛보았던가! 그 책들을 읽어나가면서 나는 이 철학자가 정신이나 다른 질서의 원리들을 전적으로 포기하고 오히려 공기, 에테르, 물 같은 여러 기묘한 것에 의존하고 있다는 것을 알게 되었네. 그는 처음에는 일반적으로 말해서 소크라테스의 행위의 원인은 정신이라고 주장하지만, 나의 몇 가지 행위의 원인을 자세히 설명하려고 할 때는, 내가 여기에 앉아 있는 것은 내 육체가 뼈와 근육으로 되어 있기 때문이라고 주장하는 사람과 비교할 수 있을 걸세. 그는 다음과 같이 말할 거야. 뼈는 단단하고 뼈와 뼈를 이어주는 관절이 있으며, 근육은 탄력성이 있는데 이 근육이 뼈를 감싸고 있으며, 살과 피부도 근육과 함께 뼈를 감싸고 있다. 그리고 근육의 수축 또는 이완으로 뼈가 관절이 있는 곳에서 쳐들어지면 나는 나의 수족을 구부릴 수 있으며, 그래서 나는 비스듬한 자세로 지금 여기에 앉아 있는 것이라고 그는 말할 거야. 그리고 그는 내가 자네에게 이야기를 하고 있는 것도 같은 방식으로 설명할 거야. 즉 음성이나 공기나 청각을 그 원인이라고 말하고 같은 종류의 무수한 원인을 들겠지. 참된 원인을 말하는 것은 잊어버리고 말일세. 참된 원인은 아테네 사람들이 내게 유죄판결을 내리는 것이 마땅하다고 생각했고, 또한 나도 여기에 남아 있어서 판결에 복종하는 것이 더 좋고 더 올바르다고 생각한 데 있단 말이야. 나의 근육이나 뼈는 벌써 오래전에 메가라나 보이오티아로 달아나버렸을 것이라고 생각하기 때문에 하는 말일세. 개에 맹세코[27] 말하거니와 만일 뼈나 근육이 제 나름대로 생각한 최선의 것에 따라 움직였다면, 그리고 만일 내가 몰래 도망가지 않고 국가가 내린 처벌을 받는 것이 더 훌륭하고 고상하다고 결단하지 않았더라면 나의 뼈와 근육은 메가라나 보이오티아로 달아났을 거야.

    이러한 모든 일에 있어서 원인과 조건이 이상한 혼동을 일으키고 있다는 것은 분명해. 사실 뼈나 근육이나 그 밖의 신체의 부분들이 없다

---

27 《변명》주 17 참조.

면 나는 나의 목적을 실행할 수는 없었을 걸세. 그러나 내가 뼈나 근육이나 신체의 다른 부분을 가졌기 때문에 나의 행동이 가능하고 이것이 정신이 작용하는 방식이며 최선의 것을 선택해서 행동하는 것은 아니라고 말한다면, 그것은 매우 경솔하고 게으른 말솜씨네. 나는 많은 사람이 원인과 조건을 분간하지 못하는 것은 아닐까 하는 의아심을 갖게 되네. 많은 사람은 어둠 속에서 더듬고 다닐 때처럼 항상 원인과 조건을 혼동해서 잘못된 이름을 붙이기 때문이네. 따라서 어떤 사람[28]은 지구 둘레에는 소용돌이가 치고 있어서 지구가 공중에 머물러 있다고 하며, 또 다른 사람[29]은 일종의 넓은 반죽 그릇 같은 지구를 떠받치고 있는 것은 공기라고 설명하네. 하늘과 땅이 지금처럼 최선의 상태로 있도록 하늘과 땅을 조정하는 어떤 힘이 있다는 생각은 그들에게는 전혀 떠오르지 않네. 그리고 그들은 이러한 신적인 힘을 찾으려고 하지 않고 오히려 선(善)보다 더 강하고 영속적이며 포괄적인 다른 아틀라스[30]를 발견할 것을 기대하고 있네. 선의 필연적이며 포괄적인 힘에 대해서 그들은 전혀 생각하지 않네. 그러나 이것은 가르쳐주는 사람만 있다면 내가 배우고 싶어 하는 원리이네. 그러나 최선의 것의 본성을 스스로 찾아내는 데도 실패하고 다른 사람한테 배우는 데도 실패했으므로 자네가 좋아한다면 원인을 탐구하는 두 번째의 최선의 방법이 무엇인지 내

---

28 엠페도클레스는 천계(天界)의 회전이 빨라서 지구가 밑으로 떨어지지 않는다고 생각했다. 물을 가득 채운 그릇을 빨리 돌리면 물이 그대로 있는 것을 보고 이렇게 생각했다고 한다.
29 아낙시메네스, 아낙사고라스 등은 공기가 밑받침이 되고 있다고 생각했다.
30 Atlas : 하늘의 신 우라노스와 땅의 신 가이아 사이에서 태어난 거인으로서 반란에 가담한 벌로 땅과 하늘이 갈라진 틈에 서서 천체를 떠받들고 있다고 한다.

가 알아낸 대로 자네에게 말해주겠네."

케베스는 대답했습니다. "무엇보다도 듣고 싶은 것입니다."

소크라테스는 말을 이었습니다. "나는 참된 존재의 관조에 실패했으므로 영혼의 눈을 상실하지 않도록 조심해야 한다고 생각했네. 일식 중에 태양을 관찰하거나 주시하는 사람들이 물 또는 이와 비슷한 매개체에 비친 그림자를 보도록 미리 조심하지 않으면 육체의 눈을 상하게 하는 거나 마찬가지야. 그러므로 나 자신의 경우에도 사물을 내 눈으로 바라보거나 또는 감각의 도움을 받아서 파악하려고 한다면, 나의 영혼이 아주 장님이 되어버릴지도 모른다는 것을 두려워했던 거야. 그래서 나는 정신의 세계에 의지하여 거기에서 존재의 진리를 찾는 것이 더 좋겠다고 생각했네. 나는 이 비유가 불완전하다는 것을 알고 있네. 왜냐하면 나는 사유를 매개로 해서 존재를 고찰하는 사람이 행동과 일을 통해 존재를 고찰하는 사람 이상으로 '그림자를 통해서 희미하게' 본다고 인정할 수는 없기 때문이야. 오히려 이것이 내가 채택한 방법이었네. 나는 우선 가장 강력하다고 판단되는 원칙을 설정하고 다음에는 원인에 관련된 것이든, 그 밖의 것에 관련된 것이든, 이 원칙과 일치하는 것은 참이라고 확신했네. 그러나 자네가 아직도 내 말을 이해하지 못한 것 같아서 내가 한 말을 좀 더 분명히 설명하겠네."

케베스는 대답했습니다. "정말로 그렇습니다. 확실하게는 이해하지 못하고 있습니다."

소크라테스는 말했습니다. "내가 앞으로 자네에게 말하려고 하는 것에 새로운 것은 하나도 없네. 오히려 지금까지 한 논의에서나 다른 토론에서나 장소를 가리지 않고 항상 되풀이해오던 말일세. 나는 원인의 본성에 대해 나의 사상을 사로잡고 있던 것을 자네에게 보여주고 싶네. 나는 뭇사람의 입에 오르내리는 잘 알려져 있는 말들로 되돌아가서 우선 아름다움 자체, 선함 자체, 크기 자체가 있다고 가정해야겠네. 나에게 이런 가정을 세우도록 허용한다면, 나는 자네에게 원인의 본성을 보여주고 영혼의 불멸성을 증명해줄 수 있네."

케베스는 말했습니다. "당신이 그렇게 하는 것을 인정합니다. 당장 그 증명을 해주십시오."

소크라테스는 말했습니다. "자, 그러면 자네가 다음 단계에서 나에게 동의하려는지 그것을 알아보고 싶군. 아름다움 자체 외에도 아름다운 것이 있다면 그것은 아름다움 자체를 분유(分有)하고 있는 한에서만 아름답다고 생각할 수밖에 없네. 다른 모든 것도 마찬가지야. 자네는 원인에 대한 이러한 생각에 동의하나?"

"네, 동의합니다"라고 케베스는 말했습니다.

소크라테스는 말을 계속했습니다. "나는 지금까지 주장되어온 여러 현명한 원인에 대해서는 알려고 하지도 않고, 이해하지도 못하네. 나에게 화사한 빛깔, 또는 형태, 또는 이 밖의 어떤 것을 아름다움의 원천이라고 하는 사람이 있다면, 이러한 모든 것은 오직 나를 혼란에 빠뜨릴 뿐이므로 나는 이러한 모든 것을 돌아보지 않고 어떠한 방법으로든지 아름다움 자체에 참여하거나 분유하지 않고서는 어떠한 것도 아름다워질 수 없다는 것을 단순하고 성실하게, 그리고 아마도 어리석게도 주장하고, 마음속에 새겨주겠네. 그 방법에 대해서는 나 자신도 분명히 알지 못하지만 모든 아름다운 것은 아름다움 자체에 의해서 아름다워진다는 것만은 강력히 주장하기 때문이네. 나로서는 이것이 내가 나 자신이나 다른 사람에게 줄 수 있는 가장 안전한 대답인 것 같네. 나는 설득에 있어서 이 원리는 결코 전복되지 않으며, 나 자신에게나 이 문제를 묻는 다른 사람에게나 아름다운 것은 아름다움 자체에 의해서 아름다워지는 것이라고 확실하게 대답할 수 있다는 것을 고수하고 있네. 자네는 내 말에 동의하지 않는가?"

"동의합니다."

"또한 크기 자체에 의해서 큰 것은 크게 되고 또 점점 커지며, 작은 것 자체에 의해서 작은 것이 점점 작아지는 것이 아닐까?"

"그렇습니다."

"그렇다면 어떤 사람이 A는 B보다 머리 하나만큼 더 크며, B는 A보다 머리 하나만큼 더 작다고 말하더라도, 자넨 이 사람의 말을 받아들이지 않고 더 큰 것은 크기 자체에 의해서 그리고 크기 자체로 말미암아 더 크며, 더 작은 것은 작은 것 자체에 의해서, 그리고 작은 것 자체로 말미암아 더 작은 것에 지나지 않는다고 확고하게 주장할 걸세. 따라서 자넨 더 큰 것은 머리를 척도로 하여 더 커지고, 더 작은 것은 머리를 척도로 하여 더 작아진다고 말하는 위험을 피하게 될 걸세. 그런데 머리는 큰 경우나 작은 경우나 같지 않은가. 따라서 키가 큰 사람은 동시에 작은 것이기도 한 머리로 말미암아 더 크다고 하는 어처구니없는 부조리를 피하게 될 걸세. 자네는 이러한 추리에 도달하는 것을 두려워하지, 안 그런가?"

케베스는 웃으며 말했습니다. "참으로 두려워해야 할 일입니다."

"마찬가지로 자네는 10은 2에 의해서, 그리고 2 때문에 8보다 크다고 말하는 것을 두려워하고 오히려 수(數)에 의해서, 그리고 수로 말미

앓아 그렇다고 말할 테지? 또한 2큐빗이 1큐빗보다 큰 것은 절반만큼 크기 때문이 아니라 길이 자체 때문이라고 말할 테지? 이러한 모든 경우에는 잘못에 빠질 동일한 우려가 있어서 하는 말일세."

케베스는 말했습니다. "정말 그렇군요."

"또한 하나에 하나를 더하거나 하나를 쪼개는 것이 둘이 되는 원인이라고 주장하는 것도 조심해야 하지 않을까? 그리고 자네는 적절한 본질을 나눠 갖지 않고서는 어떠한 것도 존재하게 될 방법이 없으며, 따라서 자네가 아는 한, 둘의 원인은 오직 2 자체뿐이며, 1 자체를 나누는 것이 하나를 만드는 방법이라고 소리 높여 단언할 걸세. 자네는 다음과 같이 말할 거야. '나누기나 더하기 따위 수수께끼에는 상관하지 않을 테야. 나보다 머리가 좋은 사람이 이러한 문제에 대답하는 게 좋아. 속담에 있는 말처럼 내가 경험이 부족하고, 자신의 그림자를 보고도 놀라기를 잘하지만 나는 원리의 확실한 근거를 포기할 수는 없어'라고. 그리고 어떤 사람이 이 원리 때문에 자네를 공격하면 자네는 전혀 괘념하지 않거나 또는 그러한 공격에서 나오는 여러 결론이 서로 일치하는지 일치하지 않는지 알아본 다음에 공격하는 사람에게 대답하면 되네. 그리고 더 나아가 이 원리를 설명해달라는 요구를 받으면 자네는 더 높은 원리를 차례로 가정하다가 결국은 더 높은 원리 중 최선의 것에서 휴식처를 찾아내면 안 돼. 그러나 자네는 논객들[31]처럼 자네의 추리의 원리와 귀결을 혼동하진 말게. 적어도 자네가 진정한 존재를 발견하기를 바란다면 말이야. 이런 문제는 전혀 돌보지도 않고 생각하

---

31 소피스트를 말한다.

지도 않는 논객들에게 이러한 혼동은 중요하지 않아. 그들은 그들의 사상이 아무리 큰 혼란에 빠지더라도 그들 자신을 즐겁게 만드는 재치만은 갖고 있기 때문이야. 그러나 자네가 철학자라면 자네는 반드시 내 말을 따라야 할 걸세."

"당신의 말은 아주 옳은 말입니다"라고 심미아스와 케베스가 동시에 말했습니다.

에케크라테스 그렇군요, 파이돈. 나는 심미아스와 케베스가 동의한 것을 이상하다고는 생각하지 않습니다. 조금이라도 분별력이 있는 사람이라면 소크라테스의 이론이 얼마나 명석한가에 놀라게 될 거예요.

파이돈 물론입니다, 에케크라테스. 그리고 그때 그 자리에 있던 사람들도 모두 그렇게 생각했습니다.

에케크라테스 그렇습니다. 그 자리에는 없었지만, 지금 당신이 전하는 말을 듣고 있는 우리도 같은 생각입니다. 그런데 그다음에는 어떠한 말을 했습니까?

파이돈 이러한 모든 이론에 찬동하고, 따라서 이데아가 존재하며 다른 사물은 이데아를 나눠 갖고 그 이름을 이데아에서 얻는다는 데 동의한 다음에는, 내 기억이 옳다면, 소크라테스는 다음과 같이 말했습니다.

"자네가 위에서 말한 이론에 찬성한다면 자네가 심미아스는 소크라테스보다는 크고 파이돈보다는 작다고 말할 때, 자네는 심미아스에게는 크기와 작음이 다 있다고 말하는 것이 아닌가?"

"네, 그렇습니다."

"그러나 자네는 아직도 크다는 말이 가진 뜻 그대로 심미아스가 심미아스이기 때문에 사실상 소크라테스보다 큰 것이 아니라 그가 갖고 있는 크기로 말미암아 크다는 것을 인정하고 있네. 심미아스는 심미아스이기 때문에 소크라테스보다 큰 것은 아닌 것처럼 소크라테스는 소크라테스이기 때문이 아니라, 그는 심미아스의 크기와 비교할 때 작음을 갖고 있기 때문에 그런 것이 아닐까?"

"그렇습니다."

"그리고 파이돈이 그 크기에 있어서 심미아스를 능가한다면, 이것은 파이돈이 파이돈이기 때문이 아니라, 오히려 상대적으로 파이돈은 심미아스에 대해 크기를 갖고 있고 심미아스는 비교적으로 더 작기 때문이 아닌가?"

"그렇습니다."

"따라서 심미아스는 크다고 할 수도 있고 작다고 할 수도 있네. 그는 양자의 중간이어서 그의 크기는 한 사람의 작음을 능가하지만, 한편 또 한 사람의 크기는 그의 작음을 능가하기 때문이네." 소크라테스는 웃으면서 말을 덧붙였습니다. "나는 마치 책을 쓰듯이 말하고 있군. 그러나 나는 내가 하는 말이 옳다고 믿네." 심미아스가 동의했습니다.

"내가 이런 말을 하는 것은 자네가 나와 같은 생각을 갖기를 바라기 때문이네. 크기 자체는 크면서 동시에 작은 것이 될 수 없을 뿐 아니라, 우리 속에 있는 크기[32]나 구체적인 크기도 작아진다는 것을 용납하지 않으며, 또한 능가하는 것도 용납하지 않을 거야. 이렇게 되는 대신, 두 가지 일 가운데 한 가지가 일어날 거야.

곧 '더 큰 것'은 그 반대물인 '더 작은 것' 앞에서 달아나거나 비켜나

---

[32] 우리의 영혼은 태어나기 전부터 이데아를 알고 있다고 플라톤은 말한다. 우리의 지식은 단지 상기에 지나지 않음은 여기서도 이미 언급된 바 있다.

거나 할 것이며, 또는 '더 작은 것'이 접근함에 따라 이미 사라져버릴 거야. 그러나 작은 것을 받아들이거나 인정한다 하더라도 이것 때문에 다른 것이 될 수는 없을 거야. 마치 내가 심미아스와 비교할 때 작다는 것을 받아들이고 인정한다 하더라도 어제의 나와 변함이 없는 채 여전히 키가 작은 사람인 것과 같아. 그리고 크기의 이데아가 결코 작은 것일 수 없고 또 작은 것이 될 수도 없는 것처럼 우리 속에 있는 작음도 큰 것이거나 큰 것이 될 수는 없네. 또한 대립되는 다른 것도 자기 자신과 동일한 것으로 남아 있으면서 자기와 대립되는 것이 될 수는 없네. 오히려 그렇게 되는 경우에는 변화 가운데서 사라져버리거나 소멸하네."

케베스는 말했습니다. "내 생각과 꼭 같습니다."

이때 누구였는지는 잘 기억이 나지 않지만 그 자리에 있던 사람 가운데서 한 사람이 말했습니다. "하늘에 맹세코 하는 말이지만, 이것은 앞에서 우리가 인정했던 것과는 정반대가 아닙니까. 더 큰 것에서 더 작은 것이 생기고 더 작은 것에서 더 큰 것이 생기며, 대립되는 것들은 오직 그와 대립되는 것들에서 생긴다고 하지 않았던가요. 그런데 이제는 이 원칙이 전년석으로 부정되는 것 같습니다."

소크라테스는 말하는 사람 쪽으로 머리를 돌리고 듣고 있다가 말했습니다. "그 점을 상기시켜주는 것을 보니 자네는 용기가 있는 사람이군. 그러나 자네는 두 경우 사이에는 차이가 있다는 것을 알지 못하는 것 같아. 그때는 구체적인 것에 있어서 대립되는 것에 대해 말했고 지금은 대립되는 것 자체에 대해 말하고 있기 때문이야. 이미 확인한 것처럼 대립되는 것 자체는 우리 속에 있어서나 자연에 있어서나 결코 대립되는 것 자체가 될 수 없네. 나의 벗이여, 그때는 대립되는 것 자체가 내재되어 있어서 대립되는 것에 따라 이름이 붙여진 것들에 대해 말했으나, 지금은 그러한 것들에 내재되어 있고 그러한 것들에 명칭을 부여하는 대립되는 것 자체에 대해 말하고 있네. 그리고 우리가 주장한 것처럼 이러한 대립되는 것 자체가 상호 간 생성된다는 것은 결코 인정할 수 없을 거야." 말을 마치자 케베스를 바라보며 말했습니다. "케베스, 자네도 이 친구의 반대를 듣고 마음에 동요가 일어났나?"

케베스는 말했습니다. "아닙니다. 저는 그렇게 생각하지는 않습니다. 그러나 때로는 반대 의견 때문에 마음에 동요가 일어난 적이 있다는 것을 부정할 수는 없습니다."

소크라테스는 말했습니다. "그러면 결국 우리는 대립되는 것은 어떤 경우에든 결코 자기와 대립되는 것이 될 수 없다는 데 동의한 것이 아닌가?"

"그 점에 대해서는 우리는 전적으로 동의합니다"라고 케베스는 말했습니다.

"그러면 이 문제를 다른 관점에서 다시 한번 고찰해보기로 하세. 그래서 자네가 내 말에 동의할 수 있는지 알아보기로 하세. 자네가 따뜻하다든가 차다고 부르는 것이 있지?"

"물론입니다."

"그런데 그것들은 불이나 눈 같은 것인가?"

"분명히 그렇지 않습니다."

"열은 불과 다른 것이며 냉기는 눈과 같지 않은 것이란 말이지?"

"네."

"그러면 앞에서 말한 것처럼 눈이 열의 영향을 받고 있을 때 눈이나 열은 눈 또는 열로 그대로 남아 있을 수는 없고 열이 접근할수록 눈은 물러나거나 사라져버린다는 것을 자네는 분명히 인정할 테지?"

케베스는 대답했습니다. "물론 그렇습니다."

"그리고 열도 냉기가 접근함에 따라 물러나거나 사라져버릴 거야. 따라서 열이 냉기의 영향을 받고 있을 때 열과 눈은 앞서와 마찬가지로 열과 눈으로 그대로 남아 있지는 못할 거야."

"그렇습니다."

"그리고 어떤 경우에 이데아의 이름은 영원한 관련 밑에서 이데아에만 해당되는 것일 뿐 아니라 이데아는 아니지만 이데아의 형태 안에서만 존재하는 다른 어떤 것에도 해당된다고 볼 수 있네. 나는 예를 들어서 이 점을 더 명백하게 설명하겠네. 홀수에는 항상 '홀'이라는 말이 붙지?"

"그렇습니다."

"그러나 이것이 '홀'이라는 말이 붙는 유일한 것인가? 자기 자신의 이름을 갖고 있으면서도, 홀수 자체와 같은 것은 아니지만 홀수 자체 없이는 결코 존재할 수 없기 때문에 '홀'이라는 말이 붙는 다른 것도 있지 않은가? 바로 이것이 내가 묻고자 하는 것일세. 3이라는 수는 홀수에 속하는 것이 아닌가? 게다가 많은 다른 예가 있네. 예를 들면 자네는 3은 그 고유한 명칭으로 부를 수도 있지만 또한 홀수라는 이름으로도 부를 수 있다고 말하지 않겠는가? 그리고 이 말은 비단 3만이 아니라 그 밖에 5와 다른 수의 절반에 대해서도 해당되는 것일세. 이 절반의 수는 각기 홀수 자체는 아니면서도 홀수일세. 또한 같은 방식으로 2와 4, 그 밖의 절반의 수는 짝수 자체는 아니면서도 모두 짝수일세. 동의하는가?"

"물론이죠."

"그러면 이제 내가 밝히고자 하는 점에 주목해주게. 즉 대립되는 것들만이 서로 배척하는 것이 아니라, 비록 서로 대립되는 것은 아니더라도 대립되는 것을 내포하고 있는 것은 서로 배척하네. 이러한 것들은 자기 자신 안에 들어 있는 이데아와 반대되는 이데아를 배척하며, 반대되는 이데아가 접근할 때 이러한 것들은 사라지거나 물러난다고 나는 말하고 싶네. 예를 들기로 하세. 3이라는 수는 3이면서 동시에 짝수가 된다면, 그렇게 되자마자 소멸해버리거나 또는 다른 변화를 겪게 될 것이 아닌가?"

"정말 그렇습니다"라고 케베스는 말했습니다.

소크라테스는 말했습니다. "그런데 2는 분명히 3과 반대되는 것은 아니지?"

"반대되는 것은 아닙니다."

"그렇다면 반대되는 이데아들만이 서로의 접근을 배척하는 것이 아니라, 다른 본성을 가진 것 중에도 대립되는 것들의 접근을 배척하는 것이 있네."

"그렇습니다"라고 케베스는 말했습니다.

소크라테스는 말했습니다. "가능하다면 이러한 것들이 어떠한 성질을 가진 것인지 규정을 내리도록 하세."

"좋습니다."

"케베스, 이러한 것들은 자기가 소유하고 있는 것들에 대해 자기 자신의 형태만이 아니라 어떤 반대되는 것의 형태도 갖도록 강요하는 것이 아닌가?"

"무슨 뜻입니까?"

"내가 방금 말한 바 있고, 자네도 분명히 알고 있을 테지만, 3에 포섭되는 것들은 수에 있어서 3일 뿐 아니라 또한 홀수여야만 한다는 뜻이네."

"물론 그렇습니다."

"3이 관여하는 이러한 홀수 자체에는 반대되는 이데아는 결코 침범할 수 없을 것이 아닌가?"

"침범할 수 없습니다."

"그리고 이러한 관여는 홀수의 원리로 말미암아 가능하겠지?"

"네."

"그리고 홀수와 짝수는 반대되는 것이지?"

"그렇습니다."

"그러면 짝수의 이데아는 3에는 결코 도달할 수 없을 것이 아닌가?"

"그렇습니다."

"그러면 3은 짝수와는 관련이 없는 것이 아닌가?"

"전혀 관련이 없습니다."

"그러면 세 개나 3이라는 수는 짝수가 아니지?"

"물론 그렇습니다."

"그러면 내가 아까 무언가 대립되는 것은 아니면서도 거기에 들어 있는 대립되는 것을 용인하지 않는 것이 있다고 한 말로 되돌아가세. 앞에 든 예에서 본 것처럼 3은 짝수에 반대되는 것은 아니면서도 짝수를 절대로 용인하지 않고, 항상 짝수는 반대쪽에서 활동하네. 또는 2는 홀수를 받아들이지 않고, 불은 냉기를 받아들이지 않네. 이러한 예들에서(이러한 예는 얼마든지 있네) 자네는 아마도 대립되는 것만이 대립되는 것을 받아들이지 않는 것이 아니라, 대립을 초래하는 것은 무엇이든지

파이돈 171

그것이 초래하는 것의 반대, 그것이 도달하는 바의 반대는 인정하지 않는다는 일반적인 결론에 도달할 수 있을 걸세. 그리고 여기서 요점을 되풀이해서 말하겠네. 반복한다고 해서 해가 되는 것은 아니니까. 5는 짝수의 성질을 받아들이지 않으며 마찬가지로 5의 배수인 10은 홀수의 성질을 받아들이지 않을 걸세. 배수는 또 다른 대립되는 것을 갖고 있고 엄격하게 홀수에 반대되는 것은 아니지만, 그럼에도 전적으로 홀수를 배척하네. 또한 2분의 3, 또는 2분의 1이나 3분의 1 등 분수는 정수(整數)와 반대되는 것이 아님에도 전체의 개념을 받아들이지 않을 거야. 동의하겠나?"

"네, 전적으로 찬성하며, 이 점에서는 당신을 따르고 있습니다"라고 케베스는 말했습니다.

소크라테스는 말했습니다. "그러면 처음부터 다시 시작하세. 그리고 자네는 질문에 대답할 때 내가 질문에 쓴 말을 사용하지 않도록 하게. 나는 처음에 내가 말한 오래되고 안전한 대답을 다시 듣고 싶지는 않네. 오히려 또 다른 안전한 대답, 즉 방금 말한 것에서 자네가 진리를 찾아낸 대답을 듣고 싶네. 다시 말하면 어떤 사람이 자네에게 '어떠한 성질이 육체 안에 있기에 육체는 따뜻해지는가?'라고 묻는다면 자네는 열이라고 대답하지 말고(이것이 내가 안전하고 우둔한 답이라고 부른 걸세), 불이라고 대답하게. 불이라는 대답은 우리가 내리고자 하는 훨씬 탁월한 대답일세. 또는 어떤 사람이 자네에게 '왜 신체는 병드는가?'라고 묻는다면, 병 때문에 그렇다고 대답하지 말고 열이 있어서 그렇다고 말하게. 그리고 홀수 자체가 홀수의 원인이라고 말하는 대신에, 1이 그 원인이라고 말하게. 그리고 일반적으로 다른 일의 경우도 마찬가지지만 내가 더는 예를 들지 않더라도 자네는 충분히 이해했을 줄 믿네."

"네, 당신의 말을 충분히 이해하고 있습니다"라고 케베스는 말했습니다.

"그렇다면 말해보게. 육체 속에 무엇이 있으면 육체는 살아 있는가?"

"영혼입니다"라고 케베스는 대답했습니다.

"그리고 항상 그런가?"

"네, 물론입니다"라고 케베스는 말했습니다.

"그러면 영혼을 갖고 있는 것이 무엇이든 간에 영혼은 그것에 생명을 주는가?"

"네, 그렇습니다."

"그러면 생명에 반대되는 것이 있는가?"

"있습니다"라고 케베스는 말했습니다.

"그러면 그것은 무엇인가?"

"죽음입니다."

"그렇다면 이미 동의한 것처럼 영혼은 그 자신이 초래하는 것과 반대되는 것은 결코 받아들이지 않을 거야."

"불가능하지요"라고 케베스는 대답했습니다.

소크라테스는 말했습니다. "그러면 조금 전에 우리는 짝수를 배척하는 원리를 무엇이라고 불렀던가?"

"홀수."

"그러면 음악적인 것 및 정의를 받아들이지 않는 원리는 무엇인가?"

"비음악적인 것 및 부정의입니다"라고 케베스는 대답했습니다.

"그러면 죽음을 받아들이지 않는 원리를 우리는 무엇이라고 부르는가?"

"죽지 않는 것이라고 합니다"라고 케베스는 말했습니다.

"그렇다면 영혼은 죽음을 받아들이는가?"

"받아들이지 않습니다."

"그러면 영혼은 불멸인가?"

"네"라고 케베스는 대답했습니다.

"그러면 이것은 증명되었다고 말해도 좋을까?"

"네, 충분히 증명되었습니다, 소크라테스"라고 케베스는 대답했습니다.

"홀수 자체가 불멸하는 것이라면 3도 불멸이어야 하지 않는가?"

"물론입니다."

"그리고 냉기가 불멸이라면 열기의 원리가 눈(雪)을 공격해올 때 눈은 고스란히 녹지 않은 채 물러나야 하지 않을까? 눈은 결코 소멸할 수는 없고, 또한 그대로 남아 있어서 열을 받아들일 수도 없으니까."

"그렇습니다"라고 케베스는 말했습니다.

"또한 차지 않은 것, 즉 열기의 원리가 불멸이라면 불은 냉기의 공격을 받을 때 소멸하거나 멎을 수는 없는 일이며 온전하게 물러나겠지?"

"분명히 그렇습니다"라고 케베스는 말했습니다.

"그리고 죽지 않는 것에 대해서도 같은 말을 할 수 있을 거야. 죽지 않는 것은 또한 소멸할 수 없다고 한다면, 영혼은 죽음의 공격을 받았을 때 소멸할 수는 없네. 왜냐하면 지금까지의 논의로 보아 3이나 홀수가 짝수를 받아들이지 못하고 불이나 불 속의 열기가 냉기를 받아들일 수 없는 것처럼 영혼도 죽음을 받아들이거나 죽을 수는 없기 때문이야. 그러나 어떤 사람은 '그렇지만 홀수는 짝수가 접근해도 짝수는 될 수 없다 하더라도 홀수는 소멸하고 짝수가 홀수의 자리를 차지할 수도 있지 않는가?'라고 말할 거야. 그런데 이렇게 반대하는 사람에게 우리는 홀수의 원리는 불멸이라고 대답할 수는 없네. 이 점에 대해서는 합의를 보지 못했기 때문이야. 그러나 이 점에 합의를 본다면 짝수가 접근하면 홀수의 원리와 3은 물러난다고 주장하는 데 아무런 어려움이 없을 걸세. 그리고 동일한 이론이 불, 열, 다른 모든 것에 타당하게 될 거야."

"확실히 그렇습니다."

"그리고 죽지 않는 것에 대해서도 같은 말을 할 수 있을 거야. 죽지 않는 것이 또한 소멸할 수 없다고 한다면, 영혼은 죽지 않는 것일 뿐 아니라 소멸하지도 않는 것일 거야. 그러나 그렇지 않다면, 영혼의 불멸성에 대해서는 다른 증명이 필요할 걸세."

케베스는 말했습니다. "다른 증명은 필요하지 않습니다. 영원하기 때문에 죽지 않는 것이 소멸된다면 불멸하는 것은 하나도 있을 수 없기 때문입니다."

소크라테스는 대답했습니다. "그렇지. 그래서 신과 생명의 본질적 형태와 일반적으로 죽지 않는 것은 결코 소멸하지 않는다는 데 모든 사람이 동의할 거야."

케베스는 말했습니다. "모든 사람이 동의할 것입니다. 이것은 틀림없는 일입니다. 더 나아가 내가 잘못을 저지르는 것이 아니라면 인간과 마찬가지로 신들도 동의할 것입니다."

"따라서 죽지 않는 것은 소멸할 수 없다고 한다면, 영혼이 죽지 않는 것인 한 영혼은 불멸하는 것이어야 하지 않을까?"

"분명히 그렇습니다."

"따라서 죽음이 인간을 공격할 때, 인간의 죽게 되어 있는 부분은 죽겠지만, 죽지 않는 부분은 죽음이 다가오면 물러나서 안전하고 건전하게 보존되는 것이 아닐까?"

"그렇습니다."

"그렇다면 케베스, 영혼이 죽지도 않고 소멸하지도 않으니 우리의 영혼은 사실상 다른 세계에 존재하게 되리라는 것은 의심의 여지가 없지 않은가?"

케베스는 말했습니다. "소크라테스, 나는 그렇게 확신합니다. 더는 반대할 여지가 없습니다. 그러나 나의 벗 심미아스나 다른 사람이 반대할 것이 있다면 솔직히 말을 하는 것이 좋겠습니다. 침묵을 지킬 필요는 없습니다. 할 말이 있거나 듣고 싶은 말이 있다면 토론을 다른 기회로 미룰 수는 없기 때문입니다."

심미아스가 대답했습니다. "나도 더는 할 말이 없습니다. 또한 지금까지 한 논의에 대해 의심을 품을 이유도 없습니다. 그러나 이 문제가 거대한 데 비해 인간은 무력하다는 것을 생각할 때, 나는 아직도 마음속으로는 불안을 느끼고 있으며, 그렇게 느끼지 않을 수가 없군요."

소크라테스는 대답했습니다. "옳은 말이야, 심미아스. 좋은 말을 했네. 그리고 최초의 원리들이 확실한 것처럼 생각되더라도 조심스럽게 다시 검토해야 한다는 것을 덧붙여서 말하고 싶네. 그리고 최초의 원리들이 만족스러울 만큼 확실할 때는 인간의 이성이라면 어쩔 수 없는 망설임이 섞인 확신을 갖고 논의의 과정을 따라야 한다고 나는 생각하네. 그래서 그것이 분명하고 명확하다면, 더 이상의 추구는 필요하지 않을 거야."

"사실 그렇습니다."

소크라테스는 말했습니다. "오, 나의 벗들이여, 그렇지만 영혼이 정말로 죽지 않는다면 생애라고 부르는 시기를 위해서만이 아니라 영원을 위해서 영혼을 알뜰하게 돌봐야 하지 않겠는가? 그리고 이러한 관점에서 볼 때 영혼을 소홀히 다룸으로써 생기는 위험은 참으로 엄청날 거야. 죽음이 모든 것의 종말이기만 하다면 악인은 죽으면서 유리한 흥정을 할 거야. 악인은 행복한 마음으로 육체와 작별할 뿐 아니라, 그의 영혼과 함께 그 자신의 죄악과도 영영 작별하게 될 테니까. 그러나 영혼이 분명히 죽지 않는다면, 최고의 덕과 지혜에 도달하지 않고서는 악에서 해방되고 구원된다는 것은 불가능해. 왜냐하면 영혼은 저승으로 갈 때 교양과 교육 외에는 아무것도 갖고 가지 못하기 때문이야. 그리고 떠나는 자가 저세상으로 가는 여행을 시작하면서부터 교양과 교육은 그에게 큰 도움이 되거나 심한 해를 끼친다고 말하더군.

세상 사람들의 말에 따르면 죽은 다음에는 그가 살아 있을 때 속해 있던 각자의 수호신이 그를 죽은 자들이 함께 모여 있는 어떤 곳으로 인도하고, 거기서 심판을 받은 후에 이 세상에서 저세상으로 인도하는 일을 맡은 안내자를 따라 저승으로 간다는 거야. 그리고 거기서 마땅히 당해야 할 일을 당하며 지정된 시간만큼 머물러 있노라면 시간의 많은 주기[33]가 지난 다음에 다른 안내자가 그를 다시 이 세상으로 데리고 온다는 거야. 그런데 아이스킬로스가 텔레포스[34]에서 말한 것처럼 저세

---

33 《국가》에서는 이 주기를 1천 년으로 잡고 있으며, 《파이드로스》에는 이 주기를 열 번 되풀이한다고 되어 있다.
34 Telephos : 소아시아의 고대 국가인 미시아의 왕. 그리스신화에 따르면 그는 아킬레우스의 창에 부상당했으나 이 창에서 나온 녹물로 만든 고약을 바르고 나았다고 한다. 아이스킬로스가 텔레포스를 다룬 비극은 전해지지 않는다.

상으로 가는 길은 외길도 곧은길도 아니야. 만일 그렇다면 안내자는 필요하지 않을 걸세. 길을 잃는 사람은 하나도 없을 테니까. 그러나 지상의 삼거리가 있는 곳에서 저승의 신들에게 드리는 제사나 공양을 보고 내가 추측한 바에 따르면, 이 길은 갈림길도 많고 꼬불꼬불한 길일세. 현명하고 단정한 영혼은 곧은길을 따라가며, 주위 환경도 알게 되네. 그러나 육체를 갈망하고 내가 앞에서도 이야기한 것처럼 생명 없는 육체와 가시적인 세계의 주위를 오랫동안 떠돌던 영혼은 여러 번 반항을 하고 또 여러 번 고난을 겪은 후에야 간신히, 그것도 수호신이 강제로 끌고 가게 되네. 그리고 다른 영혼들이 함께 모여 있는 곳에 이 영혼이 도착했을 때 이 영혼이 불순하며 불의의 살인이나 이와 비슷한 죄 또는 이러한 영혼들이 함 직한 범죄행위 따위의 불순한 행동을 했다면 모든 영혼은 이 영혼을 피해서 달아나버리네. 아무도 이 영혼과 동반하지 않고, 아무도 안내해주지 않으며, 일정한 시간이 다 찰 때까지 이 영혼은 홀로 극단적인 불운 가운데서 허덕여야 하며, 기한이 다 차면 억지로 이 영혼에 합당한 곳에 태어나게 되네. 한편 일생 동안 신들과 함께 있으면서 신의 지도를 받은 순수하고 올바른 영혼도 적당한 집을 차지하게 되네.

그런데 어떤 이름 없는 사람이 내게 들려준 말을 믿는다고 하면 지구에는 이상한 곳이 많으며, 사실상 그 성질이나 그 크기에 있어서 지구는 지리학자들이 생각하는 것과는 아주 다른 것일세."

"무슨 뜻이지요, 소크라테스?"라고 심미아스가 물었습니다. "나도 지구에 대한 설명은 여러 번 들었지만, 당신이 믿고 있는 이론에 대해서는 들은 바가 없어서 몹시 듣고 싶습니다."

소크라테스는 말했습니다. "심미아스, 내가 글라우코스[35]의 재주를 가졌더라면 자네에게 이야기해줄 수 있으련만……. 하기는 글라우코스의 재주라 하더라도 내 이야기의 진실성을 입증할 수 있을는지 의심스럽긴 하지만……. 나 자신은 그 진실성을 결코 입증할 수 없네. 그리고 내가 입증할 수 있다 하더라도, 심미아스, 설명이 끝나기 전에 내 생애가 끝날까 봐 두렵네. 그러나 내가 생각하는 대로 지구의 형태와 여러 형태들을 설명해보겠네."

심미아스는 말했습니다. "그것으로 충분합니다."

소크라테스는 말했습니다. "그렇다면 좋아. 내 확신은 이렇다네. 지구는 하늘의 중심에 있는 둥근 천체이며, 따라서 공기나 다른 유사한 힘이 지탱해줄 필요는 없네. 오히려 주변의 하늘이 균등하고 지구 자체가 균형을 이루고 있기 때문에 지구는 그 자리를 지키고 떨어지거나 어느 쪽으로 기우는 일이 없는 것일세. 균형을 이루고 있으면서 동등하게 퍼져 있는 것의 중앙에 자리 잡고 있는 것은 조금이라도 한쪽으로 기울어지는 일이 없고, 항상 같은 상태에 있으며 빗나가는 일이 없을 것이기 때문이네. 이것이 내가 믿는 첫째 것일세."

"확실히 옳은 생각입니다"라고 심미아스는 말했습니다.

"또한 지구는 매우 광대하고, 파시스 강[36]에서 헤라클레스의 두 기둥[37]에 이르는 지역에 살고 있는 우리는 마치 개미나 개구리가 습지 주

---

35 Glaukos : 글라우코스에 대해서는 여러 설이 있으나 발명가였던 것 같다.
36 흑해 동쪽의 리온 강을 말한다.
37 지브롤터 해협 양쪽에 있는 칼페 강과 아빌라 산. 파시스 강에서 헤라클레스의 두 기둥에 이르는 지역은 지중해 전역으로, 당시 그리스 세계의 범위를 보여준다.

변에 살고 있는 것처럼 오직 바다 주변의 작은 지역을 차지하고 있는 데 지나지 않으며, 이와 비슷한 많은 장소에는 다른 주민들이 살고 있다고 나는 믿네. 지구의 표면에는 도처에 물과 안개와 무거운 공기가 몰려드는 여러 형태와 크기의 골짜기가 있기 때문이네. 그러나 지구 자체는 순수하며, 순수한 하늘에 자리 잡고 있네. 여기에는 별들도 있네. 이 하늘은 우리가 흔히 에테르라고 부르는 것이며, 이 하늘 가운데서 우리 지구는 침전물이 모여드는 밑에 있는 골짜기일세. 그러나 이 골짜기에 살고 있는 우리는 지구의 표면 위에 살고 있다는 착각을 하고 있네. 이것은 마치 해저에 사는 생물이 자기는 물의 표면에 살고 있고 바다는 그것을 통해 해와 기타 별들을 보는 하늘이라고 생각하는 것과 같으며, 허약하고 우둔한 탓으로 표면으로 떠올라간 적이 한 번도 없고, 대지가 그가 사는 세계보다 얼마나 순수하고 아름다운지 물 위로 고개를 들어서 보았거나 심지어 보고 온 자에게 들은 적도 없는 것과 마찬가지네. 이것이 바로 우리의 처지네. 우리는 지구의 골짜기에 살면서 표면에 살고 있다고 생각하기 때문이야. 그리고 우리는 공기를 하늘이라고 부르고 이 하늘 속에서 별들이 움직인다고 상상하고 있네. 그러나 사실은 우리가 허약하고 우둔하기 때문에 공기의 표면에 도달하지 못하고 있는 거야. 만일 어떤 사람이 외부의 한계에 도달하거나 새의 날개를 달고 정상까지 이른다면, 물 밖으로 고개를 내밀고 이 세상을 바라보는 물고기처럼 저 세상을 바라볼 수 있을 것이며, 인간의 본성에 저 세계를 볼 수 있는 능력이 있다면, 저세상에는 참된 하늘과 참된 빛과 참된 땅이 있음을 알게 될 거야. 대지와 돌, 그리고 우리를 둘러싸고 있는 모든 지역은 마치 바다 속에서는 모든 것이 소금물 때문에 썩는 것처럼, 더럽혀지고 썩었기 때문이네. 그리고 바다 속에는 고상하고 완전한 성장도 없고, 오직 동굴과 모래와 무한한 진흙밭이 있을 뿐이며, 해안이라 할지라도 이 세상의 아름다운 경치와는 비교도 되지 않네. 하물며 우리가 사는 이 세상은 저 세상과 비교할 것도 없을 것이 아닌가. 심미아스, 대지의 위와 하늘 밑 사이에 있는 것에 대해서 나는 매혹적인 이야기를 자네에게 들려줄 수 있고, 이것은 들을 만한 값어치가 있는 이야기일세."

심미아스는 대답했습니다. "소크라테스, 우리는 그 이야기를 듣고 싶습니다."

소크라테스는 말했습니다. "나의 친구여, 그 이야기는 이렇다네. 첫째로 지구는 위에서 바라보면 여러 가지 빛깔을 칠한 열두 조각의 가죽으로 된 줄무늬가 있는 공처럼 보이네. 그리고 지구상에서 화가들이 쓰고 있는 빛깔은 바로 그 견본이라고 할 수 있네. 그러나 저 위에 있는 땅은 그러한 빛깔로 가득 채워져 있는데, 그 빛깔은 이 세상의 빛깔보다 훨씬 밝고 환하네. 거기에는 놀라운 자주색의 광택이 있고 찬란한 황금빛이 있으며, 흰 빛은 지구의 백악(白堊)이나 눈보다도 더 희네. 그 땅은 이런 빛깔과 다른 빛깔로 되어 있으며, 그 빛깔들은 인간의 눈이 일찍이 본 어느 빛깔보다도 그 수에 있어서 더 많고, 또 훨씬 아름답네. 공기와 물로 가득 차 있는 이 골짜기(나는 이 골짜기에 대해 지금까지 말해왔네)는 독특한 빛깔을 갖고 있어서 여러 빛깔들 속에서 번쩍이는 광선처럼 보이고 따라서 그 전체는 변화 가운데 통일성이 깃들어 있는 단일하고 연속적인 모습을 나타내고 있네. 그리고 나무, 꽃, 과실 등 아름다운 지역에서 자라나는 모든 것도 역시 세상에 있는 것보다 더 아름답네. 거기에는 언덕도 있고 이 언덕에는 돌들이 있는데 이 돌들은 이 세상에서 진귀한 것으로 여겨지는 에메랄드나 홍옥(紅玉)이나 벽옥(碧玉)이나 기타 다른 보석보다 더 부드럽고 투명하며, 그 빛깔이 더 아름답네. 이 세상에 있는 보석들은 저세상에 있는 돌들의 조각에 지나지 않아. 거기에 있는 돌들은 이 세상의 보석과 다름이 없고 또 더 아름답기 때문이야. 그 이유는 거기에 있는 돌들은 순수하고, 이 세상의 보석처럼 이 세상에 엉겨 붙는 썩은 염분으로 더럽혀지거나 썩지 않은 데 있네. 이 염분은 동물이나 식물과 마찬가지로 땅과 돌도 추하고 병들게 만드는 것이네. 이 돌들은 저세상의 보석이고, 저세상의 대지도 금과 은 등으로 장식되어 있어서 번쩍번쩍 빛나며, 이 보석들은 햇빛 속에 드러나 있고 큼직하고 풍부하며 어디에나 있기 때문에, 저세상을 바라보는 사람들을 황홀하게 만드네. 그리고 거기에는 동물과 인간도 있는데 일부는 내륙에 살고 있고 일부는 우리가 바닷가에 살고 있듯이 공기의 주변에서 살고 있네. 또 일부는 대륙 가까이 있어서 공기가 그 둘레로 흐르고 있는 섬에 살고 있네. 요컨대 마치 우리가 물과 바다를 이용하는 것처럼 그들은 공기를 이용하며, 에테르는 그들에게 있어서는 이 세상의 공기와 같네. 게다가 그곳의 계절은 병을 일으키지 않으며, 따라서 우리보다 훨씬 오래 살고, 공기가 물보다 더 순수하고 에테르가 공기보다 더 순수한 것과 마찬가지로 그들의 시각, 청각, 후각을 비롯한 다른 감각은 훨씬 더 완전하네. 또한 거기에는 신들이 실제로 살고 있는 신전과 성지가 있어서 그들은 신들의 목소리를 듣고 신들의 대답을 얻으며, 신을 알고 신들과 사귀고 있네. 그리고 그들은 해와 달과 별의 참모습을 보며, 이 밖의 온갖 행복을 누리고 있네.

이것이 대지 전체의 본성이며 지구를 둘러싸고 있는 것들의 본성일세. 그리고 지구 표면에는 도처에 있는 골짜기에 따라 여러 지역이 갈라지는데 이 골짜기 중에는 우리가 사는 골짜기보다 더 깊고 넓은 것도 있고, 더 깊기는 하지만 그 면적이 좁은 것도 있으며, 더 얕기는 하지만 더 광활한 것도 있네. 모든 골짜기에는 그 밑으로 허다한 구멍이 뚫려 있고 거기에는 지구의 내부로 이어지는 넓고 좁은 통로들이 있으며, 이 통로들은 서로 연결되어 있네. 이 통로로 마치 큰 대야에 물이 넘나들듯이 큰 물줄기가 흘러나오고 흘러들어가며, 끊임없이 흐르는 강들의 거대한 지하의 흐름이 있고, 뜨거운 물과 찬물이 솟아나오며, 큰 불과 불의 대하(大河)와 묽기도 하고 진하기도 한 흙탕물의 흐름(마치 시칠리아의 흙탕물 강과 그 뒤를 따르는 용암의 흐름 같은)이 있네. 그리고 이러한 것들이 흘러가는 지역은 이러한 것들로 가득 차 있네. 그리고 지구의 내부에는 진동 또는 동요가 있어서 이러한 모든 것을 항상 위아래로 움직이게 하는데, 그 원인은 다음과 같네. 지구의 모든 틈 중에서 가장 넓게 갈라진 틈이 바로 지구 전체를 관통하고 있기 때문일세. 이것은 호메로스가 다음과 같은 말로 묘사한 틈일세.

멀리 멀리, 지하의 가장 깊은 심연이 있는 곳에[38]

그리고 호메로스는 이것을 다른 곳에서 타르타로스[39]라고 불렀고

---

38 호메로스,《일리아스》중에서.
39 Tartaros : 밑이 없는 나락(奈落). 최고의 주권자에게 반항하거나 그를 모욕한 자는 이 나락으로 떨어진다.

많은 다른 시인도 이렇게 불렀네. 그리고 이러한 동요는 이 틈으로 흘러들어가고 흘러나오는 강물 때문에 일어나며, 이 강물들은 각기 그것이 흐르는 토지의 성질을 갖게 되네. 그리고 강물이 늘 흘러들어가고 흘러나오는 이유는 이 액체를 머물게 할 하천 바닥이나 기반이 없어서 흔들리면서 위아래로 물결치고 그 주변의 바람과 공기도 마찬가지로 동요하기 때문일세. 바람과 공기도 물을 따라 위아래로, 여기저기로 땅 위를 떠돌아다니네. 마치 호흡을 할 때 공기가 항상 들어왔다 나갔다 하는 것과 꼭 같네. 그리고 물을 따라 안팎으로 동요하는 바람은 저항하기 어려울 만큼 무서운 돌풍을 일으키네. 그리고 물이 한꺼번에 이른바 지구의 낮은 부분으로 물러날 때, 물은 지구를 거쳐 이 지역으로 흘러들어가 펌프로 물을 길어 올릴 때처럼 이 지역을 가득 채우고, 또한 물이 이 지역을 떠나 이쪽으로 다시 쏟아져 들어올 때 이곳의 골짜기는 다시 채워지며, 이 골짜기들이 채워지면 지하의 통로를 통해 각기 제 길을 따라 여러 곳으로 흘러가 바다와 호수와 강과 샘을 이루게 되네. 그 후 물은 땅 밑으로 흘러들어가는데 어떤 것은 많은 지역을 오랜 시간에 걸쳐 감돌고 어떤 것은 더 적은 지역을 멀지 않은 코스로 감도네. 그리고 다시 물은 타르타로스로 떨어지는데 어떤 것은 지상에 솟아 나오기 이전의 위치보다 훨씬 낮은 곳에서, 또 어떤 것은 그다지 낮지 않은 곳에서 떨어지지만 결국 모두 지상으로 솟아 나온 위치보다는 어느 정도 낮은 위치일세. 그리고 그중 일부는 다시 반대쪽으로 터져 나오고 일부는 같은 쪽으로 터져 나오며, 일부는 뱀이 똬리를 틀듯이 지구를 한 바퀴 또는 여러 바퀴 돌다가 가능한 한 낮은 곳으로 흘러내리는 것도 있네. 그러나 결국은 언제나 갈라진 틈이 있는 곳으로 되돌아와서 그 틈 속으로 흘러들어가네. 어느 방향으로 흐르는 강물이든 중앙까지만 흘러내릴 수 있고 더 앞으로는 흘러가지 못하네. 강물 반대쪽에는 절벽이 있기 때문이네.

그런데 이러한 강은 강력하며 수없이 많지만 그중 중요한 것은 네 개인데, 그중에서 가장 크고 긴 것을 오케아노스[40]라고 부르네. 오케아노스는 지구를 한 바퀴 도네. 그리고 그 반대쪽에 아케론[41]이 흐르는데, 아케론은 땅 밑으로 쓸쓸한 곳을 뚫고 아케루시아스 호수에 다다르네. 사람이 죽으면 대다수의 영혼은 이 호숫가로 가서 지정된 시간만큼—어떤 영혼은 오랫동안, 또 어떤 영혼은 잠시 동안—기다리고 있다가 동물로 다시 태어나기 위해 이 세상으로 보내지네. 셋째 강은 위에 말한 두 강 사이에서 솟아 나오는데 분출구 근처에 있는 불이 활활 타오르는 광대한 지역으로 흘러들어가 지중해보다도 큰 호수를 형성하네. 이 호수는 물과 진흙으로 들끓고 있네. 여기서부터 탁류를 이루며 지구의 주위를 돌다가 다른 곳들을 거쳐서 아케루시아스 호수의 맨 끝에 이르게 되지만, 호수의 물과는 섞이지 않고 지구의 둘레를 여러 차례 돌다가 타르타로스의 가장 깊은 곳으로 흘러들어가네. 이것이 피리플레게톤[42]이라고 부르는 강으로서 지구의 다른 부분에서 불을 분출시키는 것이네. 이 반대쪽에서 넷째 강이 흘러나와 처음에는 유리처럼 검푸른 빛깔로 덮인 무섭고 황량한 지역으로 흘러들어가네. 그리고

---

40 Okeanos : 신화에 나오는 티탄의 하나. 세계의 큰 강, 대양을 신격화한 것이다.
41 Acheron : 저승에 있는 강 중 하나. 저승의 경계를 이루고 있어서 모든 영혼이 건너가지 않으면 안 된다.
42 Pyriphlegeton : 아케론 강의 지류로 '불타는 강'이라는 뜻이다.

이 강이 바로 사람들이 스티기오스라고 부르는 것이며 이것이 흘러들어가서 스틱스[43] 호수가 형성되네. 호수로 흘러들어간 강물은 물 가운데서 이상한 힘을 얻고 피리플레게톤 강과는 반대 방향으로 땅속을 돌다가 피리플레게톤 강과는 반대쪽에서 아케루시아스 호수 근처에 이르게 되네. 그리고 이 강물도 다른 강물과 섞이지 않고, 원을 그리며 흐르다가 피리플레게톤 강 맞은쪽에서 타르타로스로 떨어지네. 시인들은 이 강을 코키토스[44]라고 부르네.

    이것이 저세상의 형편이네. 그리고 죽은 자가 각자의 수호신이 따로따로 인도하는 곳에 다다르면, 우선 훌륭하고 경건하게 살았는가, 또는 그렇지 않은가에 따라 판결을 받게 되네. 그런데 착하게 산 것도, 악하게 산 것도 아닌 사람들은 아케론 강으로 가서 준비되어 있는 배를 타고 아케루시아스 호수로 운반되어 거기에 살면서 악행을 씻어내고 그들이 다른 사람에게 행한 죄악에 대한 처벌을 받고, 선행을 한 일이 있으면 합당한 상을 받게 되네. 그러나 그들의 죄가 너무 커서 도저히 구원을 받을 수 없는 사람들—성물에 대해 빈번하고 무서운 모독을 가한 자, 더럽고 무도한 살인자 등—은 타르타로스로 던져지고 다시는 나오지 못하는데 이것이 그들에게 합당한 운명이라고 할 수 있네. 또한 큰 죄를 짓기는 했으나 구원받을 여지는 있는 사람들—예컨대 순간적인 분노로 말미암아 아버지나 어머니에게 폭행을 했으나 여생을 줄곧 후회하며 지낸 사람들이나 이와 비슷한 처지에서 살인을 한 사람들—은 타르타로스로 던져져서 1년 동안 고통을 받지만 1년 뒤에는

---

43 Styx : '증오의 강'이라는 뜻.
44 Kokytos : 죽은 자를 위해서 통곡하는 '통곡의 강'이다.

물결이 그들을 밀어내주네. 단순한 살인자는 코키토스 쪽으로, 아버지나 어머니를 살해한 자는 피리플레게톤 쪽으로 가네. 또 그들은 아케루시아스 호숫가로 보내져, 여기서 목청을 높여 그들이 죽였거나 악을 가한 희생자들의 이름을 부르며 그들을 가엾게 여기고 친절을 베풀어서 호수에 들어갈 수 있도록 도와달라고 애걸하게 되네. 그리고 만일 그들의 애원이 받아들여지면 그들은 그곳에서 나와 고통을 면하게 되네. 그러나 그렇지 못하면 다시 타르타로스로 보내져서 그들이 악행을 가한 사람의 자비를 얻을 때까지, 다시 여러 강을 끊임없이 흘러 다니네. 이것이 그들의 재판관이 내린 판결이기 때문이야. 뛰어나게 거룩한 생활을 한 사람들은 이 지상의 감옥에서 풀려나 저세상에 있는 순수한 집으로 가서 더 순수한 땅에서 살게 되네. 이 사람들 가운데서 철학을 통해 자기 자신을 올바르게 정화한 사람들은 그 후부터는 전혀 육체 없이 아주 아름다운 집에서 살게 되네. 이 집을 설명한다는 것은 쉽지 않고 게다가 지금은 설명할 시간도 없는 것 같네.

그런데 심미아스, 앞에서 말한 모든 것을 생각할 때 우리는 이 인생에서 덕과 지혜를 얻기 위해 못할 일이 없지 않은가? 보상은 아름답고 희망은 크지 않은가!

분별력이 있는 사람이라면 내가 앞에서 영혼과 그 집에 대해 설명한 것이 꼭 사실이라고 말해서는 안 되며, 또한 나 자신도 확신하는 것은 아니네. 그러나 영혼이 죽지 않는 것임이 증명된 이상, 그는 앞에서 말한 것이 옳다고 생각하는 모험을 하더라도 타당하지 못하거나 가치 없는 일은 아니라고 나는 말하겠네. 모험은 유쾌한 것인 만큼 그는 이러한 말로써 스스로를 위안해야 할 거야. 내가 길게 이야기한 까닭도 여기에 있네. 그러므로 육체의 쾌락과 장식은 그에게는 이질적인 것이고 유익하기보다는 오히려 해가 된다고 하여 이를 물리치고 지식의 쾌락을 추구해온 사람은, 자기 자신의 영혼에 갈채를 보내도 좋다고 나는 말하고 싶네. 그리고 이러한 사람은 자기의 영혼을 이질적인 장식물이 아니라 영혼 자신의 보석, 즉 절제와 정의와 용기와 숭고함과 진리로 단장해온 것이네. 이러한 것으로 장식되었기 때문에 영혼은 때가 오면 서슴지 않고 저승으로 가는 여행에 나서게 되네. 심미아스와 케베스여, 자네들과 다른 모든 사람도 언젠가는 떠나야 하네. 비극 시인이 말하는 것처럼 운명의 소리가 이미 나를 부르고 있네. 곧 나는 독약을 마셔야 하네. 그래서 우선 나는 여자들이 내가 죽은 다음에 내 시체를 씻느라 고생하지 않도록 목욕을 하는 것이 좋겠어."

소크라테스가 말을 마치자, 크리톤은 말했습니다. "그러면 소크라테스, 우리에게 부탁할 말은 없나? 자녀에 대해서나 우리가 해줄 수 있는 다른 문제에 대해서든지……."

소크라테스는 대답했습니다. "크리톤, 특별히 부탁할 것은 없네. 오직 한 가지, 내가 자네들에게 늘 말한 것처럼 자기 자신을 돌보게. 그렇게 하겠다고 약속하든 않든 간에 이것이 나와 나의 가족과 우리 모두에게 이바지하는 길일세. 그러나 자네들이 자기 자신을 생각하지 않고, 내가 자네들에게 권고한 길을 따라서 걸어가지 않으려고 한다면, 지금 처음으로 하는 말은 아니지만, 순간적으로 아무리 많은 공언을 하고 약속을 하더라도 아무 소용이 없을 걸세."

"우리는 최선을 다하겠네"라고 크리톤은 말했습니다. "그런데 자네를 어떤 방식으로 묻어줄까?"

"자네가 좋아하는 방식대로. 그러나 자네는 나를 꽉 잡고 내가 달아나지 않도록 조심해야 할 걸세." 이렇게 말하고 나서 소크라테스는 우리를 돌아보며 웃음을 띠고 덧붙였습니다. "나는 크리톤으로 하여금 여기 있는 내가 지금까지 이야기를 했고 토론을 주도해온 동일한 소크라테스임을 믿게 할 수가 없군. 그는 조금 있다가 시체로 보게 될 다른 소크라테스가 나라고 생각하고 있네. 그래서 그는 나를 어떻게 묻으면 되겠느냐고 묻는 거야. 나는 독약을 마시고 자네들 곁을 떠나 축복받은 사람들과 기쁨을 나누기 위해 간다는 것을 보여주고자 숱한 말을 했건만 이런 말들이 크리톤에게는 소용이 없었던 것 같아. 이런 말로 자네들과 나 자신을 달래기는 했지만. 따라서 법정에서는 재판관들에게 그가 나를 위해 보증인이 되어주었거니와, 지금은 자네들이 나를 위해 그에 대한 보증인이 되어주길 바라네. 그러나 이번의 보증은 전번과는 다른 거야. 전번에는 그는 내가 틀림없이 있으리라는 것을 재판관에게 보증했지만, 이번에는 자네들이 나는 머물러 있지 않고 떠나버린다는 것을 그에게 보증해주어야 하기 때문이야. 그래야만 나의 죽음을 보아도 그는 덜 괴로워할 것이며, 내 시체가 화장되거나 매장되는 것을 보더라도 슬퍼하지 않을 걸세. 나는 내가 무서운 일을 당하는 것을 보고 그가 슬퍼하는 것을 바라지 않으며, 또한 매장할 때 '소크라테스를 입관시키자'든가, '무덤까지 소크라테스를 따라가자'든가, '소크라테스를 묻자'고 말하는 것을 바라지 않네. 바른 말을 하지 않는 것은 그 자체가 나쁠 뿐 아니라 영혼에도 나쁜 영향을 끼치기 때문이네. 친애하는 크리톤, 기운을 내게. 그리고 자네는 오직 내 육체를 묻는 데 지나지 않는다고 말하게. 그리고 관례에 따라 자네가 가장 좋다고 생각하는 방식으로 묻어주게."

　소크라테스는 이 말을 마치고 일어나 목욕을 하러 방으로 들어갔습니다. 크리톤은 그를 따라 들어가며 우리에게 기다리라고 말했습니다. 그래서 우리는 그대로 있으면서 지금까지 토론해온 것에 대해, 그리고 우리의 슬픔이 얼마나 큰지에 대해 이야기하며 생각에 잠겼습니다. 소크라테스는 마치 우리의 아버지와 같았는데 이제 우리는 그를 여의고 여생을 고아처럼 지내게 된 것입니다. 그가 목욕을 마치자, 그의 자식들이 그를 만나러 왔습니다(그에게는 어린 아들 두 명과 장성한 아들이 한 명 있었습니다). 그리고 집안의 부인들도 왔습니다. 그는 크리톤이 있는 자리에서 그들과 몇 마디 말을 나누고 몇 가지 지시를 했습니다. 그들을 보낸 다음에 그는 우리가 있는 곳으로 되돌아왔습니다.

　그가 방 안에 있는 동안에 상당한 시간이 흘렀기 때문에 이제 해가 질 시간이 가까워졌습니다. 목욕을 마치고 나와서 그는 다시 우리와 함께 앉아 있었지만, 말은 별로 하지 않았습니다.

　곧 11집행위원의 하인인 간수가 들어와서 그의 옆에 서서 말했습니다. "소크라테스, 저는 당신이 이곳에 온 모든 사람 중에서 가장 고상하고 가장 점잖으며, 가장 훌륭한 분임을 알고 있습니다. 저는 당신에게는 다른 사람들에 대해서처럼 화를 내지는 않겠습니다. 다른 사람들은 제가 상관의 명령에 복종하여 독약을 마시라고 명령하면 제게 화를 내고 저주합니다. 당신은 제게 화를 내시지는 않으리라고 확신합니다. 당신도 아시다시피 비난을 받을 사람은 제가 아니라 다른 사람들인 것입니다. 그러면 안녕히 가십시오. 운명의 짐을 가볍게 감당하시기 바랍니다. 제가 무슨 심부름을 왔는지 아실 테니까 드리는 말씀입니다."

말을 마치고 간수는 눈물을 흘리며 돌아서서 나갔습니다.

소크라테스는 간수를 바라보며 말했습니다. "자네도 잘 있게. 나도 편안한 마음으로 가겠네." 그러고 나서 우리를 돌아보며 말했습니다. "참 좋은 사람이야. 내가 감옥에 들어온 이후로 그는 늘 나를 찾아와서 때때로 나하고 이야기를 나누었네. 그는 참으로 나에게 친절했어. 그리고 보게, 지금도 나를 위해서 진심으로 눈물을 흘리지 않는가. 크리톤, 우리는 그가 하라는 대로 해야만 하네. 자, 그럼 독약이 준비되었거든 잔을 가져오라고 하게. 아직 준비가 안 되었으면 담당자에게 준비하라고 하게."

크리톤은 말했습니다. "그러나 태양은 아직도 산마루에 있네. 그리고 대부분의 사람들은 시간이 훨씬 지난 다음에야 약을 마신다는 것을 나는 알고 있네. 약을 마시라는 통고를 받은 후에도 먹고 마시며 사랑하는 사람과 함께 즐기네. 서두르지 말게. 아직도 시간은 충분하네."

소크라테스는 말했습니다. "알았네, 크리톤. 자네가 지금 말한 사람들은 그렇게 행동하는 것이 당연하겠지. 그들은 지연함으로써 얻는 것이 있다고 생각할 테니까. 그러나 내가 그들의 예를 따르지 않는 것이 올바를 걸세. 나는 독약을 조금 늦게 마셨다고 해서 무슨 이익이 있으리라고는 생각하지 않기 때문이네. 이미 죽은 목숨을 조금 더 살려두고 아까워하면 내 눈에도 웃음거리로밖에는 보이지 않을 걸세. 제발 내 말대로 하게. 내 말을 거부하지 말게."

크리톤은 옆에 서 있는 하인에게 신호를 했습니다. 하인은 밖으로 나갔다가 잠시 후에 독배를 든 간수와 함께 돌아왔습니다. 소크라테스는 말했습니다. "나의 좋은 친구여, 자네는 이 일에 경험이 많을 테니 내가 어떻게 하면 되는지 가르쳐주게."

간수는 대답했습니다. "다리가 무거워질 때까지 걷기만 하면 됩니다. 다리가 무거워지면 누우십시오. 독약이 효과를 내기 시작할 것입니다."

말을 마치자 그는 잔을 소크라테스에게 주었습니다. 에케크라테스, 소크라테스는 태연하고 온화한 태도였고 조금도 두려운 빛을 나타내지 않았으며, 안색이나 표정이 변하지도 않았습니다. 그는 평상시와 마찬가지로 눈을 크게 뜨고 간수를 바라보며 잔을 들고 말했습니다. "이 잔에서 어떤 신에게 헌주를 하면 안 될까? 가능한가, 아닌가?"

간수는 대답했습니다. "소크라테스, 우리는 적당하다고 생각하는 양만을 준비합니다."

소크라테스는 말했습니다. "알았네. 그러나 이 세상에서 저세상으로 가는 여행이 편안하도록 신에게 기도는 드릴 수 있을 테고 또 기도를 드려야만 해. 이것을 기도드리자. 내 기도대로 이루어지리라."

그러고 나서 잔을 입술에 대고 그는 아주 태연하고 유쾌하게 독약을 마셨습니다. 그런데 이때까지 우리는 대부분 슬픔을 억누를 수 있었습니다. 그러나 이제 그가 독약을 마시기 시작하는 것을 보고, 또 독약을 다 마셔버린 것을 보고 나서 우리는 더는 참을 수 없었습니다. 나도 모르게 눈물이 줄줄 흘러내렸습니다. 그래서 나는 얼굴을 가리고 울음을 터뜨렸습니다. 소크라테스를 위해서라기보다는 오히려 이러한 벗과 헤어지는 나 자신의 불운을 생각하고 울었던 것입니다. 그러나 내가 제일 먼저 운 것은 아니었습니다. 크리톤은 눈물을 억제할 수 없게 되자 일어나서 밖으로 나갔고, 나는 그 후에 울음을 터뜨렸으니까요. 그런데 그 순간에 줄곧 울고 있던 아폴로도로스가 큰 소리로 처절하게 통곡하기 시작해서 우리는 모두 마음이 약해졌습니다. 소크라테스만 침착하더군요.

"이 이상한 울음소리는 무언가? 내가 여자들을 내보낸 것은 주로 이런 부끄러운 행동을 못 하게 하기 위해서였네. 나는 사람은 조용히 죽어야 한다는 말을 들었기 때문이야. 그러니 조용히 참게"라고 소크라테스는 말했습니다.

우리는 이 말을 듣고 부끄러워서 눈물을 삼켰습니다. 그는 이리저리 걸어 다니다가 다리의 힘이 없어지기 시작한다고 말하고는 드러누웠습니다. 간수가 가르쳐준 대로 한 것입니다. 소크라테스에게 독약을 준 간수는 가끔 그의 다리와 발을 바라보았습니다. 그리고 잠시 후에 간수는 그의 발을 세게 누르면서 감각이 있느냐고 소크라테스에게 물었습니다. 그는 "없다"고 대답했습니다. 간수는 그다음에 다리를 눌러보고 차츰 위로 올라가면서 눌러보더니 몸이 차가워지고 굳어진다고 시늉으로 알려주었습니다. 그리고 소크라테스 자신도 이것을 느끼고 말했습니다. "독이 심장에까지 미치면 마지막이네." 하반신이 차가워지기 시작했을 때 소크라테스는 얼굴을 가린 것―그는 얼굴을 가리고 있었습니다―을 들치고 말했습니다. 이것이 그의 마지막 말이었습니다. "크리톤, 나는 아스클레피오스[45]에게 닭 한 마리를 빚졌네. 기억해두었다가 빚을 갚아주겠나?"라고 그는 말했습니다.

---

45 Asklepios : 의학의 신. 소크라테스가 닭 한 마리를 아스클레피오스에게 빚졌다고 한 말에 대해서는 세 가지 해석이 있다. 첫째는 의술의 신 아스클레피오스에게 닭 한 마리를 헌납하라고 했다는 것이고, 둘째는 아스클레피오스라는 실제 인물이 있었다는 것이고, 셋째는 순전한 농담에 지나지 않는다는 것이다.

"꼭 갚아주겠네. 더 할 말이 없나?"라고 크리톤이 말했습니다. 이 물음에는 대답이 없었습니다. 그러나 1, 2분 후에 몸이 약간 움직였습니다. 간수가 얼굴을 가린 것을 벗겨냈습니다. 소크라테스의 눈은 움직이지 않았습니다. 크리톤은 그의 눈을 감기고 입을 다물게 했습니다.

에케크라테스, 이것이 우리 벗의 최후였습니다. 이 벗에 대해서 나는 진심으로 당대에 내가 알고 있는 모든 사람 가운데서 가장 현명하고 가장 올바르고 가장 훌륭한 사람이었다고 말할 수 있습니다.

향연

대화 속에 나오는 인물
아폴로도로스와 이름이 밝혀지지 않은 그의 친구 아폴로도로스는 이 친구에게
이 대화편에 나오는 대화를 간접적으로 말한다. 아폴로도로스는
소크라테스의 제자인 아리스토데모스에게 이 대화를 들었다.
아가톤 그의 집에서 잔치를 연 비극 시인
소크라테스
아리스토데모스
파이드로스 문필가
파우사니아스 아가톤의 애인
에릭시마코스 의사
아리스토파네스 희극 시인
알키비아데스 재기 발랄하고 방종하고 악명 높으며 당시 아테네에서
권력의 정상에 있던 사람

장면
아가톤의 집

아폴로도로스 자네가 알고 싶어 하는 일에 대해서 나는 이미 말한 적이 있네. 그저께 팔레론[1]에 있는 우리 집에서 시내로 들어올 때, 한 친구가 나의 뒷모습을 알아보고 농담 섞인 목소리로 소리쳤네.

"이봐, 자네, 팔레론의 아폴로도로스, 잠깐 기다리게. 그럴 수 없나?"

나는 그가 따라올 때까지 걸음을 멈추고 기다리고 있었네.

"자네를 찾아다니고 있던 참일세, 아폴로도로스"라고 그는 말했네. "소크라테스와 알키비아데스와 그 밖의 사람들이 모인 아가톤의 잔치에서 무슨 일이 있었으며 사랑의 문제에 대해서는 어떤 말을 했는지 알고 싶네. 나는 어떤 사람한테서 이미 듣기는 했네. 그 사람은 필리포스의 아들 포이니코스한테서 들었다고 하더군. 그는 분명한 설명을 하지 못했지만, 자네도 이 일에 대해 알고 있다고 말하더군. 그러니 제발 들려주게. 소크라테스는 자네 친구이니, 친구의 연설을 자네보다 더 잘 전해줄 사람은 없을 걸세. 우선 자네는 그 잔치에 참석했는가?"

"분명한 설명을 듣지 못한 게 틀림없군" 하고 나는 대답했네. "자네

---

[1] 아테네에서 서남쪽으로 약 4킬로미터 거리에 있는 옛 항구.

가 알고 싶어 하는 잔치가 최근에 열렸고 또한 내가 거기에 참석했다고 알고 있다면."

"나는 분명히 그렇게 생각하고 있었네."

"여보게, 글라우콘, 어떻게 그런 생각을 할 수 있나? 아가톤이 아테네를 떠난 지 여러 해가 지났고 내가 소크라테스와 사귀면서 날마다 그가 무슨 말을 하는지 알려고 하는 것을 나의 주된 일로 삼다시피 한 것이 불과 3년밖에 되지 않는다는 사실을 자네는 모르나? 그전에 나는 아주 형편없이 살았고 어디서나 잘난 체하기는 했지만, 사실 나는 상상하기도 어려울 만큼 불쌍한 놈이었네. 지금의 자네만큼 불쌍한 놈이었지. 게다가 인간이 전념해야 할 일 중에서 가장 보잘것없는 일이 지혜의 추구라고 믿고 있었네."

"조롱은 그만하게"라고 그는 대답했네. "그 잔치가 언제 열렸는지 말해주게."

"우리가 아직 소년이었을 때의 일일세"라고 나는 말했네. "아가톤이 그의 첫 번째 비극으로 상을 타던 해의 일이니까. 그의 극단원들이 그의 승리를 축하하는 감사의 제물을 바친 다음 날에 그 잔치가 열렸네."

"그렇다면 아주 오래전의 일이군. 누가 자네에게 그 이야기를 해주었나? 소크라테스인가?"

"천만에, 그렇지 않네"라고 나는 말했네. "사실은 포이니코스에게 말해준 바로 그 사람이야. 키다테나이온[2]의 아리스토데모스라는 사람이지. 언제나 맨발로 다니는 키가 작은 사람일세. 내가 생각하기에 그는

---

2 아테네 시내의 아크로폴리스 남쪽에 있는 지역 이름.

당시 소크라테스를 가장 숭배하던 사람들 중 한 사람이었기 때문에 그 잔치에 참석했네. 그러나 아리스토데모스에게서 들은 이야기 가운데서 특별한 일에 관해서는 내가 직접 소크라테스에게 물어보았고, 소크라테스는 그 사람의 설명을 확인해주었네."

"그렇다면 왜 나를 궁금하게 만들고 있나? 우리는 시내로 나가는 길이니 이야기를 나누기에는 좋은 기회가 아닌가?"

그래서 우리는 함께 걸으면서 그 잔치에 대해 이야기를 나누었고, 따라서 내가 처음 말한 것처럼 나는 이 이야기를 할 준비가 되어 있네. 그리고 자네가 그 이야기를 듣기를 갈망한다면, 나는 자네 뜻에 따라야 마땅하다고 생각하네. 사실상 내게 이익이 된다는 생각은 제쳐놓더라도, 철학의 문제들에 대해서 나 자신이 말하거나 다른 사람들이 하는 말을 들을 때, 나는 각별한 즐거움을 느끼네. 그러나 다른 종류의 이야기들, 특히 자네 같은 부유한 상인들이 하는 말들은, 그것이 어떤 것이든 간에 나를 불쾌하게 만들고 나와 함께 있는 자네 같은 사람들을 동정하게 만드네. 실제로는 아무것도 이루는 일이 없을 때도 자네들은 굉장한 일을 하고 있는 것처럼 생각하기 때문일세. 자네들은 나름대로 나를 불쌍한 사람으로 생각할 것이고 어쩌면 자네들이 옳을지도 모르지만, 자네들에 대한 나의 감정은 의견과 관계되는 것이 아니라 지식과 관계되는 것이네.

친 구 자네는 변함이 없군, 아폴로도토스. 자네는 변함없이 자기 자신이나 다른 사람들을 비난하고 있네. 내가 아는 한에서 자네는 소크라테스를 제외하고는 자네를 비롯해서 이 세상 모든 사람이 불쌍하다고 믿고 있네. 자네가 어디서 광신자라는 별명을 얻었는지는 정확하게 알지 못하지만, 어쨌든 자네의 말에는 언제나 광기가 있네. 자네는 소크라테스를 제외하고는 자네를 포함해서 모든 사람에게 격분을 느끼고 있네.

아폴로도로스 여보게, 나 자신이나 자네들에 대해서 그런 의견을 고수한다는 점에서 내가 광신적이고 이상하다는 것은 아주 명백한 일이 아니겠나?

친 구 지금은 그 문제에 대해서 더는 말하지 말기로 하세, 아폴로도로스. 우리의 요청에만 마음을 써서 그날의 대화를 자세히 말해주게.

아폴로도로스 그렇게 하기로 하세. 대충 다음과 같았네. 그러나 아리스토테모스가 내게 말해준 대로 처음부터 모든 일을 말하는 것이 낫겠군.

아리스토테모스에 따르면, 그가 막 목욕을 마치고 나오는 소크라테스를 만났는데 신발까지 신고 있었다는군. 이 두 가지 일은 그에게는 아주 드문 일이어서, 그렇게 말쑥하게 차려입고 어디로 가시는 길이냐고 물었네.

"아가톤의 집으로 저녁을 먹으러 가는 길이야. 어제는 승리 축하연에 오라는 초대를 받았지만 사람들이 많이 몰려드는 것이 싫어서 가지 않았네. 그러나 오늘은 가겠다고 약속을 했어. 내가 말쑥하게 차려입은 것은, 잘생긴 사람을 찾아갈 때는 이쪽도 가장 멋지게 보여야 한다고 생각하기 때문일세." 그러고는 덧붙여서 말했네. "자네는 초대를 받진 않았지만, 함께 갈 생각이 없나?" 그의 뜻에 따르겠다고 나는 대답했네.

"그럼 같이 가세"라고 그분은 말했네. "'좋은 사람이 베푼 잔치에는 초대를 받지 않았더라도 좋은 사람들이 몰려든다'[3]는 옛말을 우리 나

---

3 속담이 원래 어떤 것이었는가에 대해서는 이론이 많다. 조웻(Jowett)의 번역본에는 '양반은 상놈의 잔치에 불청객으로 가도 좋다'는 의미의 속담이 삽입되어 있다. 여기에 옮겨놓은 속담의 형태에서는 'Agathon'과 'agathôr'(agathos(좋은)의 2격 복수)가 같다는 점을 이용한 말장난이 있다.

름대로 바꾸면 되지. 조금만 바꾸면 되니까. 사실상 호메로스가 이 속담을 역이용했을 뿐 아니라, 실제로 여기기도 한 것 같아. 그의 아가멤논은 아주 뛰어난 병사이지만 메넬라오스는 '겁쟁이 전사'였네. 그렇지만 아가멤논이 제물을 바치고 그의 친구들을 대접했을 때, 메넬라오스는 주인보다는 훨씬 못한 사람인데도 불청객으로서 참석했네."

이 말을 듣고 나는 대답했네. "호메로스가 그려놓은 장면은 선생님보다 저에게 더 잘 들어맞을 것 같아서 겁이 납니다, 소크라테스 선생님. 보잘것없는 사람이 현자의 잔치에 불청객으로 가는 셈이지요. 저를 데려가시려면, 어떤 구실을 생각해주셔야 하겠습니다. 저는 불청객으로 왔다는 것을 인정하고 싶지 않거든요. 선생님이 저를 초대하셨다고 말하겠습니다."

"가면서 생각하기로 하세"라고 그분은 말했네. "어떤 구실을 댈 것인가를 결정하는 데는 한 사람의 머리보다는 두 사람의 머리가 낫겠지."

이런 대화를 나눈 다음, 우리는 걸어가기 시작했네. 그러나 소크라테스 선생님은 깊은 생각에 잠겨서 뒤처졌고, 내가 그분을 기다리고 있을 때, 그분은 내게 혼자서 먼저 가라고 말했네. 아가톤의 집에 도착했을 때 문은 열려 있었고, 나는 아주 우스운 처지에 놓이게 되었네.

문에서 만난 하인은 나를 방으로 안내했고, 그 방에서는 손님들이 테이블 앞에 앉아서 막 식사를 시작하려는 참이었지. 아가톤은 나를 보자마자 소리쳤네. "때맞춰 잘 왔네. 함께 식사나 하세, 아리스토데모스. 다른 볼일이 있어서 왔다면, 그 일은 잠시 뒤로 미루게. 어제 자네를 초대하려고 찾아다녔는데 어디서도 만날 수가 없었네. 그런데 왜 소크라테스 선생님을 모시고 오지 않았나?"

나는 주위를 살펴보았으나, 소크라테스 선생님은 보이지 않았네. 그래서 물론 그분과 함께 왔으며 그가 나를 초대했다고 나는 말했지.

"잘된 일이야"라고 아가톤은 말했네. "그런데 소크라테스 선생님은 어디 계신가?"

"방금 나를 따라오고 계셨는데. 도대체 어찌 된 일인지 알 수가 없군."

"나가서 살펴봐라" 하고 아가톤은 하인에게 말했네. "소크라테스 선생님을 모셔와. 그리고 자네, 아리스토데모스는 에릭시마코스 옆에 앉게."

나를 안내한 하인이 내가 앉기 전에 발 씻을 물을 갖다주었고, 또 다른 하인이 와서 그분은 이웃집 현관 앞에 꼼짝도 하지 않고 서 있으며 들어가시자고 아무리 간청을 해도 들은 체도 하시지 않는다고 말했네.

"이상한 일도 다 있군" 하고 아가톤은 말했네. "다시 가서 들어오시라고 하고, 들어오시지 않겠다는 대답을 듣고 돌아오면 안 돼."

"그러지 말게"라고 나는 말했네. "방해하지 말고 혼자 계시도록 하게. 그게 그분의 버릇이야. 그분은 가끔 혼자 외딴곳으로 가셔서 무슨 일이 일어나든 꼼짝 않고 서 계시네. 틀림없이 곧 오실 걸세. 그분을 방해하지 말고 혼자 계시도록 하게."

"좋아, 자네가 그렇게 생각한다면" 하고 아가톤은 말했네. 그러고 나서 하인에게 일렀네. "어쨌든 여기 계신 분들에게는 음식을 드려라. 너희를 간섭할 사람은 하나도 없을 테니 너희 마음대로 차려보아라. 전에는 한 번도 없던 일이기는 하지만. 그러니 이번에는 다른 분들은 말할 것도 없고 나도 너희의 손님이라고 생각하고 칭찬받을 만큼 대접을 해봐라."

그 후에 우리는 식사를 시작했지만, 그때까지도 소크라테스는 오지 않았네. 아가톤은 몇 번이고 그를 부르러 하인을 보내려고 했으나 내가 말렸네. 마침내 그가 왔네. 평소의 그를 생각한다면 그렇게 늦은 것도 아니었네. 우리가 음식을 반쯤 먹었을 때였으니까. 마침 아가톤은 맨 끝의 테이블에 혼자 앉아 있다가[4] 소리쳤네. "이리 오셔서 제 옆에 앉으세요, 소크라테스 선생님. 가까이 오셔서 이웃집 현관에서 깨달으신 일을 제게도 나누어 주십시오. 분명히 선생님은 선생님의 문제에 대해 해답을 얻으셨을 것이고 문제를 말끔히 해결하셨을 겁니다. 그렇지 않다면 해답을 얻으실 때까지 꼼짝도 하지 않으셨을 테니까요."

소크라테스는 앉아서 말했네. "지혜가 물 같아서 몸의 접촉을 통해 더 많은 지혜를 가진 사람에게서 지혜를 덜 가진 사람에게 흘러들어간다면 아주 멋질 거야, 아가톤. 마치 두 개의 잔 중에서 물이 가득 찬 잔의 물이 덜 차 있는 잔으로 털실을 통해 흘러들어가는 것처럼 말일세. 이것이 지혜에도 해당된다면 나는 자네 옆에 앉는 특권을 아주 높이 평가하겠네. 자네의 철철 넘치는 가장 훌륭한 지혜가 내 몸에 가득 차게 될 것이 틀림없으니까. 내가 가진 지혜란 보잘것없고 꿈과 다름이 없지만, 자네의 지혜는 찬란하고 앞으로 더욱더 찬란해질 걸세. 자네는 아직도 젊고, 그저께는 3만 명 이상의 그리스 사람들 앞에서 그 지혜가 현란하게 번쩍이는 것을 보지 않았는가."

---

[4] 그리스의 디너파티에서는 손님들은 카우치(couch)에 팔꿈치를 얹고 기대었으며, 한 카우치를 두 사람이 사용했다. 오직 여자들만이 의자에 앉아서 식사를 했고, 점잖은 여자는 파티에 참석하지 않았다. 음식은 작은 테이블에 차려서 갖고 다녔다. 상석은 왼쪽에 놓여 있는 카우치였고, 오른쪽 카우치는 주인이 차지했다. 아가톤은 오른쪽 카우치에 혼자 앉아 있다가, 소크라테스가 그의 오른쪽에 앉게 된 것이다. 알키비아데스는 더 늦게 와서 앉을 자리가 없자, 아가톤과 소크라테스 사이에서 카우치에 기대앉았다. 이 세 사람이 앉은 순서(아가톤-알키비아데스-소크라테스)는 이 대화편의 마지막 장면을 이해하는 데 중요하다.

"그만 놀리세요, 소크라테스 선생님" 하고 아가톤은 대답했네. "누가 더 지혜가 있는지에 대한 선생님과 저의 주장은 잠시 후에 결말을 내기로 하지요. 술의 신 디오니소스가 선생님과 저에 대해서 판결을 내려주겠지요. 우선 식사를 하세요."

소크라테스가 자리를 잡고 다른 사람과 함께 식사를 시작하자 우리는 제삿술을 뿌리고 술의 신을 찬양하는 노래를 불렀으며, 이런 경우에 하는 관습적인 모든 의식을 치렀고, 그다음에 우리는 술을 마시기 시작했네.[5] 이때 파우사니아스가 먼저 말을 시작했네. "자, 여러분, 가장 편한 음주의 규칙은 무엇일까요? 나는 어제 폭음을 해서 녹초가 되었고 그래서 쉬고 싶다는 말을 해도 괜찮으리라고 생각합니다. 여러분도 마찬가지일 것이라고 생각합니다. 여러분도 어제 이 자리에 계셨으니까요. 그러므로 가장 편하게 술을 마실 수 있는 규칙이 무엇인지 토론해봅시다."

"자네 말이 옳아, 파우사니아스"라고 아리스토파네스가 말했네. "가볍게 마시자는 제안에 찬성이야. 나도 어제 대취했던 사람들 중 하나일세."

"나도 대찬성이야"라고 아쿠메노스[6]의 아들인 에릭시마코스가 파우사니아스와 아리스토파네스의 말을 듣고 말했네. "그러나 그 사람이 어떻게 생각하는지 의견을 듣고 싶은 사람이 아직 한 사람 남아 있네.

---

[5] 심포지온(Symposion, 영어로는 Symposium은 그리스 말로 잔치라는 의미)은 이에 앞선 만찬과는 구별되며 정해진 규칙에 따라 진행된다. 심포지온에는 일반적으로 전문적인 음악가와 무희들에 의한 여흥도 포함된다. 술을 마시는 것은 적어도 처음에는 형식에 따르고 주재하는 사람에 의해 통제된다. 주재하는 사람은 술에 어느 정도의 물을 타고 어느 정도로 마실지 결정한다. 이것이 파우사니아스가 시작한 토론의 요점이다. 만찬이 끝나면서 세 번의 제주를 뿌리는데, 그것은 각기 올림포스의 제우스, 영웅들, 그리고 구세주 제우스에게 바치는 것이고, 제주에 이어 전통적인 노래를 부른다.

[6] Akumenos : 아테네의 유명한 의사.

자네는 어느 정도 마실 수 있겠나, 아가톤?"

"약간"이라고 아가톤은 대답했네. "정말로 아주 약간일세."

"우리에게는 얼마나 반가운 말인가"라고 에릭시마코스는 말했네. "나와 아리스토데모스와 파이드로스와 그 밖의 우리 친구를 말하는 것일세. 우리 중에서는 가장 센 자네가 손을 들다니. 우린 결코 자네의 상대가 될 수는 없네. 나는 소크라테스 선생님까지 포함한 것은 아닐세. 적당히 마시든 많이 마시든, 그분에게는 마찬가지야. 그리고 어느 쪽을 선택하든 그분은 만족하실 거야. 그런데 여기에는 폭음을 하려는 사람은 한 사람도 없으니 내가 폭음에 대한 진실을 말하더라도 용서해줄 것 같군. 내 의학상 경험으로 보아 나는 술에 취한다는 것이 해롭다는 것을 믿게 되었네. 그래서 나는 나 자신이 많이 마시려고 하지 않을 뿐 아니라 다른 사람에게도 권하지 않네. 특히 숙취가 덜 깬 사람에게는."

여기서 미리누스[7]에서 온 파이드로스가 끼어들었네. "옳은 말이야. 나는 언제나 자네의 충고를 들어왔고 특히 의학 문제에서는 그러하네. 그리고 다른 사람들도, 그들이 현명하다면, 이번만은 자네의 충고에 따를 것이네." 이 말을 들은 다음 이 잔치에서는 취할 때까지 마시지 말고 거나할 정도로만 마시기로 모든 사람이 동의했네.

"그런데 각자가 원하는 만큼만 마시고 강제로 권하지는 않기로 결정을 보았으니, 나는 여기에 덧붙여서 한 가지 제안을 하겠네"라고 에릭시마코스가 말했네. "방금 들어온 피리 부는 소녀를 내보내세. 밖에 나가서 혼자 피리를 불거나, 또 원한다면 이 집 여자분들에게 들려주도록

---

7   아티카의 한 행정구역.

하고. 오늘은 우리끼리 서로 대화를 나누며 즐겼으면 하네. 무엇을 대화의 주제로 삼을지 묻는다면, 나는 이에 대해서도 제안할 것이 있네, 물론 여러분이 찬성한다면."

모든 사람이 들어보자고 하며 말을 계속하라고 재촉했네. "나는 에우리피데스의 《멜라니페》의 말[8]을 인용하는 것으로 내 말을 시작하겠네"라고 그는 말했지. "즉 '그 이야기는 나의 것이 아니다'라는 말로서, 내가 지금 말하려는 것이 바로 이런 것이네. 그것은 파이드로스에 속하는 것일세. 그는 화가 나서 늘 나에게 이렇게 말했네. '에릭시마코스, 다른 신들에게는 시인들이 찬송가와 찬양의 노래를 지어서 바치면서도, 그렇게 오래되고 강력한 사랑의 신 에로스에 대해서는 그 많은 시인 가운데서 단 한 사람도 단 한 편의 찬가를 지은 일이 없다는 사실은 부끄러운 일이 아닌가? 또는 우리의 전문적인 교육자들,[9] 예컨대 뛰어난 프로디코스를 들어 생각해보세. 그들은 헤라클레스에 대해 산문으로 찬사를 썼네. 이것은 어쩌면 놀랄 만한 일이 아닐지도 모르지만, 나는 얼마 전에 어떤 현명한 사람이 소금의 유용성에 대해 놀라운 찬가를 쓴 책을 우연히 읽었고, 여러분도 이런 대접을 받은 많은 다른 것을 찾아낼 수 있을 것일세. 그러나 애석한 것은, 이러한 것에 대해서는 야단법석을 떨면서도 지금까지 사랑의 신을 합당한 말로 찬양할 만한 용기를 가진 사람이 하나도 없었다는 사실이야. 이 위대한 신은 완전히 무시되고 있어.' 파이드로스가 옳다고 나는 생각하네. 그러므로 나는 사랑의

---

8 그리스의 3대 비극 시인 가운데 최후의 시인인 에우리피데스에게는 《현명한 멜라니페》와 《옥중의 멜라니페》라는 작품이 있는데, 이 말은 후자에 나오는 것이다.
9 소피스트들을 말하며, 프로디코스도 헤라클레스를 찬양한 소피스트 중 한 사람이다.

신에게 찬양을 바쳐서 그를 만족시켰으면 하네. 또한 지금 여기에 모인 사람들이 사랑의 신을 찬미하는 것은 아주 적절한 일이라고 생각하네. 만일 여러분이 내 제안에 동의한다면, 우리는 대화를 나누는 것으로 충분할 거야. 나의 제안은 왼쪽에서 오른쪽으로 돌아가면서 우리 모두가 사랑을 찬미하는 최선의 연설을 하자는 것이고, 파이드로스가 먼저 시작했으면 좋겠다는 것일세. 그는 가장 왼쪽에 앉아 있을 뿐 아니라 이 문제를 처음으로 생각해 낸 사람이니까."

"자네 제안에 반대하는 사람은 하나도 없을 걸세, 에릭시마코스"라고 소크라테스는 말했네. "나는 분명히 반대하지 않을 걸세. 나는 내가 아는 유일한 문제가 사랑이라고 선언했으니까. 또한 아가톤과 파우사니아스도 반대하지 않으리라고 믿으며 아리스토파네스도 반대하지 않을 것일세. 그가 하는 일은 디오니소스와 아프로디테를 다루는 일뿐이니까. 또한 그 밖의 여기 있는 다른 사람들도 반대하지 않을 걸세. 물론 말석에 앉아 있는 우리에게는 이 제안이 공평하지 못하지만, 우리보다 먼저 연설을 하는 사람들이 멋진 연설을 한다면, 우리는 개의치 않겠네. 파이드로스부터 사랑을 찬양하는 연설을 시작하기로 하세. 그에게 행운을 비네."

다른 모든 사람도 소크라테스의 말에 동의하고 파이드로스에게 먼저 시작하라고 요청했네. 아리스토데모스는 거기 있던 사람들이 각기 무슨 말을 했는지 기억하지 못했고, 나도 아리스토데모스가 한 말을 모두 기억하지 못하네. 그러나 각자의 연설 중에서 가장 중요한 점, 내가 기억해둘 만하다고 생각했던 점은 말해주겠네.

내가 이미 말한 것처럼, 파이드로스가 먼저 연설을 시작했다고 아리스토데모스는 말했네. 사랑의 신 에로스는 위대한 신이고, 여러 이유로 인간과 신들에게 존경을 받고 있으며 그 출생 또한 같다는 말로써 시작했네. 에로스가 모든 존재 가운데서 가장 오래된 존재여야 한다는 것이 존경받을 만한 자격이라고 말하면서 그는 다음과 같이 연설을 이어갔네.

"그런데 이 점에 대한 증거로서 나는 에로스에게는 부모가 없다는 사실, 그리고 어떤 문필가도 시로든 산문으로든 그의 부모에 대해 말한 적이 한 번도 없다는 사실을 지적할 수 있다네. 헤시오도스는 카오스가 맨 먼저 존재하게 되었다고 말했지.

맨 처음에 카오스가 생기고,
다음에 창조의 신의 확고한 기반인 넓은 가슴의 대지,
그리고 에로스가 생겼다.[10]

아쿠실라오스[11]는 카오스 다음에 대지와 에로스가 존재하게 되었다는 헤시오도스의 말에 동의한다네. 또한 파르메니데스[12]도 창조에 대해서 이렇게 말했다네.

모든 신 가운데 창조의 신은 에로스를 맨 처음으로 만들었다.

---

10 헤시오도스, 《신통기》 116.
11 Akousilaos : 신들과 인간의 기원을 다룬 《계보(系譜, Genealogies)》의 저자. 그는 기원전 5세기의 아르고스의 역사가로서, 《계보》는 헤시오도스의 《신통기》를 기반으로 한 것이다.
12 Parmenides : 기원전 5세기 엘레아학파의 철학자로서, 만물의 유전을 주장한 헤라클레이토스와는 반대로 모든 변화와 생성을 부정했다.

이처럼 에로스가 가장 오래된 신이라는 점에 대해서는 광범한 동의가 이루어져 있다네. 그런데 에로스는 가장 오래된 신이므로 우리에게 가장 큰 혜택을 준다네. 소년의 경우, 아주 어릴 적부터 훌륭한 애인[13]을 갖는 것보다 더 큰 혜택은 없으며, 또한 사랑하는 사람이 훌륭한 애정의 대상을 갖는 것보다 더 큰 혜택은 없다고 나는 주장하고 싶네. 고상하게 살려는 사람들의 일생을 인도해야 할 원칙은 가문이나 지위나 재산이나 그 밖의 어떤 것에 의해서보다도 사랑에 의해서 가장 잘 세워질 수 있다네. 어떤 원칙이냐고 자네들은 물을 것이네. 명예롭지 못한 일에 대해서는 수치를 느끼고 고상한 일에 대해서는 대망을 갖게 하는 원칙을 나는 말하고 있는 것이네. 이러한 감정이 없으면 국가든 개인이든 위대하거나 훌륭한 일을 성취할 수 없지.

사랑하는 사람이 어떤 명예롭지 못한 일을 하다가 들켰거나, 또는 다른 사람한테 치욕을 받았으면서도 비겁하여 물러섰다고 가정해보세. 누가 그의 이런 행동을 지켜보았을 때 가장 괴로워하는가 하면, 아버지나 친구나 그 밖의 다른 사람이 아니라 바로 그의 애인이라네. 그리고 거꾸로 사랑받는 자에 대해서 말한다면, 사랑하는 사람이 있는 곳에서 당하는 수모에 그는 가장 민감할 것일세. 따라서 한 나라나 한 군대를 전적으로 사랑하는 사람과 사랑받는 사람들만으로 구성하는 방안을 찾아낼 수 있다면,[14] 모든 수치를 피하고 서로 선의의 경쟁을 하도

---

13 erastes : 소년과 소년의 사랑에서 대개 손위의 남자를 말한다.
14 여기서 테베의 유명한 신성단(神聖團)을 암시하고 있다는 것도 가능하다. 신성단은 이 원칙에 의해 구성되었다. 신성단에 대해서는 기원전 371년에 에파모니다스 밑에서 치러졌던 레우크트라 전투에서 처음으로 듣게 되지만, 어쩌면 이보다 먼저 존재했을지도 모른다.

록 만들기 위해서는 이보다 좋은 조직은 불가능할 것일세. 게다가 이런 사람들의 수는 적더라도 그들이 힘을 합쳐 싸운다면 실제로 온 세계를 패배시킬 것이네. 사랑하는 사람은 그가 자기 위치를 이탈하거나 무기를 버리는 것을 그의 다른 어떤 동료보다도 자신의 애인이 보게 되는 것을 가장 두려워한다네. 이런 행동을 보이기보다는 그는 오히려 몇천 번이라도 죽으려고 할 것이네.

그리고 사랑하는 사람을 버려두고 도망치거나 또는 위험할 때 그의 옆에 있지 않는 것이 문제라면, 나면서부터 가장 용감한 사람과 똑같은 정신을 갖도록 에로스 자신에게서 영감을 받지 못할 정도로 야비한 사람은 없을 것이네. 요컨대 호메로스가 일부 영웅들에게 신이 '영감을 불어넣는다'고 말했을 때, 그는 에로스가 자신의 본성에 따라 사랑하는 사람들에게 불러일으키는 효과를 정확하게 묘사하고 있다네.

더구나 오직 사랑하는 사람만이 다른 사람을 위해 목숨을 바칠 것이네. 이 말은 남자만이 아니라 여자에게도 해당되네. 그리스 사람들에게 이런 말을 하면서 나는 나의 주장을 뒷받침하기 위해 펠리아스의 딸 알케스티스[15] 말고 다른 예를 들 필요가 없을 것이네. 그녀의 남편에게는 아버지도 어머니도 살아 있었지만, 그녀의 남편을 대신해서 죽으려고 한 사람은 오직 그녀뿐이었네. 사랑이 그녀에게 불러일으킨 감정은 너무나 지극해서 부모가 아들에게 타인이 되고 친척은 명목에 지나지 않게 만

---

15 Alkestis : 테살리아의 페라이의 왕 아드메토스는 아폴론에게서 그를 대신해서 죽을 사람을 찾지 못하면 그가 죽어야 한다는 명령을 받았다. 그의 양친조차도 그를 대신해서 죽는 것을 거절했을 때, 그의 아내 알케스티스가 나섰다. 훗날 헤라클레스가 그녀를 하데스(저승)에서 구출한다. 에우리피데스의 극《알케스티스》는 이 사건 전체를 주제로 하고 있다.

든 것이지. 이런 희생을 한 그녀의 행동은 사람들의 눈만이 아니라 신들의 눈에도 고상하게 보여서 신들은 고상한 행동을 한 많은 사람 중에서도 극소수의 사람에게만 허락되는 특권을 그녀에게 부여했네. 그녀의 행동에 감탄하여 그녀의 영혼을 하데스에서 지상으로 되돌려준 것이네. 신들조차도 사랑에 속하는 헌신적 용기를 매우 높이 평가하는 것이지.

그러나 오이아그로스의 아들 오르페우스[16]의 경우에 신들은 아내를 데리러 온 그를 실망시킨 채 되돌려 보냈다네. 신들이 그에게 보여준 것은 그녀의 환영(幻影)이었고 실물은 넘겨주지 않았던 것이지. 음악가에게만은 자연스러운 일이지만, 그에게는 기백이 모자란 것 같았기 때문이라네. 그에게는 알케스티스처럼 사랑을 위해 죽을 용기가 없었고, 따라서 살아서 하데스에 들어가려고 했던 것이네. 이 때문에 신들은 그에게 처벌을 내렸고, 여자들의 손에 죽게 만든 것이네.

한편 신들은 테티스의 아들 아킬레우스에게는 영광을 주어서 '축복받은 자들의 섬'[17]으로 보냈다네. 그는 어머니한테 만일 헥토르를 죽이면 그도 죽을 것이지만 헥토르를 죽이지 않으면 집으로 돌아와서 오래 살게 되리라는 말을 들었음에도, 헥토르가 죽은 다음 자기가 죽더라도

---

16 Orpheus : 트라키아의 신비적인 가수였다. 전설에 따르면, 그는 그의 아내 에우리디케를 하데스에서 구출하는 데 성공했으나, 그들이 지상에 도달할 때까지는 뒤를 돌아보지 말라는 명령을 어겼다. 따라서 그는 종교적 격분을 느낀 디오니소스의 여신도들의 손에 찢겨 죽었다. 여기에 나오는 이야기, 즉 살아서 지옥으로 내려간 것을 용감한 행동이라기보다는 비겁한 행동이라고 하고, 디오니소스를 경멸했기 때문이 아니라 비겁했기 때문에 벌을 받아 죽었다고 하는 이야기는 다른 곳에서는 찾아볼 수 없으며, 플라톤이 꾸며낸 이야기일지도 모른다.
17 '축복받은 자들의 섬'은 호메로스의 경우에는 대다수 사람들의 운명, 즉 죽은 다음 하계(下界)에서 그늘진 생활을 하는 운명을 갖지 않은 선택된 사람들을 위한 섬으로 되어 있다.

그의 애인 파트로클로스를 구하러 가서 헥토르에게 복수하겠다는 영웅적 선택을 했기 때문이라네.[18] 이렇게 해서 그는 신들에게 지극한 찬양을 받았고, 그의 애인에 대한 극진한 사랑을 보였기 때문에 신들은 그를 특별하게 대우했던 것이네.

그런데 아이스킬로스가 아킬레우스를 파트로클로스의 애인이라고 말한 것은 아주 잘못이라네. 아킬레우스는 두 사람 중에서 더 아름답고, 사실상 모든 영웅 중에서 가장 아름답지. 그는 아직 수염도 나기 전이었으며, 호메로스에 따르면 파트로클로스보다도 나이가 적었다고 하네. 사실 신들은 애인의 용기를 가장 존중하고, 사랑받는 사람이 사랑하는 사람에게 보여준 애정을 신들은 더 찬양하고 더 많은 보상을 주는 것이네. 사랑하는 사람은 신적인 힘을 갖고 있으며, 따라서 사랑받는 사람보다도 더욱 신적인 존재에 가깝기 때문이네. 신들이 알케스티스보다는 아킬레우스를 더 영광스럽게 여기고 '축복받은 자들의 섬'으로 보낸 것도 바로 이러한 이유 때문이었다네.

그러므로 에로스는 신들 중에서 가장 오래되고 가장 존귀할 뿐만 아니라 살아 있을 때나 죽은 다음에나 인간이 덕과 행복을 얻도록 돕는 일에서도 가장 강력하다고 나는 주장하겠네."

아리스토데모스에 따르면, 대체로 이것이 파이드로스의 연설이었네. 파이드로스 다음에 몇 사람이 연설을 했지만 아리스토데모스는 이 연설들에 대해서는 전혀 기억하지 못해서 그대로 넘겨버렸고, 파우사

---

[18] 호메로스의 《일리아스》에 따르면 파트로클로스는 아킬레우스의 가장 가까운 친구였다. 트로이전쟁에서 파트로클로스가 헥토르에게 살해되자 아킬레우스는 헥토르에게 복수했다.

니아스의 연설을 말해주었네. 그의 연설은 이랬다네.

"파이드로스, 우리의 연설에 붙은 조건, 즉 우리의 연설은 단순하고 무조건적인 에로스 찬사여야 한다는 조건에 나는 동의할 수 없다네. 에로스가 단일한 성질을 가졌다면 그렇게 하는 것이 아주 좋은 일이지만, 사실 에로스는 단순하지 않기 때문에 그래서는 안 된다네. 그렇다면 미리 우리가 어떤 사랑을 찬양해야 되는지 결정해놓는 것이 좋을 걸세. 에로스에게 합당한 말로 그를 찬양하기에 앞서서 어떤 에로스를 우리의 주제로 삼아야 할지 결정함으로써 우선 우리의 문제를 바로잡아볼까 하네. 우리 모두는 아프로디테[19]가 에로스와 분리할 수 없는 관계를 갖고 있다는 것을 알고 있다네. 만일 단 하나의 아프로디테가 있다면, 에로스도 하나뿐일 걸세. 그러나 아프로디테는 둘이 있으므로 에로스도 둘이 있어야 한다네.

그러면 두 아프로디테란 무엇이겠는가? 하나는 나이가 많은 쪽으로서 우라노스의 딸이고 어머니가 없으며 우리는 '하늘의 아프로디테'라고 부른다네. 또 하나는 나이가 어린 쪽으로 제우스와 디오네의 딸로서 '세속의 아프로디테'라고 불리지.[20] 그러므로 후자의 상대가 되는 에로스는 '세속의 에로스'라고 불리고, 전자의 상대가 되는 에로스는 '하늘

19　Aphrodite : 미(美)의 여신.
20　여기서 구별한 두 아프로디테는 크세노폰의 《향연(Symposium)》에서도 반복된다. 크세노폰의 책에서 소크라테스는 두 아프로디테가 호칭이 다르고 사원(寺院)도 각기 다르지만 본질적으로는 하나일 것이라고 암시한다. 각기 다른 사원이 있다는 것은 기원후 2세기에 여행가 파우사니아스가 확인했다. 그러나 '세속의(pandmos)'라는 호칭의 정확한 의미는 알 수 없다. 어쨌든 여기서 두 여신의 성질에 관해 논의하는 것은 아마도 플라톤 자신이 꾸며낸 것인 듯하다. 우라노스는 천신(天神)이다.

의 에로스'라고 불리네. 물론 우리가 모든 신을 찬양해야 한다는 것을 나는 부정하지 않지만, 우리가 지금 하려는 일은 이 두 에로스의 성격이 각기 어떤 것인가를 알아내는 것이네. 그런데 사실 모든 행위는 그 자체로서는 선한 것도 아니고 악한 것도 아니라네. 우리가 지금 여기서 하고 있는 행위, 즉 술을 마시고 노래를 하고 말을 나누는 것을 생각해 보세나. 이러한 행위의 어느 하나도 그 자체로서는 선하지 않다네. 이러한 행위가 이루어지는 방식에 따라 그 성격이 결정되는 것이네. 만일 그 행위가 올바르게 이루어지면 그 행위는 선하고, 올바르지 못하다면 악하지. 사랑의 행위나 에로스 자신의 행위도 마찬가지라네. 에로스가 절대적으로 선하고 찬양할 만한 것이 아니라 인간으로 하여금 올바르게 사랑하게 하는 에로스만이 선하고 찬양받을 만한 것이라네.

'세속의 아프로디테'와 관계되는 에로스의 성질이 세속적이라는 것은 의심의 여지가 없다네. 이 에로스가 일으키는 결과는 제멋대로이고, 저속한 사람들이 느끼는 사랑이 바로 이러한 것이라네. 이러한 사랑의 특징은 첫째로 젊은이를 사랑하는 것과 마찬가지로 여자들을 사랑한다는 것이라네. 둘째로 어느 경우에나 이러한 사랑은 정신적이기보다는 육체적이라는 것이지. 셋째로 욕구의 만족을 목적으로 할 뿐, 욕구를 만족시키는 방식은 전혀 고려하지 않기 때문에 사랑의 대상이 가능한 한 어리석은 사람이기를 바란다네. 이러한 사랑의 결과가 순전히 우연적인 것이고 때로는 선하고 때로는 악한 것도 이러한 이유 때문이지. 이러한 모든 일에서 사랑은 그 사랑에 대응하는 여신, 즉 그녀의 하늘의 상대자보다는 훨씬 젊고 남성과 여성의 결합으로 탄생하게 된 여신의 성질을 갖게 된다네.

그러나 또 다른 에로스가 속하는 '하늘의 아프로디테'는 우선 여성의 혈통이 전혀 없고 전적으로 남성의 혈통만을 가졌으며,[21] 둘째로 그녀는 나이가 많기 때문에 방종하지 않다네. 그러므로 이러한 에로스에게 영감을 받은 사람들은 남성에게 이끌리고 남성을 천성적으로 더 강하고 지성적인 존재로 평가한다네. 게다가 남성을 사랑하는 사람들 사이에서도 전적으로 이 두 번째 사랑의 지시를 받는 사람들을 가려낼 수 있다네. 그들은 어린 소년과 사랑에 빠지는 것이 아니라 소년들이 어느 정도 지성을 보일 때까지, 다시 말하면 수염이 날 무렵까지 기다린다네. 그들이 좋아하는 사람의 생애에서 사랑에 빠져도 좋은 순간을 선택함으로써, 그들은 만일 내가 잘못이 아니라면 전 생애에 걸쳐 지속적으로 사랑하고 일생의 반려로 삼겠다는 의도를 밝히는 것이지. 그들은 소년의 무지를 이용해서 소년을 속이고, 다음에는 조롱을 하면서 새로운 애인에게 떠나가는 그런 사람들은 아니라네. 마땅히 그래야 한다고 생각합니다만, 만일 사람들이 어린 소년과 관계를 맺는 것을 법으로 금지한다면, 그들은 아주 불확실한 보상을 위해서 엄청난 정력을 낭비하지 않아도 될 것일세. 어린 소년이 정신적으로나 육체적으로나 완전해질지 또는 그 반대가 될지 예측하는 것처럼 어려운 일은 없다네.

사정이 이렇기 때문에 선한 사람은 자율적으로 이러한 규칙을 세우지. 동일한 제한이 보통의 애인들에게도 부과된다면 좋을 걸세. 이것은 우리가 이미 그들이 자유로운 몸으로 태어난 여자들과 관계를 가져서는 안 된다고 금지한 시도와 밀접한 관계를 가질 것일세. 이러한 사람

---

21 전설에 따르면, 아프로디테는 바다에서 태어났다. 즉 아들 크로노스가 아버지 우라노스를 죽인 다음 토막 내서 바다에 던져버렸는데, 이 바다에서 아프로디테가 탄생한 것이다.

들이 평판이 좋지 않은 사랑을 해서, 일부 사람들로 하여금 애인을 갖는 것 자체가 수치스러운 일이라고 말할 구실을 주는 사람들이라네. 이러한 비난을 일으키는 것은 그들에게 분별심과 자제력이 없기 때문이라네. 그것이 어떤 행동이든, 만일 점잖고 정상적인 방식으로 행해진 행동이라면 비난을 받아야 할 행동은 없는 것일세.

사랑의 문제에서 사람들의 행동에 대한 어떤 법률이 있는지 계속해서 고찰한다면, 우리는 다른 나라에서는 원칙이 분명하게 세워져 있어서 이해하기 쉽지만, 우리의 법률은 너무나 복잡하다는 사실을 알게 될 걸세. 엘리스나 보이오티아나 스파르타나, 말솜씨가 좋지 못한 사람들이 사는 곳에서는 어디서나 법률은 애인을 만족시키는 것으로 충분하다고 규정하고 있을 뿐이며, 젊은이든 늙은이든 누구나 이것을 수치스럽다고 말하지는 않는다네.[22] 사실은 구변이 좋지 않은 사람들이므로, 그들은 젊은이들이 좋아하는 사람을 구변으로 설득해서 얻는 수고를 면제해준 것이라고 나는 생각한다네.

한편 이오니아의 여러 지방과 페르시아의 지배를 받는 곳에서는 어디서나 사태는 정반대라네. 지적, 육체적 성취에 대한 사랑과 함께 이러한 사랑이 왜 페르시아 사람들의 비난을 받는지는 그들 제국의 전제적 성격에서 찾아볼 수 있다네. 신민들 사이에서 풍부한 정신과 강한 우정 및 단결이 형성되는 것은 정부의 이익이 되지 못하지. 그런데 사랑이 바로 이러한 일을 일어나게 하는 특별한 힘을 갖고 있는 것이라네. 이러한 진리를

---

22 엘리스, 보이오티아, 스파르타는 모두 그리스 족에 속하는 도리스 사람들이 살고 있는 곳이었다. 특히 스파르타는 동성애로 악명이 높았다. 이것은 시민들을 군대 조직으로 묶어서 병영 생활을 하게 한 결과였을 것이다. 또한 보이오티아도 주민들이 우둔하기로 유명했다.

아테네에서 우리의 전제자들[23]도 실제로 경험했다네. 그들의 권력을 무너뜨린 것은 아리스토게이톤의 사랑과 하르모디오스의 강한 애정이었네.[24]

그렇다면 우리는 다음과 같이 결론을 내려도 좋을 걸세. 즉 이러한 사람을 비난하는 곳에서는 그 비난의 배후에 사람들의 열등한 성격, 지배자들의 권력에 대한 탐욕, 그리고 신민들의 비겁함이 있는 것이네. 그러나 이러한 사랑을 무조건 좋다고 하는 곳에서는 입법자의 정신적 나태 때문에 그렇게 말하는 것일세.

우리의 제도는 이러한 곳들보다는 훨씬 좋지만, 내가 이미 말한 것처럼 이해하기가 쉽지 않다네. 한편으로 우리 사이에서는 하나도 숨기는 것이 없는 사랑이 남의 눈을 피하는 사랑보다는 고상하다고 생각되며, 가령 그들이 외모에서는 뒤떨어지더라도 가문이나 덕이 가장 뛰어난 사람들을 사랑하는 것을 높이 평가한다네. 이외에도 사랑하는 사람들이 받고 있는 보편적인 격려는 사랑하는 사람들에게는 어떤 오명도 해당되지 않는다는 증거라네. 사랑에서의 성공은 영광스럽고, 수치스러운 것은 오직 실패뿐이라네. 우리는 사랑하는 사람의 애인을 얻기 위한 아주 이상한 행동, 다른 목적으로 했더라면 가장 가혹한 비난을 받았을 행동을 관용할 뿐 아니라 심지어 찬양하기도 한다네. 예를 들어서 어떤 사람이 돈

---

23 히피아스와 히파르코스를 말한다.
24 기원전 514년에 하르모디오스와 그의 애인 아리스토게이톤은 아테네의 전제자로서 고인이 된 피시스트라토스의 아들들인 히피아스와 히파르코스를 죽일 음모를 꾸몄다. 이 음모는 누설되어서 히파르코스는 살해되었지만 히피아스는 달아났다. 그러나 그는 후에 권력을 잃었다. 이 음모의 동기는 개인적인 모욕에 대한 복수였던 것 같지만, 하르모디오스와 아리스토게이톤은 죽은 다음에 전제자를 살해한 것으로 명성을 날렸고, 자유를 위한 순교자의 고전적 대표자로서 대중의 마음속에 남아 있었다.

을 얻거나 공직을 얻거나 또는 어떤 다른 권세의 자리를 얻을 목적으로 애인이 그가 좋아하는 사람에게 한 것과 똑같은 행동을 했다면, 즉 그의 요구를 들어달라고 애걸하고 빌고 엄숙한 약속을 하고 문간에 눌어붙어 있고 어느 노예도 생각할 수 없는 천한 일을 자진해서 한다면, 그는 적들과 친구들한테서 그러한 행동을 하지 말라는 제지를 받을 걸세. 그의 적들은 그가 비굴하고 기개가 없다고 욕을 할 것이고, 그의 친구들은 그에게 좋은 충고를 하며 그의 행동이 부끄러워서 얼굴을 붉히고 말 걸세.

그러나 사랑하는 사람의 경우엔 이러한 행동을 하더라도 그것이 매력을 배가하며 우리의 기준으로는 그의 행동은 수치스러운 것이 아니라네. 우리는 그가 하고 있는 일이 매우 고상한 일이라고 인정하기 때문이지. 이상한 일들 중에서도 가장 이상한 것은, 사랑하는 사람은 오직 사랑하는 사람만은 거짓 맹세를 해도 괜찮다고 하는 일반적인 확신이라네. 사랑하는 사람의 맹세는 맹세가 아니라고 사람들은 말한다네. 그러므로 우리의 사고방식에 따르면, 사랑하는 사람은 신과 인간에게서 최대의 자유를 허락받았음을 알 수 있지. 그리고 이 나라에서는 사랑을 하고 애인에게 상냥함을 보이는 것은 아주 좋은 일이라고 생각한다고 자연스럽게 결론을 내릴 수 있을 걸세. 그러나 이러한 감정을 품은 소년들을 그들의 부모가 가정교사의 감독 밑에 두고, 가정교사에게 애인과 어떤 연락도 하지 못하게 하라는 지시를 내리고, 애인과 어떤 연락이라도 하면 그의 동년배와 친구의 괴롭힘을 받으며 어른들이 이렇게 괴롭히는 것을 말리려고 하지도 않고 비난하지도 않는다는 사실을 고려한다면, 우리는 앞서와는 반대되는 결론에 이르게 되고, 우리 사이에서는 이러한 사랑이 매우 수치스러운 일로 여겨지고 있다고 짐작할 수 있다네.

사실은 이렇다고 나는 믿고 있다네. 내가 앞에서 말한 것처럼 사랑의 문제에서는 절대적으로 옳은 것도 절대적으로 옳지 않은 것도 없으며, 모든 일이 그때그때의 사정에 달려 있다네. 나쁜 사람을 나쁜 방식으로 받아들이면 옳지 못하고, 훌륭한 사람을 올바른 방식으로 받아들이면 옳은 것이라네. 나쁜 사람은 보통의, 또는 저속한 애인, 즉 영혼보다는 오히려 육체를 사랑하는 애인이라네. 그가 사랑하는 것은 항구적인 것이 아니기 때문에 그의 사랑은 불변하는 것이 아니지. 그가 사랑하던 육체적인 아름다움의 꽃이 시들기 시작하자마자 그는 '마치 꿈처럼' 사라져버리며, 그의 온갖 고백과 약속은 무(無)와도 같다네. 그러나 고상한 천성을 가진 애인은, 그가 집착하는 것이 항구적인 것이기 때문에 평생 동안 애인에게 충실하다네. 따라서 우리의 관습의 목적은 애인들을 철저하게 시험하려는 것이라네. 올바른 애인은 결국 만족을 얻고 올바르지 못한 애인은 제거되도록 하기 위해서 우리의 관습은 사랑하는 사람은 쫓고 사랑받는 사람은 달아나도록 하고 있는 것이지. 사랑하는 사람과 사랑받는 사람이 각기 어떤 종류의 애인에 속하는지 결정하기 위해서 일종의 경쟁을 시키는 것이란 말일세. 이것이 바로 다음과 같은 두 가지 일은 부끄러운 일이라고 하는 우리의 일반적인 감정의 배후에 놓여 있는 동기라네. 즉 너무 빨리 애인에게 사랑을 허락하는 것은 부끄러운 일이라네. 대부분의 일에서 가장 좋은 시금석이 되는 시간이 지나가기를 기다려야 하는 것이지. 둘째로 애인의 부나 권세를 보고 사랑을 받아들이는 것은 부끄러운 일이라네. 애인이 겪게 되는 어려움 때문에 깜짝 놀라서 이를 견뎌내지 못하거나 또는 애인이 제공하는 물질적, 정치적 이익에 저항할 수 없게 되기 때문일세. 고상한 우정이 부나 권세를 바탕으로 해서 성립될 수 없다는 사실은 더 말할 것도 없는 일이지만, 부나 권세는 안정된 것도 아니고 지속적인 것도 아니라네.

우리의 원리에 따른다면, 애인이 사랑하는 사람을 명예롭게 차지할 수 있는 오직 하나의 방법이 있다네. 사랑하는 사람은 애인을 위해서 부끄러운 아첨이라는 말을 듣지 않고 어떤 형태의 고역이라도 치를 수 있는 것처럼, 명예롭지 못한 일로 여겨지지 않는 또 하나의 자발적인 고역의 형태, 오직 하나의 형태는 자기가 사랑하는 사람을 위해서 덕을 쌓는 어려움을 견뎌내는 것이라고 우리는 주장하고 있지. 어떤 사람이 다른 사람의 뜻에 따름으로써 지식의 분야나 그 밖의 어떤 덕에서 더 훌륭해질 수 있으리라고 믿었기 때문에 다른 사람의 뜻을 받아들인다면, 이러한 자발적인 순종은 우리의 기준에서는 결코 불명예도 아니고 굴종도 아니라네.

사랑하는 사람과 그의 애인의 관계가 명예로운 것이라면, 내가 지금까지 말한 두 원칙, 즉 소년을 사랑하는 사람의 행동을 다루는 원칙과, 지혜나 그 밖의 덕에 대한 욕구와 관련된 원칙은 하나로 합쳐져야 하겠지. 사랑하는 사람과 그의 애인이 결합할 때, 각자에게 적합한 원칙에 따라서, 즉 사랑하는 사람은 그의 애인을 위해 어떤 봉사든 다 하는 것을 정당화하는 원칙에 따라서, 사랑받는 사람은 자기를 현명하고 훌륭한 사람으로 만들어주는 사람의 뜻에 맞춰 어떤 행동이든 하는 것을 정당화하는 원칙에 따라서 결합했을 때, 그리고 사랑하는 사람은 그의 애인의 지혜와 덕을 위해 기여하고, 사랑받는 사람은 자신의 교육과 지식 일반의 증진을 위해 열성을 기울이는 바로 그때, 즉 다른 어떤 경우도 안 되고 오직 이 두 원칙이 일치할 때만 한 소년이 그를 사랑하는 사람의 사랑을 받아들이는 것이 명예로울 수 있다네. 이러한 경우에는 속는 일이 있다고 하더라도 수치가 아니며, 한편 이 경우를 제외하고는 소년이 속았든 그렇지 않든 간에 불명예라네. 어떤 소년이 자기를 사랑하는 사람이 부자라고 믿고 그에게 호의를 보였으나 자기를 사랑하는 사람이 가난하다는 것이 밝혀져서 이득을 얻으리라는 희망이 깨졌다고 가정해보세나. 그렇다고 하더라도 이 소년은 명예를 상실한다네. 그 소년은 돈을 위해서는 누구에게나 어떤 봉사라도 할 수 있는 사람임을 스스로 보여주었기 때문이라네.

그러나 동일한 논법에 따라서 어떤 소년이 자기를 사랑하는 사람이 훌륭한 사람이고 그와 사귐으로써 자신도 더욱 훌륭한 사람이 되리라고 믿고 호의를 보였으나 그의 애인이 나쁜 사람이고 장점이 없는 사람임이 밝혀져서 실망했다면, 그가 속기는 했더라도 불명예는 아니라네. 또한 그는 덕을 쌓고 자기를 더 훌륭한 사람으로 만들기 위해서는 누구를 위해서나 무슨 일이든 하려는 참된 성질을 보여준 것이라네. 이보다 명예로운 일은 없을 걸세. 그러므로 덕을 얻기 위해 애인의 뜻에 따른 것은 어느 경우에나 명예롭다고 결론을 내릴 수 있지. 이것은 '하늘의 여신'과 관련되는 '천상의 사랑'이고, 사랑하는 사람이나 사랑받는 사람이나 덕을 얻기 위해 노력하도록 하는 것이기 때문에 나라와 개인을 위해서 가치 있는 사랑이라네. 사랑의 그 밖의 모든 다른 형태는 '세속의 아프로디테'에게 속하는 것이라네. 파이드로스, 이상이 사랑의 문제에 대해서 지금 이 자리에서 내가 당신에게 조력할 수 있는 최선이라네."

파우사니아스가 말을 끝내자, 아리스토데모스에 따르면 아리스토파네스가 말할 차례가 되었네. 그러나 그는 포식 때문인지 또는 다른 원인 때문인지는 모르겠으나 딸꾹질을 하고 있어서 연설을 할 수가 없었다네. 그래서 그는 바로 옆에 앉아 있는 의사 에릭시마코스에게 말했네.

"에릭시마코스, 딸꾹질을 멎게 해주거나 아니면 딸꾹질이 멎을 때까지 나를 대신해서 연설을 해주게."

"두 가지를 다 해주지" 하고 에릭시마코스는 대답했네. "자네 대신 내가 연설을 할 테니까, 자네는 딸꾹질이 멎거든 내 대신 하게. 딸꾹질에 대해서는 내가 말을 하는 동안, 한참 숨을 쉬지 말게. 그래도 멎지 않으면, 물로 양치질을 하게. 그렇게 해도 딸꾹질이 심하거든 코를 간지럽혀서 재채기를 하게. 한 번 또는 두 번 재채기를 하면 딸꾹질이 아무리 심하더라도 멎을 거야."

"잘 알았네, 그렇게 하지" 하고 아리스토파네스는 말했네. "그럼 자네 연설을 시작하게." 그래서 에릭시마코스는 이렇게 말했네.

"파우사니아스의 논의는 시작은 아주 좋았지만 적절한 결론에 이르지 못한 것 같네. 그러므로 그의 논의의 끝을 제대로 맺는 것이 내게 주어진 책임이라고 생각하네. 그가 두 종류의 사랑을 구별한 것은 내 의견으로는 아주 옳았다고 생각하네. 그러나 의사인 내 직업적 경험에 비추어본다면, 사랑은 인간의 영혼 속에서만 작용하는 것도 아니고 아름다운 소년만을 대상으로 삼는 것도 아니라네. 사랑은 그 밖의 많은 다른 대상을 갖고 있고 또한 다른 작용 영역을 갖고 있다네. 예를 든다면 모든 동물의 몸, 땅에서 자라는 식물, 그리고 실제로 존재하는 모든 것에 작용하고 있는 것일세. 사실상 에로스는 위대하고 놀라운 신으로서, 이 신의 영향은 어디에나 미치고 있으며, 신의 세계와 인간의 세계가 모두 이 영향을 받고 있네. 내가 종사하는 기술에 대한 존경을 나타내기 위해서 나는 의학에 관한 이야기에서 시작하려고 한다네.

우리의 육체적 구조 자체는 이중의 사랑을 갖고 있다네. 건강한 육체는 병든 육체와는 분명하게 구별되고, 병든 육체와 같지 않지. 그런데 서로 다른 것이 느끼는 욕망이나 사랑의 대상도 서로 다르다네. 그러므로 건강한 신체에 깃든 사랑은 병든 신체에 깃든 사랑과는 다르지. 사실 인간의 육체를 다루면서 우리는 잠시 전에 파우사니아스가 말한 것과 비슷한 점을 발견하게 된다네. 덕 있는 사람의 사랑을 받아들이는가 또는 악한 사람의 사랑을 받아들이는가에 따라서 명예와 불명예가 결정되는 것처럼, 좋은 의사의 의무는 육체의 건전하고 건강한 부분을 만족시켜주고, 건전하지 못하고 병든 부분을 억제하는 것일세. 이것이 이른바 의술이 하는 일일세.

한마디로 말한다면 의학이란 충만과 배출과 관련하여 육체에서 작용하는 사랑의 원리에 대한 지식이라네. 가장 솜씨 있는 의사는 이러한 영역에서 고상한 사랑과 비천한 사랑을 구별할 수 있는 의사이고, 비천한 사랑을 가진 육체를 고상한 사랑을 가진 육체로 바꿀 수 있고, 사랑이 깃들어 있지 않으나 사랑이 필요한 육체에 사랑이 깃들게 하고 사랑이 이미 존재하는 경우에는 사랑을 깃들지 않게 할 수 있는 사람은 훌륭한 의사가 될 걸세. 그는 서로 가장 적대적인 요소들을 서로 애착을 갖고 사랑하는 요소들로 만들 수 있어야 한다네. 이러한 적대적인 요소는 뜨거운 것과 찬 것, 젖은 것과 마른 것 등처럼 대립되어 있는 것들이라네. 이러한 것들 사이에 사랑과 조화를 창조하는 방법을 알고 있었기 때문에 우리의 시조 아스클레피오스는, 이 자리에 있는 시인들[25] 이 그렇게

---

25 아가톤과 아리스토파네스를 말한다.

말하고 나도 그렇게 믿는 것처럼, 우리의 기술을 창시했던 것일세.[26]

따라서 되풀이해서 말하지만, 의술은 전적으로 에로스 신의 지배를 받고 있다네. 그리고 체육과 농업도 마찬가지라네. 이 말이 음악에도 해당된다는 사실은, 음악에 조금이라도 관심을 기울여본 사람은 누구나 다 알 걸세. 활이나 하프의 줄처럼 통일체는 변화함으로써 자기 자신과 일치한다고 헤라클레이토스가 말했을 때, 비록 말의 선택은 아주 나빴지만, 아마도 헤라클레이토스도 그런 말을 하려고 했을 걸세. 물론 화음이 불협화음이라고 하거나 또는 화음을 이루기 전에는 아직도 충돌하고 있던 요소들로 화음이 이루어졌다고 말하는 것은 매우 비논리적이라네. 그러나 아마도 그가 말하고 싶었던 것은 음악의 기술에 의해서 처음에는 충돌하던 요소들이 다음에는 일치하여 조화를 이루게 된다, 다시 말하면 고음과 저음이 조화를 이루게 된다는 사실일 걸세.[27]

---

[26] 건강이란 육체의 상반되는 구성 요소들 사이의 적절한 비례의 유지라는 믿음은 고대 의학에서는 상식이며, 이러한 믿음은 피타고라스의 제자인 클로톤의 알크마이온에게서도 찾아볼 수 있고, 4기질설(四氣質說)의 형태로 중세 때까지 남아 있었다. 에릭시마코스가 아스클레피오스를 '우리의 선조'라고 말했을 때, 그는 의학의 보호 신의 이름을 딴 '아스클레피오스의 자손들'이라는 명칭의 한 의학 길드(Guild)의 구성원으로서 말하고 있는 것이다.

[27] 헤라클레이토스가 '통일체는 변화함으로써 그 자체와 일치한다'고 말했다는 것은 우주와 우주 안의 사물은 정반대의 긴장이 동시에 작용함으로써 존재를 유지할 수 있다는 그의 이론을 가리킨 것이다. 이 진리에 대해서 그가 즐겨 든 예가 활로서, 활의 경우에는 활시위와 줄이 동시에 정반대 방향으로 당겨지게 된다. 에릭시마코스의 헤라클레이토스 비판은 헤라클레이토스의 이론 전체를 완전히 오해한 것이다. 헤라클레이토스는 상반되는 것들의 공존을 주장하고 상반되는 것들이 서로 관계한다는 것을 주장했을 뿐 아니라, 동시에 상반되는 것은 하나이며 동일하다고 주장했다. 플라톤은 다른 곳에서 헤라클레이토스가 말하려고 하는 점을 정확하게 이해하고 있음을 보여주고 있으므로, 여기서 플라톤의 목적은 에릭시마코스로 하여금 아주 잘못된 해석을 하게 함으로써 그를 비꼬려고 한 것임에 틀림없다.

고음과 저음이 충돌하고 있는 한, 고음과 저음의 일치는 불가능하다네. 화음은 조화이고 조화는 일종의 일치인데, 조화를 이루지 못한 요소들이 충돌하고 있는 한, 거기에는 일치가 있을 수 없기 때문이네. 그러나 리듬이 빠른 음과 느린 음, 즉 처음에는 충돌했으나 다음에는 일치하는 요소들의 결합으로 이루어지는 것처럼, 충돌하고 일치하지 못하는 것을 조화시킨다는 것은 가능하다네.

의술이 다른 분야에서 하고 있는 것처럼, 음악도 서로의 사랑과 공감을 불러일으킴으로써 충돌하고 있는 요소들 사이에 일치를 이루게 하는 것일세. 음악은 나름대로 하모니와 리듬이라는 영역에서 사랑의 원리를 인식하는 것이라고 말할 수 있다네. 어떤 하모니의 실제적 구성에서 사랑의 원리가 작용하고 있음을 인식하기란 어렵지 않다네. 그리고 지금까지는 사랑의 이중적 성격이라는 문제는 제기되지 않는다네. 그러나 작곡이라고 알려진 과정을 통해 하모니를 만들어내거나 멜로디나 운율을 이른바 교육에서 올바르게 사용하는 경우, 리듬과 하모니가 인간에게 미치는 영향을 다루어야 할 때는 어려운 문제가 생기고 솜씨 있는 예술가가 요구되는 것일세.

이제 우리의 주제, 즉 만족시켜주고 보존해야 할 사랑은 아직 은덕이 모자라는 사람을 한층 덕 있는 사람으로 만들 목적으로 유덕한 사람들이 느끼는 사랑이라는 생각으로 되돌아가보세나. 이것은 고상하고 천상적인 사랑이며 하늘의 시인 우라니아[28]와 관련되는 사랑이라네. 그러나 세속적이고 일반적인 사랑, 즉 폴림니아[29]와 관련되는 사랑도 있다

---

28 아프로디테의 속칭.
29 상동.

네. 이러한 사랑을 선택하는 사람은 누구든지 이러한 사랑의 대상을 선정하는 데 아주 신중해야 하고, 그렇게 함으로써 이러한 사랑이 제공하는 쾌락을 엄중하게 선택해서 방탕의 기미조차도 없게 해야 한다네.[30] 마찬가지로 내가 종사하고 있는 직업에서도 맛있는 음식에 대한 사람들의 식욕을 어떻게 올바르게 이용해서 병을 얻지 않고 그 쾌락을 즐기게 하는가 하는 것은 적지 않은 기술이 필요한 문제라네. 그러므로 이 두 종류의 사랑은 음악에서나 의술에서나 그 밖의 문제에서나 우리가 끊임없이 주의를 기울여야 할 대상이고, 이 말은 지상과 하늘 모두에 해당된다네. 지상에서나 하늘에서나 두 종류의 사랑을 찾아볼 수 있기 때문이지.

게다가 한 해의 사계절도 두 종류의 사랑의 작용을 보이도록 정해져 있다네. 앞에서 내가 말한 요소들, 즉 뜨거운 것과 찬 것, 마른 것과 젖은 것 등이 절제 있는 사랑을 통해 합쳐지고 적절한 비율로 조화롭게 결합할 때, 인간을 비롯한 그 밖의 동물과 식물은 번창하고 건강하며 해를 입지 않는다네. 그러나 무절제한 사랑이 득세하는 계절에는 광범한 파괴와 손상이 일어난다네.

그 결과 전염병과 그 밖의 많은 병이 생기기 쉽다네. 그리고 서리와 우박과 충해도 이러한 사랑의 영향 밑에서 각 요소들이 무절제하게 서로 공격한 결과일세. 별의 운행과 계절에 이러한 사랑이 영향을 미쳐서 일어난 결과를 연구하는 학문을 천문학이라고 부른다네.

또한 점술의 범위에 드는 모든 제물과 행동—이것은 신들과 인간의 상호 관계라는 문제 전체와 관련되는 것이라네—은 사랑의 보존 또는

---

30 여러 가지 음악의 양식(樣式)이 듣는 사람의 성격에 미치는 영향에 대해 플라톤은 《국가》에서 상당한 지면을 할애하고 있다.

사랑의 치유를 목적으로 한다네. 우리의 모든 행동에서, 그 행동의 대상이 생사를 불문하고 부모든 또 신들이든 간에, 유덕한 사랑 대신에 나쁜 사랑을 만족시키고 존중하고 찬양할 때 모든 종류의 죄가 생기는 것일세. 이러한 문제에서 두 종류의 사랑을 감시하고 필요한 경우에는 치료를 해주는 것이 점술의 기능이라네. 점술은 신들과 인간들 사이에 호의를 확고하게 만드는 기술이지. 점술에서는 인간 생활에서 유덕하고 신을 두려워하는 행동을 하게 하는 사랑의 원리가 이해되고 있기 때문이라네.

그러므로 사랑은 일반적으로 다양하고 큰 힘, 또는 더 정확하게 말하면 전능한 힘을 행사한다네. 그러나 더 큰 힘을 가진 것은 하늘에서든 땅에서든 선한 것을 목적으로 삼고 절제와 덕을 실현하는 사랑이라네. 사랑은 우리의 모든 행복을 마련해주고 우리가 다른 사람들, 그리고 우리의 주인인 신들과 협조하면서 조화를 이루고 살게 하는 것일세. 에로스를 찬양하면서 나는 몇 가지 점을 빠뜨렸을지도 모르네. 그러나 그렇더라도 그것은 고의로 한 일은 아니라네. 내가 미처 말하지 못한 것이 있다면, 아리스토파네스, 자네가 보충해주었으면 하네. 물론 에로스 찬양에서 자네가 나와는 다른 방향으로 나갈 생각이 아니라면 말일세. 자, 이제 딸꾹질도 멎었으니 자네 차례일세."

그래서 아리스토파네스의 차례가 되었는데, 아리스토데모스에 따르면 그는 다음과 같이 말을 시작했다고 하네.

"그래, 딸꾹질이 멎었네. 재채기를 하니까 그때야 멎더군. 재채기 같은 소음이나 간질간질한 감각을 원하는 것이 과연 나의 몸속에 있는 유덕한 사랑인가 하는 점에 대해서 나는 의아심을 갖고 있네. 어쨌든 자네가 가르쳐준 방법을 썼더니 딸꾹질은 당장 멎었네."

"여보게, 아리스토파네스"라고 에릭시마코스는 말했네. "조심하게. 자네가 우리를 웃기는 일부터 시작한다면, 나는 자네의 연설에 농담이 섞이지 않나 감시할 수밖에 없겠군. 그렇지 않으면 연설이 조용하게 진행되지 못할 테니까."

"아주 옳은 말씀이야, 에릭시마코스"라고 아리스토파네스는 웃으면서 대답했네. "내가 말한 것을 취소하기로 하지. 내가 앞으로 말하는 것에 대해서는 너무 엄격하게 감시하지 말게. 내가 두려워하는 것은 미소를 자아내게 한다는 것이 아니라―그것은 어쨌든 좋은 일이고 나의 뮤즈의 본성과도 일치하는 일일세―아주 불합리하지 않을까 하는 것이기 때문일세."

"아, 자네는 농담을 하고 그 결과를 슬쩍 회피하려고 하는군, 아리스토파네스. 그러나 자네에게 해명을 요구하는 경우가 있을지도 모르니 연설을 하면서 이 점을 조심하고 명심해두게. 그러나 자네의 말이 적절하다고 생각되면 아마도 방해하지 않을 걸세."

"알았네, 에릭시마코스"라고 하면서 아리스토파네스의 연설은 시작되었네.

"내가 자네나 파우사니아스와는 다른 방향으로 나가게 되리라는 것은 사실이네. 내 생각으로는 사람들이 에로스의 힘을 전혀 모르고 있는 것 같네. 그렇지 않다면, 에로스는 가장 큰 사원과 제단, 그리고 가장 큰 제물을 차지하고 있을 걸세. 그러나 에로스는 어느 신보다도 이러한 것들을 차지할 자격이 있는데도, 실제로 에로스는 이 가운데 어느 하나도 차지하지 못하고 있네. 에로스는 모든 신 가운데서 인간에게 가장 호의적이고, 또한 인간을 돕고 그 치유가 인류의 최대의 행복이 되도록 우환을 고쳐주기도 하네. 그래서 에로스의 힘의 비밀을 자네에게 가르쳐줄 생각이니 자네도 자네 나름으로 다른 사람들을 가르치게.

우선 인간의 구조와 그 구조가 겪은 변화를 알아야 하네. 원래 인간의 구조는 현재와는 달랐기 때문이네. 처음에는 지금의 우리처럼 남자와 여자라는 두 가지 성(性)이 있었던 것이 아니고 제3의 성이 있었네. 제3의 성은 남녀의 성을 모두 갖고 있었으나 지금은 없어졌지. 그러나 그 명칭만은 지금도 남아 있네. 남녀추니는 명칭만이 아니라 형태에서도 구별되는 성으로서, 남자와 여자의 특징을 모두 갖고 있었지만, 지금은 이름만 남아서 모욕하는 말로 사용되고 있다네. 둘째로 사람들은 완전한 원을 형성하는 이중의 등과 옆구리를 갖고 있어서 둥근 모양을 하고 있었네. 손이 네 개에 다리가 네 개였고, 둥근 목에 똑같은 얼굴이 둘 있었고, 두 얼굴 사이에 머리는 하나가 있었지만 얼굴은 정반대의 방향을 바라보고 있었지. 귀도 네 개였고 생식기도 두 개였으며 나머지도 이와 같았어. 이 사람들은 우리와 마찬가지로 똑바로 서서 앞쪽으로나 뒤쪽으로나 마음대로 걸어 다닐 수 있었지만, 급히 방향을 바꾸려고 할 때는 여덟 개의 팔다리를 모두 사용했으며, 곡예사가 수레바퀴 모양을 하고 재주넘기를 하는 것처럼, 원형을 이루며 빨리 굴러갈 수 있었다네. 세 가지 성이 있고 그것이 이러한 성질을 가졌던 이유는 원래 남성은 태양에서 생겼고 여성은 지구에서 태어났으며 남녀의 두 성을 가진 성은 태양과 지구의 성질을 다 갖고 있는 달에서 생겼다는 사실에 있지. 그들이 둥근 모양을 가졌고 쇠테처럼 굴러다니게 된 것은 부모를 닮았기 때문이라네. 그들의 힘과 정력은 그들을 아주 무서운 존재로 만들었고, 그들의 자만은 대단했지. 그들은 신들을 공격했고, 하늘에 올라가서 신들을 맹렬하게 공격한 에피알테스와 오토스에 관한 호메로스의 이야기도 이러한 존재들을 다룬 것이라네.[31]

따라서 제우스와 다른 신들은 그들을 어떻게 할 것인가를 의논했다네. 오랫동안 신들은 어찌할 바를 몰랐지. 신들이 거인들에게 한 것처럼 번갯불로 그들을 모두 죽여버릴 수도 없는 일이니 말일세. 그렇게 하면 인류가 바치던 예배와 제물을 영원히 상실하게 되는 것이네. 그렇다고 해서 그들의 오만을 방치할 수도 없었다네. 오랫동안 곰곰이 생각한 끝에 마침내 제우스가 한 가지 방안을 찾아냈지.

'인류를 계속 존재하게 하면서도 그들을 지금보다 약하게 만들어서 나쁜 짓을 그만두게 할 수 있는 방법을 찾아낸 것 같소'라고 제우스는 말했다네. '나는 그들을 모두 둘로 쪼개놓겠소. 이렇게 함으로써 그들은 지금보다 약해지고 동시에 그 수가 늘어남으로써 우리에게는 더욱 이익이 될 것이오. 그들은 두 발로 똑바로 서서 걷게 될 것이오. 그다음에도 그들이 방자한 기색을 보이고 조용하지 않다면, 나는 그들을 다시 둘로 쪼개놓을 것이고, 그들은 한 발로 깡충깡충 뛰어다니게 될 것이오.'

이렇게 말하고 나서 그는 인류를 마치 과일을 말려서 저장하기 위해 두 조각 내듯이, 또는 삶은 달걀을 머리칼로 두 조각 내듯이, 인간을 두 조각으로 쪼개놓았다네. 이렇게 인간을 두 조각으로 쪼개놓은 다음에 그는 얼굴과 반 조각이 된 목을 절단한 쪽으로 돌려놓아서 이 희생자

---

31 에피알테스와 오토스는 올림포스 산 위에 오사 산을 쌓고 오사 산 위에 펠리온 산을 쌓아서 하늘에 오르려고 한 거인들이다. 그들은 아폴론에 의해 살해되었다.

들이 양분된 증거를 똑똑히 보고 앞으로는 더 온순하게 행동하도록 만들라고 아폴론에게 명령했지. 또한 그는 아폴론에게 상처를 고쳐주라고 명령했다네. 그래서 아폴론은 얼굴을 돌려놓고 마치 졸라매는 끈이 달린 돈주머니처럼 가죽을 지금 배라고 불리는 곳에 모아놓고 배의 한가운데에 구멍을 하나 남기고는 단단히 묶어놓았지. 이 구멍을 사람들은 배꼽이라고 부른다네. 그리고 그는 무수한 주름을 펴주고, 구두 수선공이 마지막에 가죽의 주름을 펴기 위해 쓰는 것 같은 연장으로 가슴을 만들었다네. 그러나 그는 인간이 이전의 상태를 상기하도록 하기 위해서 배에는 배꼽 근처에 약간의 주름을 남겨놓았다네.

　이처럼 인간은 원래의 몸이 양분되었기 때문에, 반쪽은 갈라져나간 다른 반쪽을 그리워하게 되었다네. 그들은 만나게 되면 서로 얼싸안았고, 그들의 그리움은 점점 커지기만 했으며, 굶주림과 아무 일도 하지 않으려는 태만 때문에 죽어갔지. 그들은 서로 떨어져서는 아무 일도 할 수 없었기 때문이라네. 한 쌍 중의 한쪽이 죽고 다른 쪽이 남았을 때는, 남은 쪽은 다른 쪽—이것은 여성의 부분(지금 여자라고 부르는 것이지)이거나 남성의 부분이라네—을 찾아내서 껴안았다네. 이렇게 해서 그들은 계속 죽어갔고, 마침내 제우스가 자비를 베풀어서 두 번째 계획을 세우게 되었지. 그는 생식기를 앞쪽으로 옮겨놓았던 것이라네. 지금까지는 생식기가 그들 몸의 바깥쪽에 있어서 임신과 출산의 과정도 육체적 결합이 아니라, 메뚜기처럼 땅 위에 사정을 함으로써 이루어졌다네. 그들의 생식기를 앞으로 옮겨놓음으로써 제우스는 생식이 남성과 여성의 교접으로 가능하도록 만든 것이라네.

　이렇게 변화시킨 그의 의도는 두 가지였다네. 즉 남자가 여자와 쌍을 이루면 아이를 낳게 되어서 종족을 유지할 것이지만, 남자와 남자가 쌍을 이루면 어쨌든 교접의 욕망은 만족되므로 이 욕망에서 해방되어 다른 활동을 하려고 하게 되고 생업에 열중할 것 아니겠나. 따라서 아득한 옛날부터 인간은 서로 느끼는 선천적 사랑, 두 존재가 하나로 결합하고 인류가 상처를 고침으로써 우리에게 옛날의 상태를 회복해주는 사랑을 갖고 있었던 것이라네.

따라서 우리는 각기 한 인간의 부신(符信)[32]에 지나지 않으며, 이것은 인간이 양분되어 넙치 같은 상태에 있게 된 결과이고, 우리는 각기 자신의 짝이 되는 부신을 찾고 있는 것이라네. 내가 이미 말한 것처럼 남녀 추니라고 불렸던, 두 성을 모두 가졌던 자의 반쪽인 사람들은 여자를 사랑하고, 대부분 간통하는 남자들은 이 사람들에게서 나오며, 여자도 마찬가지여서 이러한 여자들은 남자에게 열광하고 성적으로 난잡하다네. 여자의 성만을 갖고 있던 자의 반쪽인 여자는 여자에게 애정을 기울이고 남자에겐 거의 관심이 없다네. 여자 사이의 동성연애자는 이 범주에 속한다네. 그러나 남자의 성만을 갖고 있던 자의 반쪽은 남자를 좋아하며, 말하자면 남자의 한 조각이기 때문에 소년 시절 동안 남자를 사랑하고 육체적 접촉에서 쾌락을 느낀다네. 이러한 소년과 젊은이들은 가장 남성답기 때문에 그들의 세대 중에서 가장 뛰어나다네.

어떤 사람들은 그들이 수치를 모른다고 말하지만, 그것은 잘못이라네. 그들의 행동은 파렴치한 행동이 아니라 기개와 남자다움과 억센 힘

---

32 옛날에는 나그네가 어떤 집에 우연히 머물게 될 때, 후일 그들이나 그들의 자손이 만나게 되면 서로 알아보기 위해서 기와 조각이나 뼛조각이나 동전 등을 둘로 쪼개어 나누어 가졌는데, 이를 부신이라고 한다.

에서 나온 행동이고, 그렇기 때문에 동일한 성에 속한 사람들을 좋아하는 것이라네. 이에 대한 결정적인 증거는 이러한 소년들만이 어른이 되어서 공공의 생활을 한다는 사실이지. 그들은 성년으로 자라나면 소년을 사랑하게 되고, 결혼해서 자식을 갖는 것을 싫어하는 그들의 천성을 극복하려면 관습의 강요가 필요해진다네. 그들은 결혼하지 않고 남성끼리 사는 것을 좋아하는 거라네. 요컨대 이러한 사람들은 언제나 자기를 닮은 사람을 찾고 있기 때문에, 소년 시절에는 자기를 사랑해주는 사람에게 헌신적이고 성년이 된 다음에는 소년을 사랑하게 된다네.

　소년을 사랑하는 사람, 또는 이와 관련된 다른 사람이 자기 자신의 다른 반쪽을 실제로 만나는 행운을 맞이한다면, 애착과 친밀감과 사랑이 합쳐져서 아주 압도적인 감정을 일으키고, 이러한 쌍은 실제로 잠시도 떨어져 있으려고 하지 않는다네. 서로의 사귐을 통해 무엇을 바라고 있는가를 설명하기는 어려우면서도 일생 동안 반려가 되는 사람들은 이러한 사람들이라네. 단지 육체적 쾌락이 다른 사람과의 사귐에서 이처럼 강렬한 기쁨을 느끼게 한다고 생각하는 사람은 없을 거라네. 이러한 사람들의 영혼에는 분명하게 표현할 수는 없지만 누군가를 예감하고 또한 누군가를 막연하게나마 지향하고 있는 어떤 독특한 동경이 있음이 분명하다네.

　그들이 함께 누워 있을 때 헤파이스토스[33]가 그의 연장을 갖고 그들을 찾아와서 '이 인간들아, 너희는 서로 무엇을 원하고 있느냐?'라고 물었다고 가정해보게. 또한 그들이 대답을 하지 못해서 헤파이스토스가 다음과 같은 질문을 다시 했다고 가정해보게. '가능한 한 언제나 함께

33　Hephaistos : 제우스와 헤라의 아들로서 대장장이의 일을 주관하는 신이다.

있고, 낮이든 밤이든 결코 서로 떨어져 있지 않으려고 하는 것이 너희가 바라는 것이냐? 그것이 너희가 바라는 일이라면, 나는 너희를 녹여서 한 몸으로 만들어주고, 그래서 두 몸이 아니라 한 몸으로 살게 해줄 용의가 있다. 그러면 너희는 이 세상에서는 줄곧 한 몸으로 살 것이고 죽을 때도 함께 죽게 될 것이다. 그리고 저세상에서도 두 몸이 아니라 한 몸으로 살게 될 것이다. 이러한 운명에 너희는 만족할 것인가? 또한 너희의 그리움도 충족될 것인가?'

그들의 대답이 무엇이었을지 우리는 잘 알고 있지. 그들 중 어느 한 사람도 이 제안을 거절하지 않을 거라네. 이는 모든 사람이 바라고 있는 것이고, 또한 모든 사람이 오랫동안 느끼고 있었으면서도 어떻게 표현해야 할지를 모르고 있었던 욕망, 즉 자기가 사랑하는 사람과 한 몸이 되어 앞으로는 두 몸이 아니라 한 몸으로 살아가고 싶다는 욕망에 대한 정확한 표현이라고 생각할 거라네. 우리가 양분되지 않고 온전한 전체일 때의 상태, 즉 우리의 원래 상태가 이러했다는 사실에 이렇게 생각하는 이유가 있으며, 사랑이란 이러한 전체를 바라고 추구하는 것을 가리키는 말에 지나지 않는다네. 아르카디아 사람들이 스파르타 사람들에 의해 분할된 것처럼,[34] 나쁜 행동으로 말미암아 인간이 제우스에 의해 양분되기 이전에는 내가 말한 것처럼 우리는 온전한 하나였다네. 만일 신들 앞에서 얌전하게 행동하지 않으면 우리는 마치 부신을

---

34 여기서 말하고 있는 것이 기원전 385년에 아르카디아의 도시인 만티네이아에 스파르타 사람들이 내린 처벌이라는 것은 거의 확실하다. 스파르타 사람들은 이 도시의 장벽을 파괴한 다음, 주민들을 네 촌락으로 분산하여 이주시켰다. 기원전 416년(이해에 아가톤의 비극이 당선되었다)에 있었다고 하는 이 대화에서 이 사건을 언급하고 있는 것은 시대착오지만, 이 대화편이 쓰인 연도에 대해서는 귀중한 증거를 제시하고 있다.

만들기 위해 두 조각을 낸 주사위처럼, 또 다른 두 조각이 날지도 모른다고 두려워해야 할 이유는 충분하며, 우리는 콧날을 따라 수직으로 잘려서 묘비에 새겨진 반면상(半面像) 같은 모습으로 돌아다니게 될지도 모른다네. 그러므로 우리는 모든 사람에게 신 앞에서는 공손하게 행동하라고 타이르는 것이라네.

이렇게 해서 우리는 더 나쁜 운명을 피할 수 있을 뿐 아니라, 만일 우리가 에로스를 우리의 인도자요 우두머리로 받아들인다면, 에로스가 우리에게 부여할 권능을 갖고 있는 축복조차도 받을 수 있다네. 누구도 에로스에게 거역하는 일이 없도록 해야 한다네. 에로스에게 거역하는 것은 신의 미움을 자초하는 것과 같지. 지금은 극소수의 사람만이 엄격한 의미에서 자기에게 속하는 사람을 찾아내는 데 성공하고 있지만, 우리가 에로스의 친구가 되고 에로스와 화목하게 지낸다면, 앞으로는 우리 모두가 이러한 사람을 찾아내는 데 성공할 거라네. 에릭시마코스가 내 연설을 조롱하고 싶어서 입이 근질근질하다는 것을 잘 알고 있다네. 그러나 내가 하는 말이 파우사니아스와 아가톤을 가리키는 것이라고 에릭시마코스가 생각하고 있지는 않겠지. 파우사니아스와 아가톤은 틀림없이 이러한 부류에 속할 수 있다네. 그들이 원래는 온전한 한 남자의 반쪽들이라는 것은 의심의 여지가 없기 때문이라네. 그러나 인류가 행복해지는 길은 에로스의 명령을 충실히 수행하고 각자가 원래부터 자기에게 속한 짝을 스스로 찾아내는 데 있다고 말할 때, 요컨대 원래의 상태로 되돌아가는 데 있다고 말할 때, 나는 일반적으로 남자와 여자에 대해서 말하는 거라네. 만일 그 상태가 가장 좋다면, 우리의 현재 사정이 허락하는 한도 안에서 이 상태에 더 접근하는 것이 우리에게는 가장 좋은 일이라네. 그리고 이렇게 하는 방법은 서로 공감하고 같은 성질을 가진 사랑의 대상을 찾아내는 거라네.

이러한 은혜를 우리에게 베푸는 신을 우리가 찬양해야 한다면, 우리의 찬양의 대상은 마땅히 에로스여야 하겠지. 우리를 우리와 닮은 사람에게 인도해줌으로써 지금의 생활에서 우리를 행복하게 만들어주는 것도 에로스이고, 우리가 신들 앞에서 공손하게 행동한다면 하늘은 우리의 이전 상태를 회복시키고 우리의 상처를 낫게 해줌으로써 앞으로는 우리가 축복받은 행복한 생활을 하게 되리라는 확실한 희망을 우리에게 제시하는 것도 에로스라네.”

"이것이 에로스에 대한 나의 연설일세, 에릭시마코스"라고 아리스토파네스가 말을 이었네. "자네가 한 연설과는 전혀 다르다는 것을 알았을 걸세. 내가 한 요청을 상기하고 나의 연설을 조롱거리로 만들지는 말고, 남은 분들의 연설을 듣기로 하세. 나는 '남은 두 사람'이라고 말해야 옳았을 걸세. 아가톤과 소크라테스 선생님만이 남아 있으니까."

"알았네, 자네 말대로 하지"라고 에릭시마코스가 말했네. "자네 연설이 상당히 재미있었다는 것을 부정하지는 않겠네. 사실, 소크라테스 선생님과 아가톤이 사랑의 문제에 대한 권위자라는 사실을 모르고 있었다면, 두 분이 지금까지 한 여러 연설에서 할 말은 다 했다고 생각하고 망설이지 않을까 하고 걱정했을 걸세. 그러나 사실은 그렇지 않으므로 나는 두 분을 굳게 믿고 있네."

"자네는 아주 잘해냈네, 에릭시마코스"라고 소크라테스가 말했네. "자네는 방금 자네의 역할을 훌륭하게 수행했어. 그러나 자네가 현재의 내 자리에 있다면, 또는 더 나아가서 아가톤이 뛰어난 연설을 한 직후에 연설을 하게 될 위치에 있다면, 자네도 지금의 나와 마찬가지로 겁을 먹고 어쩔 줄을 모를 것일세."

"공치사를 하셔서 저를 어리둥절하게 만들려고 하시는군요, 소크라테스 선생님"이라고 아가톤이 말했네. "제 연설을 듣는 사람들이 저의 웅변에 큰 기대를 갖고 있다고 믿게 만들어서 저를 당황하게 만들 셈이시군요."

"여보게, 아가톤. 자네 연극이 공연되기 직전에 배우들과 함께 무대에 올라와서 구름같이 몰린 관중 앞에 섰을 때도 당황하는 기색을 조금도 보이지 않던 자네가 우리처럼 한 줌도 안 되는 사람들 앞에서 당황할 것이라고 생각한다면, 나는 기억력이 아주 나쁜 사람일 걸세."

"하지만 소크라테스 선생님, 지각 있는 사람에게는 어리석은 군중보다도 한 줌의 현명한 사람들이 더 무섭다는 것을 모를 정도로 제가 무대에만 몰두하고 있다고 생각하시는 것은 분명히 아니시겠지요?"

"자네의 지성에 손상이 되는 의견에 찬성한다면 나는 큰 잘못을 저지르는 것일 테지, 아가톤. 물론 자네가 평범한 사람들보다는 현명하다고 생각하는 사람들에게 더 많은 관심을 기울이고 있다는 사실은 내가 잘 알고 있네. 내가 두려워하는 것은, 우리가 현명한 사람들에 속하지 않는다는 것뿐일세. 자네가 알다시피 우리도 극장에 있었고, 평범한 관중에 속해 있었거든. 그러나 자네가 참으로 현명한 사람들을 만난다면, 그리고 그들 앞에서 의심스러운 일을 했다는 것을 알게 된다면, 자네는 아마도 부끄러움을 느끼게 될 걸세, 그렇지 않은가?"

"물론 그럴 것입니다."

"그러나 평범한 사람들 앞에서는 똑같은 경우라고 하더라도 자네는 부끄러움을 느끼지 않겠지?"

여기서 파이드로스가 끼어들어서 말했네.

"여보게 아가톤, 저분의 물음에 대답하지 말게. 그는 대화 상대가 있기만 하다면, 특히 그 상대자가 잘생긴 사람이라면, 우리가 지금 하고 있던 일이 어떻게 되든 조금도 개의치 않으시네. 나 자신도 소크라테스 선생님의 말을 듣는 것을 무척 좋아하기는 하지만, 지금 나의 의무는 에로스에 관심을 집중하도록 감시하고, 여기 있는 사람들이 한 사람도 빠짐없이 에로스를 찬양하도록 하는 것일세."

"지당한 말씀이야, 파이드로스"라고 아가톤은 말했네. "게다가 나의 연설을 방해할 것은 하나도 없네. 소크라테스 선생님과 대화할 기회는 달리 많이 있을 걸세."

"우선 나의 연설의 바탕이 될 원칙을 말하고, 그다음에 연설을 하려고 하네. 나보다 먼저 연설을 한 사람들은 에로스 자신을 찬양하기보다는 에로스가 축복과 함께 인류에게 주는 행복만을 문제로 삼은 것 같네. 이러한 선물을 주는 에로스가 어떤 존재인가에 대해서는 한 사람도 말하지 않았네. 어떤 찬양을 올바르게 할 수 있는 유일한 방법은 찬양을 받는 대상의 성질을 밝히고, 그다음에 대상에서 생기는 결과를 말하는 것이라네. 에로스 찬양도 마땅히 이러한 방법에 따라야 하네. 우선 에로스의 성질을 말하고, 그다음에 에로스가 주는 선물에 대해서 말해야 하는 것이지.

따라서 행복한 모든 신 가운데서도 에로스는(하늘의 질투를 받지 않고도 이렇게 말할 수 있다면), 가장 행복하다고 나는 주장한다네. 그는 가장 아름답고 가장 훌륭하니까. 그가 가장 아름답다는 사실은 다음과 같은 점으로 보아서 확실하다네. 파이드로스, 우선 그는 신들 가운데서 가장 젊다네. 우리가 알다시피 노년은 재빨리 우리 앞으로 다가오지만 그는 노년 앞에서 달아남으로써 내가 말하는 것이 진실이라는 확실한 증거를 스스로 제시하고 있다네. 어쨌든 우리의 경우에는 노년은 의외로 빨리 닥쳐온다네. 에로스는 노년을 증오하고 노년의 넓은 영역 안으로 다가가려고 하지도 않지. 그는 전 생애를 젊은이와 함께 보내고 있다네. 유유상종이라고 하는 옛말이 진리인 셈이지.

  나는 다른 점에서는 파이드로스의 의견에 동의하지만, 에로스가 가장 오래된 신이라는 의견에는 동의할 수 없다네. 반대로 에로스는 신들 가운데서 가장 젊으며 또한 언제나 젊고, 옛날에 하늘에서 일어났다고 헤시오도스와 파르메니데스가 전하는 소요도, 만일 그러한 사건이 정말로 일어났다면, 운명의 신으로 말미암아 일어난 것이고 에로스로 말미암아 일어난 것은 아니라고 나는 주장한다네. 거세,[35] 감금, 그 밖의 이런 난폭한 행동은, 만일 그때 에로스가 있었다면, 신들 사이에서 결코 일어날 수 없었을 것이라네.[36] 그랬더라면 모든 일이 지금처럼 평화롭고 화기애애했을 것이며, 사실상 에로스가 지배권을 갖게 된 이후로는 그러했다네.

---

35 예컨대 제우스는 통치자의 자리에 앉자 아버지 크로노스를 거세하여 그 생식기를 바다에 던졌고, 후에 거기서 아프로디테가 생겼다.

36 헤시오도스의 《신통기》는 크로노스에 의한 우라노스의 거세, 키클로페스와 무장한 거인 백 명의 감금, 크로노스가 그의 자식들을 먹어 치운 일, 제우스와 티탄들 사이의 전쟁 같은 사건들을 묘사하고 있다. 현존하는 파르메니데스의 단편에는 이러한 사건에 대한 언급이 없다. 그러므로 여기서 그의 이름을 든 것은 의심스럽다.

따라서 에로스는 젊고, 뿐만 아니라 고난에 민감하지. 어떤 신이 얼마나 민감할 수 있는지 묘사하려면, 제2의 호메로스가 필요할 것이라네. 호메로스는 사랑의 신을 신성할 뿐만 아니라 민감하다고—여하튼 민감한 발을 가졌다고—묘사하고 있다네. 그는 이렇게 말했지.

그녀의 발은 부드럽고, 그녀는 발로 결코 땅을 밟으려고 하지 않으며 부드럽게 사람들의 머리를 밟고 다닌다.

그녀의 민감한 성질을 표현하기 위해서 호메로스가 여신에 대해서 딱딱한 것보다는 부드러운 것을 밟고 다닌다고 말한 것은 내 의견으로는 아주 좋은 생각인 것 같네. 따라서 우리도 에로스의 민감함을 설명하기 위해서 똑같은 생각을 채택하는 것이 좋을 듯하네. 에로스는 땅을 밟지 않으며, 또한 사람들의 머리도 밟고 다니지 않는다네. 사람들의 머리도 아주 부드러운 것은 아니거든. 에로스는 존재하는 모든 사물 가운데서 가장 부드러운 것 사이에서 살고 움직인다네. 인간의 성격과 영혼 속에 그의 거처를 마련하는 것이지. 그렇다고 해서 모든 영혼 속에 살고 있는 것은 아니라네. 그는 딱딱한 성질에 마주치면 떠나가지. 그러나 부드럽고 고분고분한 성질을 찾아내면, 거기에 거처를 정한다네. 이처럼 그의 발만이 아니라 그의 존재 전체가 부드러운 것 중에서도 가장 부드러운 것에 애착을 갖고 있으니 에로스는 매우 민감하다고 결론을 내릴 수 있다네.

그는 아주 젊고 아주 민감할 뿐 아니라 유연한 형태를 갖고 있다네. 그의 형태가 딱딱하고 신축성이 없다면, 그가 어떻게 모든 것을 감쌀 수 있으며, 또한 어떻게 영혼 속에 몰래 들어왔다가 몰래 빠져나갈 수 있을 것인가? 추하다는 것은 에로스와는 절대로 양립할 수 없는 것인 까닭에 어느 누구도 능가할 수 없다고 보편적으로 인정되고 있는 그의 우아함은 그가 균형 잡히고 유연한 형태를 가졌다는 증거라네. 그의 겉모습이 아름답다는 것은 그가 꽃들과 함께 살고 있다는 것만 봐도 알 수 있지. 그것이 육체든, 영혼이든, 또는 그 밖의 어떤 것이든, 꽃을 피울 수 없거나 이미 꽃이 시들어가는 곳에 에로스는 결코 거처를 정하지 않지만, 꽃 피고 향기로운 곳을 보기만 하면 에로스는 그곳에 머무른다네.

아직도 언급하지 않은 여러 사실이 있기는 하지만, 나는 이상으로 에로스의 아름다움은 충분히 증명되었다고 생각하네. 그가 선하다는 것을 말하는 일이 남아 있네. 이 점과 관련해서 가장 중요한 것은, 신들과 인간을 다루면서 에로스는 신에게나 인간에게나 악한 행동을 한 적이 없고, 또한 신들이나 인간도 에로스에게 악한 일을 한 적이 없다는 거라네. 그가 수동적이라고 하더라도 폭력이 그에게 가해졌기 때문은 아니네. 폭력은 에로스에게 영향을 줄 수 없는 것이라네. 또한 에로스가 능동적인 때도 그는 폭력을 사용하지는 않는다네. 모든 일에서 모든 사람이 에로스에게 즐거이 복종하기 때문이지. 상호 간 동의가 있는 곳에서는 '사회 최고의 지배자인 법률'[37]이 무엇이 옳은지 선언한다네.

게다가 에로스는 자제력이 강하네. 자제력이 쾌락과 욕망보다 우월하다는 것은 누구나 인정하지. 또한 어떤 쾌락도 에로스보다 강하지 못하다는 것도 인정한다네. 모든 쾌락이 에로스보다 약하다면, 에로스

---

37 고르기아스의 제자이자 수사학자인 알키다마스에게서 인용.

는 쾌락의 지배자여야 하고, 쾌락은 에로스의 신하여야 하겠지. 그러므로 에로스는 탁월한 자제력을 갖게 되는 것이라네.

그것에 덧붙여 용기에 대해 말한다면, 에로스는 전쟁의 신인 '아레스보다 낫다'[38]고 하네. 전설에 따르면, 아레스가 에로스를 사로잡은 것이 아니라, 아프로디테의 애인인 아레스를 에로스가 사로잡았다네. 그런데 사로잡은 자는 사로잡힌 자보다 뛰어나므로 따라서 다른 모든 존재보다도 용감한 자를 사로잡은 자는 만물 가운데서 가장 용감하지 않을 수 없겠지.

에로스의 올바름과 자제력과 용기는 이와 같다네. 이제 그의 지혜에 대해 말할 차례군. 나는 에로스의 지혜에 대해 말하면서 아주 공평해야 한다네. 우선 에릭시마코스가 말한 것처럼, 나 자신이 가진 솜씨를 그의 지혜 중에서 가장 뛰어난 것이라고 말한다면, 에로스는 현명한 시인이 되어서 다른 시인들도 현명하게 만들겠지. 어쨌든 '전에는 뮤즈를 전혀 몰랐더라도'[39] 에로스가 영향을 미친 사람은 누구나 시인이 된다네. 이러한 사실을 증거로 해서 우리는 이렇게 말할 수 있다네. 즉 일반적으로 말한다면 에로스는 모든 종류의 예술적 창조에서 뛰어나지. 자기가 갖고 있지도 않고 알지도 못하는 솜씨를 어떻게 다른 사람에게 전수하거나 가르칠 수 있겠는가? 모든 종류의 생명체의 창조에 대해서는 이것이 사랑의 지혜의 결과임을 부정할 사람은 없을 거라네. 모든 생명체는 사랑으로 태어나고 자라는 것이지.

끝으로 장인(匠人)의 탄생을 본다면 에로스를 스승으로 삼은 사람은

---

38 소포클레스의 《티에스테스》에서 인용.
39 에우리피데스의 《스테네보이아》에서 인용.

뛰어나고 유명해지지만, 에로스의 영향을 받지 않은 사람은 알려지지 않고 묻힌다는 것을 우리는 잘 알고 있다네. 뮤즈들이 문학에서, 헤파이스토스가 대장장이의 일에서, 아테나가 직조에서, 그리고 제우스가 신들과 인간의 통치에서 그랬던 것처럼, 아폴론도 욕망과 사랑의 인도를 받아서 궁술(弓術)과 의술과 점을 발견했고, 따라서 아폴론도 에로스의 제자라고 부를 수 있다네. 마찬가지로 신들 사이에서 일어나는 분쟁들이 가라앉은 것도 에로스가 탄생한 다음의 일이라네. 이때 에로스란 말할 것도 없이 아름다움에 대한 사랑이지. 에로스는 추한 것에 애착을 가질 수는 없지 않은가. 처음에 내가 말한 것처럼, 그전에는 하늘에서는 운명의 신이 최고였기 때문에 무서운 일이 무수하게 일어났다고 전설은 전하고 있다네. 그러나 에로스가 탄생하자마자, 아름다움에 대한 사랑이 신들과 인간을 축복하는 모든 방식에서 두드러지게 되었던 것이지.

따라서 파이드로스, 내 의견으로 에로스는 첫째로 아름다움과 선함 자체에서 최고이고, 둘째로 다른 사물에 있는 이러한 성질의 원인이라네. 나는 이 생각을 시로 표현하고 싶은 충동을 느낀다네.

인간들 사이에 평화를, 바다에 잔잔함을
바람에 싸움을 멈추고 휴식을, 슬픔에 영원한 잠을

주는 이는 에로스라고 말하고 싶은 것이라네. 우리의 서먹서먹한 마음을 없애고 친밀한 마음으로 가득 차게 해주는 이도 에로스라네. 그는 이러한 서로 간의 사귐을 가능하게 해준다네. 그는 축제와 춤과 제사를 주재한다네. 그는 명랑함을 주고 무뚝뚝함을 사라지게 한다네. 그의 선물은 호의의 선물이고 악의의 선물은 전혀 없다네. 그는 쉽게 간청을 들어주고 매우 친절하다네. 현인은 그에 대해 사색하고 신들은 그를 찬양하지. 그의 도움을 받지 못하는 사람들은 그의 축복을 받아 보물을 차지한 사람들을 부러워한다네. 그는 우아함, 섬세함, 요염함, 온갖 고상함, 그리움, 그리고 욕망을 만들어냈다네. 그는 선량한 사람의 행복에는 깊은 주의를 기울이고 나쁜 사람의 운명에는 전혀 관심이 없다네. 노고(勞苦)에서, 공포에서, 욕망에서, 연설에서, 그는 가장 좋은 안내자이자 병사이고 친구이며 구원자라네. 그는 하늘과 땅의 질서를 수립했다네. 노래를 인도하는 자 중에서 그는 가장 사랑스럽고 가장 좋은 인도자이며 모든 사람이 그를 찬양하는 노래를 따라 부르지 않을 수 없게 만들고, 이 멜로디에 스스로 참여함으로써 모든 신과 인간을 매료한다네.

파이드로스, 이것이 농담과 진지함이 적당하게 섞인 나의 연설이라네. 이 연설을 내가 생각해낼 수 있는 가장 좋은 혼성곡으로서 에로스에게 바치게 해주게나."

아리스토데모스에 따르면, 아가톤이 연설을 마쳤을 때 그의 연설을 듣고 있던 모든 사람은 젊은 시인이 그다운 연설을 했고 에로스에게도 어울리는 연설을 했다고 소리 높여 선언했다고 하네. 소크라테스는 에릭시마코스를 바라보면서 말했네.

"아쿠메노스의 아들이여, 그대는 아직도 나의 두려움이 근거 없는 두려움이라고 생각하는가? 아가톤이 훌륭한 연설을 해서 나를 당황하게 만들 것이라고 한 내 말이 틀림없는 예언이었음을 인정하게."

"아가톤에 대해서 하신 말씀이 예언적 성격을 가졌다는 것을 인정합니다"라고 에릭시마코스는 대답했네. "그러나 선생님이 당황하신다는 것은 믿을 수 없습니다."

"여보게, 내가 어떻게 당황하지 않을 수 있겠나? 방금 들은 것 같은 훌륭하고 특색 있는 웅변을 듣고 나서 당황하지 않는 사람이 있을 것인가? 그의 연설의 첫 부분은 그다음 부분만큼 훌륭하지 못했다는 것을 나도 알지만, 마지막 부분의 아름다운 말과 구절들은 누구도 숨을 죽이지 않고는 듣지 못할 것일세. 나의 처지에서는 내가 그러한 수준의 연설 근처에도 갈 수 없다는 것을 생각하면 달아나고 싶을 뿐이었네. 아마 도망갈 만한 곳만 있었더라면, 그렇게 했을 걸세. 아가톤의 연설은 내게 고르기아스를 생각나게 했고, 나를 호메로스의 글에 나오는 사람과 똑같은 처지에 놓이게 만들었네. 나는 아가톤이 두려운 연설자 고르기아스의 머리를 내게 보내는 것으로 그의 연설을 끝내서 나를 돌처럼 말을 잃게 만들지 않을까 하고 걱정하고 있었네.[40]

그때, 나는 여러분과 함께 에로스를 찬양하기로 한 것이 얼마나 어리석었는가를 깨달았고, 이미 밝혀진 것처럼 어떤 대상을 찬양하는 정당한 방법에 대해서도 전혀 알지 못하면서 사랑의 문제에 대한 전문가라고 말한 것이 얼마나 바보스러웠던지 깨달았네. 그 대상이 무엇이든 간에 찬양하기로 한 대상에 관해 진실만 말하면 올바르며, 그 진실이 우리가 가장 좋은 점들만을 골라내서 가능한 한 예술적으로 정리하기만 하면 되도록 자료를 제공해줄 것이라고 생각할 만큼 나는 어리석었네.

---

[40] 《오디세이아》 11, 632. 오디세우스는 죽은 자들의 나라에 갔다가 돌아오려고 할 때, 페르세포네가 고르곤의 머리를 보내서 자기를 돌로 변하게 만들지 않을까 하고 두려워했다고 한다. 고르곤은 머리칼이 뱀으로 되어 있어서 그 머리를 보는 사람을 돌로 변하게 한다는 전설의 괴물이다. 음(音)이 비슷하므로 유명한 소피스트인 고르기아스와 고르곤을 관련시켜 말장난을 한 것이다.

나는 에로스의 참된 성질을 알고 있었기 때문에 내가 좋은 연설을 할 능력이 있다고 자신만만했네.

그러나 이제는 이것이 어떤 대상을 찬양하는 올바른 방법이 아니라는 것이 밝혀졌고, 또한 정당한 방법은 찬양의 대상에게, 정말로 그 대상이 그러한 성질을 가졌든 그렇지 않든 간에, 모든 고상하고 사랑스러운 성질을 돌리는 것이라는 점도 분명해졌네. 그 대상에 그런 성질을 돌리는 것이 거짓이라고 하더라도, 그것은 결국 중요한 일이 아닐세. 사실상 우리가 제안받은 일은 우리 각자가 에로스를 실제로 찬양하기보다는 찬양하는 체하면 되는 것이었네. 여러분이 온갖 이야기를 모아서 그것을 에로스가 보증하게 한 이유도 바로 이 점에 있다고 나는 생각하네. 또한 여러분이 여러분 나름대로 에로스의 성질과 그의 활동의 결과를 말한 것도 바로 이러한 이유 때문일세. 에로스를 모르는 사람들에게—여기서 한 말은 전문가들 사이에 퍼지지는 않을 테니까—모든 존재 중에서 에로스가 가장 사랑스럽고 가장 좋은 신으로 보이게 하고 여러분의 찬사를 아주 훌륭하고 엄숙한 말로 들리게 하는 것이 여러분의 목적일세.

정당한 방법을 알지도 못하면서 나의 무지 때문에 나도 가담하겠다고 동의하기는 했지만, 약속을 한 것은 나의 혀이고 나의 마음은 아닐세.[41] 그러나 나의 약속은 하찮은 것일세. 이러한 방식에 따라야 한다면, 나는 찬양을 할 수 없네. 나는 그렇게 할 수 없기 때문일세. 만일 여러분이 허락한다면, 나는 내 나름의 방식으로 진실을 말하고 싶을 뿐이

---

41 플라톤은 에우리피데스의 《히폴리토스》에 나오는 "나의 혀는 맹세했지만 나의 마음은 아직도 맹세하지 않았다"는 구절을 이용하고 있다. 이 구절은 유행어가 되었고, 아리스토파네스가 에우리피데스에 반대하며 《개구리들》에 사용해 커다란 효과를 거두기도 했다.

네. 나만은 여러분의 연설과 경쟁하려 한다고 생각하지 말아주게. 그렇지 않으면 나는 웃음거리가 될 걸세. 파이드로스, 내가 제안하고 있는 것 같은 연설도, 다시 말하면 에로스에 관한 진실을 평범하게 말하고 그것도 순간적 충동으로 머리에 떠오르는 용어와 구절들을 사용해서 말하는 연설도 쓸모가 있을지 잘 생각해보게."

파이드로스와 다른 사람들은 소크라테스에게 그가 옳다고 생각하는 방식으로 연설을 하라고 말했다네. 그래서 그는 말을 계속했네.

"파이드로스, 연설을 시작하기 전에 아가톤에게 몇 가지 사소한 질문을 해서 동의를 얻는 것도 허락해주게."

"좋습니다"라고 파이드로스는 말했네. "마음대로 질문하세요."

그래서 아리스토데모스에 따르면, 소크라테스는 다음과 같이 말하기 시작했네.

"여보게, 아가톤, 에로스의 실제 성질을 말하고 그다음에 그가 일으키는 결과를 입증하는 것이 옳다고 한 자네 연설의 서론 부분을 듣고 깊은 감명을 받았네. 나도 그렇게 시작하는 것을 무척 좋아하네. 그러나 에로스의 본성에 대한, 그 밖의 점에서는 멋지고 훌륭한 자네의 연설을 다음과 같은 나의 질문에 대답해서 보충해준다면 고맙겠네. 에로스의 본성은 어떤 것에 대한 사랑이어야만 하는가, 또는 에로스는 대상 없이도 절대적으로 존재할 수 있는가? 내 질문은 '사랑은 특정한 어머니나 아버지에 대한 사랑인가?'라는 의미는 아닐세. 에로스가 어떤 어머니나 아버지에 대한 사랑인가, 그렇지 않은가를 묻는 것은 우스운 일일 걸세. 내가 묻고자 하는 점을 유추에 의해서 분명하게 할 수 있네.

만일 내가 '아버지'라는 단일한 개념을 예로 들어서 '아버지는 어떤 사람의 아버지를 의미하는가, 또는 그렇지 않은가?'라고 묻는다면, 그리고 자네가 옳은 대답을 하려고 한다면, 아마도 자네는 '아버지'는 아들이나 딸의 아버지를 의미한다고 대답할 걸세. 그렇지 않은가?"

"그렇습니다"라고 아가톤은 대답했네.

"그러면 '어머니'의 경우에도 마찬가지겠지?"

"그렇습니다."

"내가 말하려고 하는 것을 아주 명백하게 하기 위해 좀 더 묻기로 하겠네. '형'이라는 개념은 본질적으로 누구의 형이라는 것을 함축하고 있는가, 또는 그렇지 않은가?"

"물론 함축하고 있습니다."

"사실상 동생이나 누이동생의 형이나 오빠겠지?"

"네."

"알았네. 그러면 에로스는 어떤 것에 대한 사랑을 의미하는지, 또는 사랑할 대상을 전혀 갖지 않은 에로스도 존재할 수 있는지 말해주게."

"분명히 에로스는 어떤 것에 대한 사랑을 의미합니다."

"그러면 이 점을 분명히 이해해두게"라고 소크라테스는 말했네. "또한 잠시 동안은 자네도 유념하고 있을 테지만, 사랑은 ······에 대한 사랑이라는 점도 잊지 말게. 그리고 다음과 같은 질문에 대답해주게. 즉 에로스는 자기가 사랑할 대상, 또는 사랑하지 않을 대상을 욕구하는가?"

"물론 욕구합니다."

"그러면 그 대상을 소유하고 있을 때 에로스는 욕구하고 사랑하는 대상을 욕구하고 사랑하는가, 또는 소유하고 있지 않을 때 그렇게 하는가?"

"아마도 소유하고 있지 못할 때일 것입니다."

"자네가 잠시만 생각해본다면, 우리는 우리가 갖고 있지 못한 것은 욕구하고 우리가 갖고 있는 것은 욕구하지 않는다는 것이 단지 개연적이 아니라 절대적인 것임을 알게 될 걸세."

"네, 그렇다고 생각됩니다."

"좋아, 그런데 이미 키가 큰 사람이 키가 크기를 바라고 이미 힘 센 사람이 힘 세기를 바라는 경우가 있을 것인가?"

"제가 앞에서 인정한 대로 그것은 불가능합니다."

"그러한 성질을 갖고 있는 사람에게는 그러한 성질이 필요하지 않기 때문이겠지?"

"네."

"이미 강한 사람이 강해지기를 원하고 이미 발이 빠른 사람이 발이 빨라지기를 원한다고 생각해보세. 잘못을 범할 모든 가능성을 피하기 위해서 나는 이 점을 강조하는 걸세. 내가 말한 경우, 또는 이와 비슷한 경우에 대해서 어떤 특성을 이미 갖고 있는 사람들, 또는 어떤 성질을 이미 갖고 있는 사람들도 그들이 이미 갖고 있는 성질을 욕구한다고 생각하는 사람도 있을 테니까.

그러나 아가톤, 이 문제를 잘 생각해보면, 이러한 사람들은 현재 그들이 좋아하든 싫어하든, 불가피하게 그러한 성질을 갖고 있으며 불가피한 것을 욕구하는 사람은 없으리라는 것을 알 수 있을 것일세. 당연한 일이지. 어떤 사람이 '나는 건강하고 또한 부자이지만, 그럼에도 어쨌든 건강하거나 부자이기를 바라고, 또한 나는 내가 갖고 있는 바로 그러한 성질을 욕구한다'고 말한다면, 우리는 이렇게 대답해야 하네. '내 친구여, 건강하고 부자이고 강한 자네가 정말로 바라고 있는 것이 이러한 성질을 갖는 것이라면, 자네는 이러한 성질을 앞으로도 계속 갖고 있기를 원하는 것일세. 현재는 자네가 원하든 원하지 않든 간에 그러한 성질을 갖고 있으니까.' 그러면 자네가 '내가 갖고 있는 것을 나는 욕구한다'고 말할 때, 자네는 사실은 '내가 지금 갖고 있는 것을 앞으로도 계속 갖고 있게 되기를 바란다'고 말하는 것이 아닌가 생각해보게. 앞에서 말한 친구에게 그렇게 말한다면, 그는 동의하리라고 나는 생각하네."

"옳은 말씀입니다"라고 아가톤은 말했네.

"그러면 사랑의 경우에도 아직은 우리의 힘으로 다스릴 수 없거나 또는 갖고 있지 못한 것이 대상일 것일세. 다시 말하면 우리가 현재 받고 있는 축복을 앞으로도 유지하고 보존하는 것이 문제일 거야."

"분명히 그렇습니다."

"그렇다면 이러한 사람, 그리고 욕구를 느끼는 모든 사람은 그의 세력 속에 들어와 있지 않거나 소유하고 있지 못한 것을 욕구하며, 욕구와 사랑의 대상이 되는 사물이나 성질은 그 사람이 현재 갖고 있는 것이 아니라 그에게 결여되어 있는 것이네."

"그렇습니다."

"그러면 우리가 합의한 점들을 요약해보세"라고 소크라테스는 말했네. "첫째는 에로스는 대상과의 관계 속에서만 존재할 수 있다는 것이고, 둘째는 그 대상은 현재는 결여되어 있는 것이어야 한다는 것이 아니었던가?"

"그렇습니다."

"그러면 자네의 연설에서 자네가 에로스의 대상이라고 분명하게 말한 것을 다시 생각해보기로 하세. 자네가 양해한다면, 내가 말하지. 신들의 분쟁은, 추한 것에 대한 사랑이란 있을 수 없기 때문에, 아름다움에 대한 사랑에 의해 진정되었다고 말한 것으로 생각되네. 그렇지 않던가?"

"맞습니다."

"아주 옳은 말이야, 아가톤. 만일 그렇다면 에로스는 아름다움을 사랑할 것이네, 그렇지 않겠는가? 그리고 에로스는 추한 것을 사랑하지는 않겠지?"

아가톤은 이 말에 동의했네.

"그런데 에로스는 현재 그에게 결여되어 있어서 소유하지 못하고 있는 것을 사랑한다는 점에 우리는 동의했네."

"그렇습니다."

"그렇다면 에로스에게는 아름다움이 결여되어 있고 아름다움을 소유하고 있지 않다는 말이 되겠지?"

"불가피한 귀결입니다."

"그렇다면 아름다움이 결여되어 있고, 아름다움을 갖지 못한 것을 자네는 아름답다고 말할 수 있겠나?"

"분명히 그렇게 말할 수 없습니다."

"그런데도 자네는 아직도 에로스가 아름답다고 생각하는가?"

"소크라테스 선생님, 그 말을 했을 때 저는 무슨 말을 하고 있는지조차도 몰랐던 것 같습니다."

"아닐세, 아가톤, 자네의 연설은 훌륭한 연설이었네. 그러나 사소한 것이기는 하지만 한 가지만 더 묻겠네. 자네는 선한 것과 아름다운 것이 동일하다고 생각하나?"

"네, 그렇습니다."

"그런데 에로스가 아름답지 않고, 게다가 선한 것과 아름다운 것이 일치한다면, 에로스는 선하지도 않네."

"선생님의 말씀을 감당하기가 어렵군요, 소크라테스 선생님. 선생님 말씀대로입니다."

"천만의 말씀이야, 친애하는 아가톤. 자네가 감당할 수 없는 것은 진리일세. 소크라테스의 질문을 견뎌내는 것은 아주 쉬운 일일세.

그러나 이제부터는 자네를 좀 쉬게 하고, 내가 전에 만티네이아에서 온 디오티마[42]라는 부인에게서 들은 에로스에 관한 설명을 해주려고 하네. 그녀는 다른 일에서도 뛰어났다네. 일찍이 전염병이 내습하기 전에 아테네 사람들이 전염병을 피하기 위해 제물을 바쳤을 때, 그녀는 전염병이 닥치는 것을 10년이나 늦추기도 했지. 그러나 지금 우리에게는 그녀가 내게 사랑의 솜씨를 가르쳐주었다는 사실이 중요하네. 나는 아가톤과 내가 합의에 도달한 결론을 출발점으로 삼으면서 그녀가 내게 말한 것을 충실하게 전달하려고 하네. 아가톤, 자네가 매우 조심스럽게 지적한 것처럼, 우리는 에로스가 일으키는 결과를 말하기 전에 에로스의 본질과 특성을 밝혀야 하네. 그렇게 하는 가장 쉬운 방법은, 그녀와 내가 가진 질문과 대답의 과정을 재현하는 것이라고 생각하네. 나도 그녀에게 아가톤이 나에게 말한 것과 거의 같은 말을 했네. 즉 에로스는

---

42 디오티마가 역사상에 실재한 인물인지는 확실하지 않다. 그녀를 여예언자 디오티마라고 해서 가상적 인물로 보는 견해도 있다. 디오티마라는 말에는 '신을 경외하는 자'라는 의미도 있다.

위대한 신이고 아름답다고 생각하지 않을 수 없다고 말이지. 그러나 내가 아가톤을 상대로, 내 생각에 따르면 에로스는 선하지도 아름답지도 않다고 입증한 것과 동일한 논증으로 그녀는 나의 생각에 반대했네.

'무슨 말씀입니까, 디오티마?'라고 나는 말했네. '에로스는 추하고 악하다고 하시는 겁니까?'

'그런 말은 하지 말아요'라고 그녀는 대답했네. '아름답지 않은 것은 반드시 추하다고 생각하나요?'

'물론 그렇습니다.'

'그러면 지혜에 속하지 않는 것은 모두 무지에 속합니까? 지혜와 무지의 중간에 있는 마음의 상태를 모르나요?'

'무슨 말씀입니까?'

'그 이유는 말하지 못하면서도 참된 확신을 갖는 경우를 말합니다'라고 그녀는 대답했네. '분명히 당신은 이러한 마음의 상태를 이해라고 부를 수 없다고 말하겠지요. 그것이 무엇이든 불합리한 것에는 이해라는 명칭을 붙일 수 없기 때문입니다. 그러나 무지라고 부르는 것도 마찬가지로 잘못입니다. 진리를 적중시키고 있는 마음의 상태를 어떻게 무지라고 부를 수 있습니까? 사실은 참된 확신을 가졌다는 것은 방금 내가 말한 대로 지혜와 무지의 중간 상태입니다.'

'그 점은 인정합니다'라고 나는 말했네.

'그렇다면 아름답지 않은 것은 추하고, 선하지 않은 것은 악하다고 주장하지 마요. 에로스는 선하지도 않고 아름답지도 않기 때문에 에로스는 추하고 악할 수밖에 없다고 생각하지 말고 오히려 당신이 인정한 대로, 에로스는 선과 악, 아름다움과 추함의 중간에 있다고 생각하세요.'

'그렇지만 모든 사람이 에로스를 위대한 신이라고 인정하고 있습니다'라고 나는 말했네.

'모든 사람이라고 말할 때, 당신은 에로스를 모르는 사람들만을 지칭합니까, 그렇지 않으면 에로스를 알고 있는 사람도 포함합니까?'

'한 사람의 예외도 없이 모든 사람을 지칭하고 있습니다.'

그녀는 웃음을 터뜨리면서 말했네. '좋아요, 소크라테스. 에로스는 결코 신이 아니라고 하는 사람들이 어떻게 에로스를 신으로 인정하는지 알 수가 없군요.'

'그들은 어떤 사람들입니까?'라고 나는 물었네.

'당신도 그들 중 한 사람이고 나도 그렇지요.'

'무슨 말씀을 하시는 겁니까?'

'아주 쉬운 일이에요. 모든 신은 행복하고 아름답다고 말했지요, 그렇지요? 신들 중 어떤 신은 행복하지도 않고 아름답지도 않다고 감히 말할 자신은 없지요?'

'천만에, 그럴 생각은 없습니다.'

'그런데 당신은 행복하다고 말할 때, 선하고 아름다운 것을 확실하게 누리고 있는 상태를 말하고 있지요?'

'물론입니다.'

'그러나 에로스가 선한 것과 아름다운 것을 바라는 것은 그에게는 그러한 것이 결여되었기 때문이라는 점에 당신은 동의하지 않았나요?'

'네, 동의했습니다.'

'그러면 선도 아름다움도 갖지 못한 존재는 신이 될 수 없겠지요?'

'분명히 신일 수 없습니다.'

'그럼 됐어요. 당신도 에로스를 신이 아니라고 하는 사람들 중 한 사람임을 알게 되었을 겁니다.'

'그러면 에로스란 무엇인가요?'라고 나는 말했네. '가사적(可死的)인 존재?'

'천만에요.'

'그러면 무엇입니까?'

'앞에서 예를 든 경우와 마찬가지로 가사적인 존재와 불사적(不死的)인 존재의 중간자입니다.'

'그러면 에로스는 어떤 존재입니까, 디오티마?'

'에로스는 커다란 정령(精靈)입니다, 소크라테스. 정령의 성질을 가진 모든 것은 반은 신이고 반은 인간입니다.'

'그러면 그런 존재들이 하는 일은 무엇입니까?'

'신이 인간에게 전하는 말, 인간이 신에게 전하는 말, 즉 인간에게서는 기도와 제물을, 신에게서는 명령과 보상을 전달하고 통역하는 것입니다. 정령은 중간자적 성질을 가졌으므로, 신들과 인간 사이를 메우고, 우주가 둘로 분리되지 않게 하지요. 이러한 존재들을 통해서 사제들은 제사와 의식과 주술에서 점을 치고 온갖 초자연적 기술을 보이는 것이며, 모든 종류의 마술과 마법이 행해지는 것입니다. 신은 인간을 직접 다루지 않아요. 신들과 인간의 모든 교섭과 의사 전달은 깨어 있을 때나 잠들어 있을 때나 정령을 통해서 이루어집니다. 이러한 일에 능통한 사람은 영적인 사람이고, 반대로 어떤 기술이나 솜씨에 그 재능이 국한된 사람은 지상의 존재에 지나지 않지요. 정령은 그 수도 많고 종류도 많은데, 그들 중 하나가 에로스입니다.'

'에로스의 어버이는 누구입니까?'라고 나는 물었네.

'긴 이야기이기는 하지만 말씀드리죠'라고 그녀는 대답했네. '아프로디테가 탄생하던 날, 신들은 잔치를 베풀었습니다. 이 신들 가운데는 교지(狡智)의 신 메티스의 아들인 풍요의 신 포로스도 있었어요. 식사가 끝난 다음, 아직도 잔치가 계속되고 있는 것을 알고 궁핍의 신 페니아가 구걸을 하려고 문에 서 있었습니다. 그때 포로스는 이미 신주(神酒) — 아직도 포도주는 발견되지 않았을 때입니다 — 에 취해 제우스의 정원으로 들어가서 잠이 들었어요. 그래서 페니아는 포로스의 아이를 배면 불쌍한 상태에서 벗어날 수 있으리라고 생각하고 포로스의 옆에 누워서 에로스를 잉태하게 되었지요. 에로스는 아프로디테의 생일에 잉태되었으므로, 또한 아름다운 것에 대한 선천적 사랑을 갖고 있었고 따라서 아프로디테의 아름다움을 사랑하고 있었으므로, 그는 아프로디테의 추종자요 종이 되었답니다. 게다가 포로스가 아버지이고 페니아가 어머니였기 때문에 다음과 같은 성격을 갖게 되었습니다. 그는 언제나 가난하고, 대부분의 사람들이 생각하는 것처럼 민감하고 아름답기는커녕 오히려 딱딱하고 거칠고 신발도 없고 집도 없으며, 침대도 갖지 못해서 땅바닥이나 문간이나 길가에서 잠을 잡니다. 이러한 면에서 그는 어머니를 닮은 것이고, 그래서 가난 속에서 삽니다. 그러나 포로스의 아들이기도 하므로, 아름다운 것과 선한 것은 무엇이든지 가지려고 획책하지요. 그는 대담하고 저돌적이고 격렬하며, 언제나 교활한 사냥꾼 같은 계교를 꾸밉니다.

그는 지혜를 갈망하며 지혜를 얻는 수단도 충분히 갖고 있고 평생을 통해 애지자(愛智者)이고 능란한 마술사, 능란한 연금술사, 그리고 참된 소피스트입니다. 그는 가사적 존재도 아니고 불사적 존재도 아니에요. 때로는 (일이 잘되어갈 때는) 융성하게 살다가 때로는 죽음을 맞이하는 나날을 보내고 있습니다. 그런데 그는 아버지한테 물려받은 정력 때문에 다시 살아나는 것입니다. 그는 획득한 것을 언제나 상실하고, 그는 부자도 아니고 가난하지도 않으며, 또한 현명하지도 않고 무지하지도 않아요.

이 문제에서 진리는 다음과 같습니다. 어떤 신도 애지자가 아니고 현명하게 되기를 바라지도 않습니다. 신은 이미 현명하기 때문이지요. 만일 현명한 사람이 있다면, 그 사람에게도 이 말은 해당됩니다. 한편 무지한 자도 지혜를 사랑하고 현명하게 되기를 바라지 않습니다. 무지가 귀찮은 것은 다음과 같은 점 때문입니다. 즉 아름다움도, 선함도, 지성도 갖지 못한 사람은 자기 자신에게 완전히 만족하고, 그에게 결여된 것이 있다고 믿지 않는 사람은 누구든지 결여되어 있다고 믿지 않는 것을 욕구하지도 않습니다.'

'애지자라고 하는 사람들이 현명하지도 무지하지도 않다면, 도대체 애지자는 누구입니까?'라고 나는 물었네.

'어린애도 그 물음에는 대답할 수 있겠군요. 분명히 애지자는 현명한 자와 무지한 자의 중간에 있는 자들이며, 다른 자들과 함께 에로스도 여기에 속합니다. 지혜는 가장 아름다운 것들 중 하나이고, 에로스는 아름다운 것을 사랑합니다. 따라서 에로스는 애지자가 아닐 수 없다는 결론이 나오고, 그렇기 때문에 그는 지혜와 무지의 중간 상태에 있습니다. 그가 이러한 상태에 놓이게 된 것은 그의 출생 내력 때문이지요. 즉 그의 아버지는 현명하고 그 수단도 풍부하지만, 그의 어머니는 지혜가 없고 무력하기 때문입니다. 친애하는 소크라테스, 지금까지 말한 것이 에로스라는 정령의 본성입니다. 에로스에 대한 당신의 생각을 살펴본다면, 거기에는 주목할 만한 것이 하나도 없어요. 당신이 말한 바에 따라 판단한다면, 당신은 에로스를 사랑을 느끼고 있는 자가 아니라 사랑받는 자라고 생각하고 있습니다. 그래서 당신은 에로스가 가장 아름답다고 생각한 것입니다. 사랑의 대상은 사실상 아름답고 미묘하고 완전하고 행복하다고 할 만하지만, 사랑을 느끼는 자는 방금 내가 말한 사랑의 대상이 되는 자와는 전혀 다른 성질을 갖고 있습니다.'

'그렇다면 말씀해주십시오, 부인. 당신의 말은 확신에 차 있어서 하는 말입니다만, 에로스의 본성이 그렇다면, 에로스가 인간들 사이에서 하는 일은 무엇입니까?'

'소크라테스, 내가 당신에게 가르쳐주려고 한 것도 바로 그 점이었어요. 에로스의 본성과 어버이는 내가 방금 말한 바와 같고, 또한 당신의 견해에 따르면 에로스는 아름다움을 사랑합니다. 그러나 우리가 다음과 같은 질문, 즉 〈아름다움에 대한 사랑이란 무엇입니까, 소크라테스와 디오티마?〉 또는 좀 더 분명하게 말한다면, 〈아름다움을 사랑하는 사람이 느끼는 사랑의 목적은 무엇입니까?〉라는 질문을 받았다고 가정해본다면요?'

'그의 목적은 아름다운 것을 차지하려는 것입니다'라고 나는 대답했네.

'그러나 그 대답은 또 다른 문제를 제기할 뿐입니다. 아름다움을 차지한 사람은 무엇을 얻은 것입니까?'

나는 이 물음에 대해서는 지금 당장은 마땅한 대답이 없다고 말했네.

'좋아요'라고 그녀는 말했네. '아름답다는 말 대신에 선하다는 말을 쓰기로 합시다. 어떤 사람이 당신에게 다음과 같이 물었다고 가정합시

다. 〈그런데 소크라테스, 선을 사랑하는 사람이 느끼는 사랑의 목적은 무엇입니까?〉라고.'

'선을 차지하는 것입니다'라고 나는 대답했네.

'그러면 선을 차지한 사람이 얻은 것은 무엇입니까?'

'그건 대답하기 쉬운 질문이군요. 그 사람은 행복할 것입니다.'

'아마도 행복이란 선을 차지하는 것이기 때문이겠지요. 그리고 일단 이러한 대답을 듣게 되면, 그의 질문은 끝납니다. 〈왜 인간은 행복하기를 바랍니까?〉 하고 더 질문할 필요가 없거든요.'

'그렇습니다.'

'그러면 이러한 욕구와 이러한 사랑이 모든 사람에게 공통된 특성이고, 따라서 모든 사람은 영원히 선을 소유하기를 바라고 있다고 생각합니까, 또는 그렇지 않다고 생각합니까?'

'그것이 바로 내가 말하려고 하던 점입니다. 그것은 모든 사람에게 공통되는 것입니다.'

'그러면 소크라테스, 모든 사람이 언제나 동일한 것을 사랑하고 있다면, 왜 우리는 모든 사람이 사랑하고 있다고 말하지 않고, 어떤 사람은 사랑하지만 어떤 사람은 사랑하지 않는다고 말합니까?'

'그 이유가 무엇인지 잘 모르겠군요.'

'의아해할 필요가 조금도 없어요. 그것은 사실 우리가 특별한 종류의 사랑을 가려내어 거기에 사랑이라는 이름을 붙이고 있기 때문입니다. 사실 이런 사랑은 더 큰 전체에 속하는 것입니다. 한편 우리는 다른 종류의 사랑엔 다른 이름을 붙입니다.'

'그렇게 사용되는 또 하나의 예를 들어주시겠습니까?'

'네, 한 가지 예를 들지요. 원래의 의미로 본다면, 포이에시스(제작)는 단지 창조를 의미하고, 당신도 아시다시피 창조는 아주 여러 형태를 갖지요. 어떤 사물을 존재하지 않던 상태에서 존재하는 상태로 옮겨가게 하는 원인이 되는 모든 행위는 포이에시스라고 부를 수 있고, 온갖 기술에서의 모든 과정도 포이에시스라고 할 수 있으며, 이러한 기술에 종사하는 모든 사람들은 포이에타이(제작자)입니다.'

'그렇군요.'

'그러나 아직도 그들은 포이에타이라고 불리지 않고 다른 이름들로 불리며, 포이에시스의 모든 분야 중에서 한 분야, 즉 음악과 운율을 다루는 분야만을 따로 떼어내서 전체의 이름으로 부르고 있습니다. 이 분야만이 포이에시스라고 불리고, 이 분야의 포이에시스를 전문으로 하는 사람들이 포이에타이라고 불립니다.'

'옳은 말입니다.'

'사랑의 경우에도 마찬가지입니다. 일반적 개념으로서는 사랑은 선과 행복에 대한 모든 욕구를 포섭합니다. 다시 말하면 바로 전능하고 포괄적인 사랑을 말합니다. 그러나 이러한 욕망은 여러 방식으로 표현됩니다. 그렇지만 돈에 대한 사랑이나 육체적 용맹에 대한 사랑이나 지혜에 대한 사랑은 사랑이라고 말하지 않고, 또한 사랑하는 사람이라고 불리지도 않습니다. 한편 하나의 특수한 방향으로 정열을 쏟는 사람들이 사랑하는 사람이라는 이름을 독차지하고 있고―이 명칭은 만인의 것입니다―사랑하는 사람이라든가 사랑한다는 말을 듣습니다.'

'당신의 말이 진실인 것 같습니다'라고 나는 말했네.

'사랑하는 사람은 자기의 다른 반쪽을 찾고 있는 사람들이라는 이론도 있지만, 이 문제에 대한 나의 견해에 따르면, 나의 친구여, 그 반쪽이나 전체가 선한 것이 아닌 한, 사랑이란 반쪽이나 전체에 대한 욕구는 아닙니다'라고 그녀는 말을 계속했네. '사람들은 손이나 발이 병들었다고 믿으면 서슴지 않고 잘라버리려고 합니다. 사실은 사람들은 선한 것이 그들에게만 있고 악한 것은 그들에게는 없다는 것을 확인하지 않는 한, 각별히 자기에게만 있는 것을 소중히 여기지 않습니다. 인간의 사랑의 유일한 대상은 선한 것입니다. 내 말이 옳다고 생각하지 않습니까?'

'분명히 그렇군요.'

'그렇다면 우리는 조건 없이 사람들은 선한 것을 사랑한다고 말할 수 있겠지요?'

'네.'

'그러나 우리는 그들의 사랑의 목적은 선한 것을 스스로 차지하는 것이라고 덧붙여야 할 것입니다. 그렇지 않은가요?'

'네.'

'그리고 그것을 소유할 뿐 아니라 영원히 소유하는 것이라고 말해야겠지요?'

'분명히 그렇습니다.'

'자, 요약해서 말한다면 사랑이란 선한 것을 영원히 소유하려는 욕구라고 말할 수 있겠군요.'

'아주 옳은 말입니다.'

'사랑의 본질이 무엇인가를 밝혔으므로, 사람들은 그들의 강렬한 욕구가 사랑이라는 이름을 들을 만한 경우에 어떤 방법과 어떤 행동 방식으로 이 강렬한 욕구를 나타내야 하는지 물어야 할 것입니다. 사랑이

하는 일이 무엇일까요? 나에게 말해줄 수 있겠어요?'

'말할 수만 있다면야, 디오티마, 그랬더라면 나는 당신의 지혜에 이렇게 경탄하지도 않았을 것이고, 바로 이 문제를 배우려고 당신을 찾지도 않았을 것입니다.'

'좋아요'라고 그녀는 말했네. 제가 말씀드리기로 하죠. 사랑이 하는 일은 아름다운 것 속에서 잉태하게 하는 것이고, 이러한 잉태는 육체적인 것일 수도 있고 정신적인 것일 수도 있습니다.'

'당신의 말을 알아들으려면 해설자가 필요하겠군요. 나는 전혀 이해할 수 없습니다.'

'좀 더 쉽게 말씀드리지요, 소크라테스. 모든 사람에게는 정신적으로나 육체적으로나 생식의 충동이 있으며, 그들이 성숙하면 아이를 낳고 싶다는 충동을 자연히 느낍니다. 그러나 아름다움 속에서만 이 욕망은 이루어지고 추한 것 속에서는 이 욕망은 결코 달성되지 않지요.[43] 생식이란 전적으로 성스러운 것입니다. 잉태와 출산을 통해서 가사적인 존재는 불사성과 접촉하게 됩니다. 그러나 그 과정은 부조화 속에서는 이루어지지 않습니다. 추한 것은 신적인 모든 것과 조화를 이루지 못하지만 아름다운 것은 신적인 모든 것과 조화를 이루는 것입니다. 칼로네[44]가 출산을 주재하는 것도 이 때문이고, 욕망을 느끼고 있는 사람이 아름다운 것과 접촉했을 때 편안하고 행복하고 아늑한 마음을 갖고 생식

---

[43] 이 토론에 나오는 성에 대한 견해는 다음과 같은 가정에서 보면 가장 잘 이해할 수 있다. 즉 플라톤도 다른 고대 사상가들과 마찬가지로 아이의 몸 전체가 아버지에게서 생기고 어머니는 아이의 몸이 자라는 장소에 지나지 않는다고 믿었던 것이다.
[44] 아름다움의 여신.

을 할 수 있게 되는 것도 이 때문이지요. 그러나 추한 것이 가까이 있을 때 그 효과는 정반대입니다. 그는 낯을 찡그리고 우울해지고 주춤 움츠리고 추한 것과 일체가 되지 못하고 충만한 욕망을 고통스럽게 억제합니다. 그러므로 능동적인 욕망을 갖게 된 사람은 아름다운 것에 몹시 이끌리게 됩니다. 아름다운 것을 갖게 되면 그 아름다움이 그를 고통에서 해방해주는 것입니다. 소크라테스, 당신이 생각하는 것처럼 사랑의 대상은 아름다움이 아니랍니다.'

'그러면 그 대상은 무엇입니까?'

'그 대상은 아름다운 것 안에서 잉태하고 출산하는 것입니다.'

'정말입니까?'

'그렇습니다. 내가 보증하지요. 그러면 왜 생식이 사랑의 대상일까요? 가사적인 존재가 획득할 수 있는 것들 중에서 생식은 영원성과 불사성에 가장 접근한 것이기 때문입니다. 만일 우리가 합의한 대로 사랑의 목적이 선을 영원히 소유하는 것이라면, 사랑은 필연적으로 선과 함께 불사성을 욕구하지 않을 수 없으며, 따라서 지금까지 한 논의는 사랑이란 선에 대한 사랑인 동시에 불사성에 대한 사랑이라는 결론에 도달하게 됩니다.'

지금까지 내가 말한 것들을 나는, 디오티마가 사랑에 대해 말한 여러 기회를 통해 배웠네. 어느 날인가 그녀는 나에게 물었지.

'소크라테스, 이러한 사랑과 이러한 욕구의 원인이 무엇이라고 생각합니까? 짐승이든 새든 간에, 모든 동물의 행동을 보십시오. 생식을 하고 싶다는 욕망에 사로잡힐 때마다 동물은 사랑의 열병을 앓습니다. 첫 번째 목적은 서로 결합하려는 것이고, 두 번째 목적은 새끼를 얻는 것입니다. 이를 위해서 짐승은 승산이 거의 없는 경우에도 싸움을 사양하지 않고, 필요하다면 죽음도 마다하지 않으며, 새끼의 생존을 위해서 스스로는 굶주림을 즐거움으로 알고 그 밖의 어떤 희생이라도 서슴지 않습니다. 인간의 경우에는 당신은 이러한 행동이 이성적인 숙고의 결과라고 할지 모르지만, 짐승의 경우에는 이러한 사랑의 원인을 어디서 찾아야 할까요? 나에게 말해줄 수 있나요?'

이번에도 나는 모른다고 말했네.

'그것도 모르면서 어떻게 사랑의 문제에 대한 대가가 되려고 생각합니까?'

'전에도 말했지만, 그래서 당신을 찾아온 것입니다. 디오티마, 스승이 있어야 한다는 것을 나는 잘 알고 있습니다. 그러니 지금 말한 것은 물론이고 사랑과 관련된 그 밖의 모든 현상의 원인을 말해주십시오.'

'좋아요. 우리가 여러 번 합의에 도달한 것이 사랑의 본래의 대상임을 믿는다면, 내가 하는 대답을 듣고 당신은 놀라지 않을 거예요. 동물계에 대해서도 인간의 경우와 똑같은 논의가 성립하니까요. 즉 가사적인 존재는 가능한 한 영속적이며 불사적인 존재가 되려고 합니다. 그렇게 하는 유일한 방법은 생식이지요. 생식은 그 종족의 늙은 구성원을 새 구성원으로 대체하는 일을 영원히 멈추지 않습니다. 어떤 생명체가 살아 있다는 말을 들으면서 자기동일성을 유지하고 있는 동안에도, 예컨대 어떤 사람이 어릴 적부터 늙은이가 될 때까지 동일한 사람으로 불리는 것처럼, 비록 동일한 사람으로 불리고 있기는 하더라도 사실 그는 동일한 속성을 유지하고 있는 것이 아니에요. 그는 언제나 새로운 존재가 되고, 언제나 없어지고 새로 생기는 과정에 놓여 있어요. 그의 머리카락, 그의 살, 그의 뼈, 그의 피, 그의 모든 육신이 이 과정의 영향을 받지요. 그의 육신만이 아니고, 그의 영혼도 마찬가지예요. 성격이나 습관이나 의견이나 욕망이나 쾌락이나 고통이나 두려움이 변하지 않고 언제나 똑같은 것으로 남아 있는 사람은 한 사람도 없어요. 새로운 것이 나타나고 낡은 것은 사라지지요. 지식의 분야에서 일어나고 있는 일은 특히 주목할 만해요. 새로운 지식이 생기면 낡은 지식은 없어져서 내가 앞에서 말한 다른 것들과 마찬가지로 지식의 경우에도 자기동일성을 유지할 수 없을 뿐 아니라, 하나하나의 지식이 모두 우리가 겪는 것과 마찬가지의 과정을 겪고 있지요.

우리가 상기(想起)라는 말을 사용할 때 우리는 이 말을 사용해서 지식이 사라져간다는 것을 나타내지요. 망각이란 지식이 사라져버리는 것을 말하고, 상기란 그 지식이 사라져버린 자리에 새로운 인상을 심어줌으로써 그 지식을 보존하는 것이고, 그래서 마치 중단 없이 동일성을 유지하고 있는 것처럼 보이게 하는 것입니다. 이러한 방법으로 모든 가사적인 것이 보존되는 것이지요. 언제나 동일한 것으로 남아 있는 것이 아니라—언제나 동일한 것으로 남아 있는 것은 신의 특권입니다—동일한 것을 새로 얻어 낡아서 없어진 것을 보충하는 과정을 겪으면서 보존되는 것입니다. 소크라테스, 가사적인 존재는 다른 면에서와 마찬가지로 육체적으로도 이러한 방법을 통해 불사성에 참여해요. 그러나 불사적인 존재는 다른 방식으로 불사성을 누리지요. 그러므로 모든 가사적 존재가 자식을 소중히 여기는 본성을 갖고 있더라도 놀라지 마세요. 모든 개체가 이 뜨거운 욕망과 사랑에 쫓기고 있는 것도 불사성을 확보하기 위해서니까요.'

나는 이런 설명을 듣고 놀라서 말했네.

'당신은 무척 현명한 것 같군요, 디오티마. 그러나 그 말을 정말로 믿어도 될까요?'

그러자 그녀가 말했다네. '그 좋은 예임을 알게 될 것입니다. 내가 지금까지 말한 것을 기억하고 있지 않았다면, 내 말이 불합리하다고 해서 깜짝 놀랐을 거예요. 명성에 대한 사랑, 그리고 영원히 사라지지 않을 영광에 대한 사랑이 사람들에게 가장 강력하게 작용한다는 것을 명심하세요. 명성이나 영광을 위해서는 사람들은 자녀들을 위하는 경우보다도 더 위험을 무릅쓰고, 그들의 재산을 허비하며 어떤 어려움도 견뎌 내고 심지어 생명까지도 희생하지요. 그들의 용기가 지금 우리에게 기억되고 있는 것처럼 영원히 사람들의 마음속에 살아 있을 것이라고 믿지 않았다면, 알케스티스가 아드메토스를 구하기 위해 목숨을 버리고, 아킬레우스가 파트로클로스에게 복수를 하고 당신네의 코드로스[45]가 아들들을 위해 왕국을 보존했으리라고 생각하시나요?

천만의 말씀이죠. 모든 행위의 동기가 되는 것은 앞에서 말한 경우에서 볼 수 있는 것과 같은 불멸의 명성과 영광스러운 평판입니다. 그 사람이 훌륭하면 훌륭할수록 이런 동기는 더욱 강렬하지요. 그는 불사성을 사랑하고 있는 거예요. 그 창조적 본능이 육체적인 것인 경우에는 그러한 사람들은 여자에 의존하고 아이들을 낳음으로써, 앞으로 영원히 그들이 불멸의 축복받은 기억 속에 살아 있게 되리라고 믿으면서,

---

45 Kodros : 아티카의 전설적인 왕으로, 그의 나라를 도리스 족의 침입에서 구하기 위해 신탁에 따라 자진해서 죽음을 택했다. 신탁은 임금이 죽지 않으면 전쟁에서 도리스 군이 승리한다고 했기 때문이었다. 그의 아들들은 종신 집정관으로 있으면서 왕이라 불렸다고 한다.

그들의 사랑을 육체적인 방법으로 나타내는 것이지요. 그러나 그 창조적 욕구가 영혼에 속하고 육신을 통해서가 아니라 정신을 통해서 자손을 남기려고 하는 사람들도 있어요. 영혼에도 자손을 만들고 출생시키려는 본성이 있는 것이지요. 영혼의 자손이 무엇이냐고 묻고 싶으시겠지요. 그것은 지혜와 덕 자체입니다. 모든 시인과 어떤 새로운 것을 발명한 기술자들은 이러한 부류에 속하는 사람들이에요.

그러나 가장 위대하고 가장 아름다운 지혜는 나라와 가정의 질서와 관계되는 것으로서, 우리가 절제와 정의라고 부르는 것이에요. 어릴 적부터 신적인 영감에 의해 정신적으로 절제와 정의라는 자질을 풍부하게 갖고 자라난 사람도, 적당한 때가 오자마자 잉태를 시키고 아이를 낳게 하고 싶어 하며, 그의 욕구를 만족시켜줄 아름다운 대상을 찾아 나서지요. 추한 것 속에 그의 자녀들을 출생하게 할 수는 없으니까요. 이러한 상태에서는 아름다운 육체가 추한 육체보다는 그의 마음에 들게 되고 아름다운 육체에서 아름답고 고상하고 품위 있는 영혼까지도 발견하게 되면 그는 이러한 결합을 따뜻하게 환영하고, 이러한 사람과는 선한 사람의 징표가 되는 덕과 자질과 행동에 대해 토론을 하면서 그의 교육을 돕는 것입니다. 그의 친구에게 구현된 아름다움을 가까이함으로써, 그리고 그를 언제나 마음속에 간직함으로써, 그는 오랫동안 갈망해오던 아이들을 낳게 되고, 아이들이 태어나자마자 그 아이들을 친구와 함께 기르지요. 그들 사이의 협력은 보통의 어버이 사이보다 훨씬 밀접하고 그들의 애정의 결속은 보통의 어버이보다도 훨씬 강해요. 그들의 아이들은 육신의 아이들보다도 아름다울 뿐만 아니라 불멸하는 것이기도 하지요.

예를 들자면 호메로스나 헤시오도스나 그 밖의 훌륭한 시인들을 생각해보세요. 그 자질이 그들의 어버이에게 불멸의 명성과 영광을 안겨준 그들의 아이들[46]을 그 누가 부러워하지 않을까요? 또는 입법자 리쿠르고스[47]를 예로 들어서 그가 스파르타를 구하기 위해서ㅡ어떤 사람은 그리스를 구하기 위해서라고까지 말할지도 모릅니다ㅡ스파르타에 남겨놓은 그의 아이들을 생각해보세요. 당신들 아테네 사람들 사이에서는 솔론[48]이 그가 제정한 법률 때문에 존경을 받고 있으며, 여러 곳에서 그리스 사람이든 이방인이든 간에, 다른 많은 사람이 이런 존경을 받고 있고, 그들은 훌륭한 행동을 통해 온갖 업적을 남기고 있어요. 그들 중 적지 않은 사람들이 그들의 정신적 자녀들 때문에 인간의 예배까지도 받아요. 그렇지만 육신의 자녀로 말미암아 예배를 받게 된 사람은 하나도 없어요.

지금까지 나는 몇 가지 사랑의 신비를 다루었고, 여기까지는 당신도 따라올 수 있었겠지만, 순례자가 올바른 길에서 벗어나지 않는 한, 사랑의 신비가 순례자를 인도해가는 완전한 계시를 당신이 파악할 수 있을지는 나도 모르는 일이에요. 내가 성의가 없어서 당신이 실패하는 일은 없을 거예요. 내가 그 계시에 대해 말할 테니 힘껏 따라와보세요.

---

46 여기서 아이들이라고 하는 것은 정신적 소산, 즉 그들의 작품을 말한다.
47 Lykourgos : 후세 사람들이 기원전 9세기에 스파르타의 헌법과 군사 제도의 기초를 다진 인물로 생각하는 사람이다. 그러나 그가 역사상 실재한 인물인지는 의심스럽다. 여기서 그리스를 구한 제도라고 말하는 것은 페르시아전쟁에서 스파르타가 수행한 역할을 가리키는 것 같다. 그가 스파르타에 남겨놓은 아이들이란 스파르타의 제도를 말한다.
48 Solon : 많은 전설에 싸여 있기는 하지만 역사상 실재한 인물이라는 점에는 의심의 여지가 없다. 그는 6세기 초에 아테네 헌법을 개정하는 일을 맡았으며, 그의 방식에 따라 아테네 민주주의의 기초를 다졌다.

이 목표에 이르는 올바른 길을 찾으려는 사람은 젊었을 때 육체적 아름다움에 대한 명상에 열중하는 일부터 시작해야 해요. 그리고 안내자의 적절한 인도를 받는다면, 그는 우선 한 특정한 아름다운 사람과 사랑에 빠져야 하고 그 사람과 협력하여 고상한 감정을 가져야 하지요. 후에 그는 한 사람의 육체적 아름다움은 다른 사람의 육체적 아름다움과 흡사함을 알게 될 것이고, 외형적 아름다움을 그의 추구의 대상으로 삼는다면, 모든 육체에 나타난 아름다움은 동일함을 인정하지 않는 것은 매우 어리석다는 것을 깨닫게 될 거예요.

이러한 결론에 도달하게 되면, 그는 모든 육체적 아름다움을 사랑하게 될 것이고, 한 특정한 사람에 대한 강렬한 정열에서 해방될 거예요. 이러한 정열은 더 낮은 것이고 사소한 것임을 깨닫게 되기 때문이에요. 다음 단계는 그가 육체의 아름다움보다도 영혼의 아름다움을 더 가치 있다고 생각하게 되는 것이에요. 그 결과로 육신은 별로 아름답지 않지만 영혼은 유덕한 사람을 만나면 그는 이 사람을 사랑하고 소중히 여기게 되고, 이 젊은이의 향상에 이바지하겠다는 생각을 하게 되지요. 이렇게 해서 그는 활동과 제도 속에 있는 아름다움도 찾아보지 않을 수 없게 되고, 여기서도 아름다운 모든 것은 비슷하다는 것을 깨닫게 되어서, 육체적 아름다움이란 전체적으로 비교적 보잘것없다고 생각하게 될 거예요.

그는 품행에서 학문으로 나아가게 되고, 학문의 아름다움을 보게 되며, 그 결과 그는 더 넓은 의미의 아름다움에 눈을 뜨게 되었으므로, 그는 아름다움의 개별적 예—그의 사랑의 대상이 소년이든 어른이든 또는 활동이든 간에—에 대한 저열한 헌신에 사로잡히지 않게 되고, 오히려 새로이 주목하게 된 아름다움의 광대한 바다를 응시함으로써 지혜에 대한 풍요한 사랑 속에서 아름답고 훌륭한 감정과 사상을 갖게 될 것이고, 마침내 이러한 경험에 의해 그의 마음의 능력이 강화되고 증대되어서 하나의 독특한 학문을 알게 됩니다. 이 학문의 대상은 아름다움이고 이 아름다움에 대해 나는 말하려고 해요. 그런데 여기서 가능한 한 최대의 주의를 기울여달라고 요청해야겠습니다.

사랑의 신비에 이 정도까지 접근하고 올바른 순서로 아름다움의 예들을 생각해온 사람들은 그의 순례의 마지막에 이르러서 갑자기 정말로 신기한 아름다움이 드러나는 것을 보게 될 거예요. 소크라테스, 이것이 지금까지 기울여온 온갖 노력의 마지막 목표입니다. 이 아름다움은 우선 영원한 것이에요. 그것은 새로 생기지도 않고 없어지지도 않으며 늘어나거나 줄어들지도 않지요. 둘째로 이 아름다움은 부분적으로는 아름답고 부분적으로는 추한 것도 아니고, 또한 그것을 보는 사람에 따라 여기서는 아름다우나 저기서는 추한 것도 아니에요. 또한 이 아름다움은 얼굴이나 손이나 그 밖의 다른 육체적인 것의 아름다움으로 나타나지도 않고, 사상이나 학문의 아름다움으로 나타나지도 않으며, 그 자체가 아닌 어떤 다른 것—그것이 생명체든, 지구든, 하늘이든, 또는 그 밖의 어떤 무엇이든 간에—에 자리 잡고 있는 아름다움으로 나타나지도 않아요. 이 아름다움은 절대적이고 그 자체로서만 존재하고 독특하며 영원하고 모든 다른 아름다운 것은 이 아름다움을 분유(分有)하고 있지만, 아름다운 것들이 생멸(生滅)하더라도 아름다움에는 결코 증감이 없고 어떠한 변화도 일으키지 않는다는 것을 그는 알게 될 거예요.

이 감각의 세계에서 출발해서 소년에 대한 사랑을 올바르게 이용해 위로 위로 올라가서 이 아름다움을 보기 시작할 때 그는 목표에 아주 가까이 접근합니다. 이 세상의 아름다움의 예에서 시작해서 이 예들을 발판으로 삼아 최종 목표인 절대적 아름다움으로 끊임없이 올라가는 것, 육체적 아름다움의 한 예에서 두 가지 예로, 그리고 두 가지 예에서 모든 예로, 그다음에는 육체적 아름다움에서 도덕적 아름다움으로, 그리고 도덕적 아름다움에서 지혜의 아름다움으로, 마침내는 여러 지혜에서 절대적 아름다움을 유일한 대상으로 하는 최고의 지혜에 도달하고 결국은 절대적 아름다움이 무엇인가를 아는 것, 이것이 사랑의 신비에 접근하는, 또는 사랑의 신비에 참여하는 올바른 길이지요.'
　만티네이아에서 온 부인은 말을 계속했네. '친애하는 소크라테스, 무엇보다도 이것이 인간이 생애를 바쳐야 할 분야입니다. 즉 절대적 아름다움을 관조하면서 살아야 하는 것이지요. 이 절대적 아름다움을 보자마자, 당신은 이것을 황금이나 아름다운 옷이나 소년이나 젊은이의 아름다움과 견주어서 평가하지는 않을 거예요. 그런데 지금으로서는 당신이나 당신 같은 많은 사람은 소년이나 젊은이를 보면 황홀해져서, 당신들이 사랑하는 사람들을 언제나 바라볼 수 있고 또 함께 있을 수만 있다면 먹지도 않고 마시지 않아도 좋다고 생각하고(이렇게 하는 것이 가능하다면 말입니다), 당신들의 애인의 아름다움을 바라보면서 온종일을 보내고 싶어 하지요.
　순수하고 혼합된 것이 없는 절대적 아름다움 자체를 본 사람, 인간의 살과 색깔과 보잘것없는 폐물에 의해 더럽혀진 아름다움 대신에 홀로 떨어져서 존재하는 신적인 아름다움을 파악할 수 있는 사람의 지복

(至幅)을 무엇이라고 말할 수 있을까요? 그 방향으로 시선을 고정하고 적절한 능력을 갖고 절대적 아름다움을 관조하고 절대적 아름다움과 일체가 되는 삶을 사는 사람의 생활을 보잘것없다고 생각하나요? 그것을 볼 수 있는 능력을 갖고 절대적 아름다움을 보는 곳에서만 진리의 반영이 아니라 진리 자체와 접촉하기 때문에, 선의 영상(映像)이 아니라 참된 선을 알게 되리라는 것을 당신은 모르나요? 그리고 참된 선을 알고 그러한 덕을 쌓았기 때문에, 그는 신의 사랑을 받고, 만일 인간이 그렇게 될 수 있다면 영생할 특권을 갖게 될 거예요.'

파이드로스와 다른 친구들이여, 이것이 디오티마가 말해준 것이고 또한 내가 믿는 것일세. 그리고 나는 이것을 믿기 때문에 이러한 축복을 받는 일에서 인간의 본성은 에로스에게 가장 큰 도움을 받는다고 다른 사람들을 설득하려고 하는 것일세. 에로스를 찬양하는 것은 모든 사람의 의무라고 나는 선언하며, 나 자신도 각별히 에로스의 신비를 찬양하고, 그 신비를 실천하고 있고, 다른 사람들도 그렇게 하기를 권하며, 지금이든 다른 때든 언제나 내 능력을 다해서 에로스의 힘과 용기를 찬양하네. 이것이 나의 연설일세, 파이드로스. 괜찮다면 이것을 에로스에게 바치는 나의 찬사로 생각해주게. 찬사가 아니라고 생각한다면, 자네가 원하는 대로 어떤 명칭이라도 붙이게."

소크라테스의 연설이 끝나자 박수갈채가 뒤따랐으며, 아리스토데모스에 따르면 아리스토파네스는 소크라테스가 말한 것 중에서 한 가지는 자기의 이론이라고 설명하려고 했다네. 그런데 그때 정문 쪽에서 요란하게 문을 두드리는 소리가 들려왔네. 술 취한 사람들 무리가 내는 소리처럼 들렸네. 어떤 소녀가 피리를 부는 소리도 들을 수 있었네.

"누군지 가보아라"라고 아가톤이 하인에게 말했네. "우리의 친구이거든 들어오시라고 해라. 친구가 아니거든 잔치는 끝났고 잠자리에 들려고 한다고 말하여라."

잠시 뒤에 정원 쪽에서 알키비아데스가 술에 몹시 취한 목소리로 떠드는 소리가 들려왔네. 그는 아가톤이 어디 있는지 알고 싶어 했고, 아가톤이 있는 곳으로 데려다 달라고 조르고 있었네. 그는 피리 부는 소녀와 다른 일행들의 부축을 받고 있었네. 그는 담쟁이덩굴과 제비꽃으로 만든 묵직한 화환을 쓰고 있어서 머리 위에서는 화환의 리본들이 너덜거렸네. 그는 문간에 서서 말했네.

"안녕하신가, 여러분. 여러분은 술에 취한 사람, 그것도 몹시 취한 사람을 반가운 마음으로 받아주겠나? 아니면, 내가 온 목적은 아가톤에게 화환을 씌워주려는 것이니까 화환이나 씌워주고 그냥 돌아갈까? 나는 어제의 축하연에는 참석하지 못했네. 그래서 내 머리에 쓴 화환을 아름다움과 총명함의 화신인 이 사람에게 씌워주는 즐거움을 맛보려고 지금 화환을 갖고 온 걸세. 내가 술에 취했다고 해서 여러분은 나를 보고 웃겠지, 그렇지? 좋아, 웃으려면 마음대로 웃게. 그러나 내 말이 진실이라는 것을 나는 잘 알고 있네. 그럼 당장 말하게. 아까 말한 것처럼 내가 잔뜩 취했더라도 나를 잔치 자리에 끼워주겠나? 나와 함께 술을 마시겠나, 아니면 싫은가?"

이구동성으로 들어오라고 소리쳤고, 아가톤도 정식으로 초대했네. 그래서 그는 일행의 부축을 받으며 아가톤에게 씌워주려는 화환을 벗으려고 애쓰면서 들어왔네. 그런데 화환이 눈을 가려서 그는 소크라테스를 보지 못했네. 그러나 그는 아가톤 옆에 소크라테스와 함께 앉아서는 자기 옆에 소크라테스가 앉을자리를 만들어주려고 몸을 움직였네. 그는 자리를 잡고 앉자, 아가톤을 껴안고 그의 머리에 화환을 씌워주었네.

"알키비아데스의 신발을 벗겨드리고 이 테이블에서 셋이 먹도록 해주게"라고 아가톤이 명령했네.

"좋아"라고 알키비아데스는 말했네. "그런데 우리와 테이블을 함께 쓰는 또 한 친구는 누구지?"

이렇게 말하면서 그는 몸을 돌려서 소크라테스를 보고는 펄쩍 뛰면서 말했네.

"맙소사, 이게 어떻게 된 거지? 소크라테스 선생님, 이번에도 나를 기다리면서 누워 계시는 겁니까? 선생님이 계시리라고는 꿈에도 생각하지 못할 적에 불쑥 나타나시는군요. 여기서 뭘 하고 계십니까? 게다가 왜 여기에 앉아 계시지요? 선생님은 아리스토파네스나 또는 진짜든 가짜든 간에 익살꾼 옆에 앉아야 어울리는데, 그 대신에 이 방에서 가장 아름다운 사람 옆에 앉아 계시는군요."

"아가톤, 날 좀 도와주게"라고 소크라테스는 말했네. "이 사람의 사랑은 그동안에도 적지 않게 부담이 되어왔네. 처음 이 사람과 사랑을 하게 되는 순간부터 이 사람의 질투와 시기를 받지 않고서는 단 한 사람의 잘생긴 사람이나마 바라보지도 못했고 단 한마디라도 말을 나누어보지 못했네. 내가 그러려고만 하면 이 사람은 화가 나서 내게 욕을 퍼붓고 실제로 사납게 손찌검까지 하네. 여기서는 이 사람이 지나친 행동을 하지 못하게 말려주게. 또한 그가 폭력을 사용하려고 하면 나를 지켜주게. 그의 미친 듯한 행동과 강렬한 애착이 정말로 몹시 겁이 나네."

"선생님과 나 사이에는 평화가 있을 수 없어요"라고 알키비아데스는 말했네. "그러나 지금 하신 말씀에 대해서는 후일에 따지기로 하지요. 당장은 아가톤, 선생님의 머리를 장식할 테니까 리본 몇 개만 주게. 선생님의 머리는 정말로 놀라운 머리거든. 그렇지 않으면 자네한테만 화환을 씌워주고 자기한테는 씌워주지 않았다고 해서 나를 비난할 거야. 선생님의 말을 당할 사람은 없네. 그것도 엊그제 자네처럼 한 번만 승리하는 게 아니라 언제나 승리를 한다네."

이렇게 말하고 그는 몇 개의 리본을 뽑아 소크라테스에게 화환을 만들어주고 기대앉았네.

그러고는 곧 그는 소리쳤네. "자, 여러분, 내가 보기엔 하나도 취하지 않았어. 그건 용서할 수 없는 일이야. 술을 마시라고. 처음부터 마시기로 했지 않은가. 그러면 여러분이 얼큰히 취할 때까지는 이 향연의 좌장은 내가 맡겠소. 아가톤, 이 집에 그런 잔이 있거든 큰 잔을 가져오게. 아니야, 그 정도로는 안 돼, 포도주 냉각기를 가져오게." 그는 반 갤런 이상을 담을 수 있는 냉각기를 보고는 이렇게 말했다. 그는 이 냉각기에 술을 가득 부어서 우선 자기가 다 마시고 난 다음에 하인들에게 다시 가득 채워서 소크라테스에게 주라고 하고는 말했네. "아무리 내가 술수를 써도 나의 친구 소크라테스에게는 소용이 없어요. 그는 권하는 대로 얼마든지 마시지만, 한 번도 취한 적이 없어요."

하인은 그 그릇에 술을 채웠고, 소크라테스는 이 술을 마셨네. 그러자 에릭시마코스가 말했네. "우리는 이렇게 하지 않으려고 했네. 알키비아데스, 잔을 들고 아무 말도 하지 않고 노래도 하지 않고 목마른 사람처럼 가만히 앉아서 술만 마시란 말인가?"

"아, 에릭시마코스"라고 알키비아데스는 대답했네. "가장 훌륭하고 가장 냉정한 아버지의 가장 훌륭한 아들이여, 내 인사를 받게."

"그럼 나의 인사도"라고 에릭시마코스는 말했네. "어떻게 하면 재미있는 자리가 되겠나?"

"자네가 원하는 대로 하면 되지. 우리는 자네의 명령에 따를 테니까. '한 사람의 의사가 무수한 사람들보다도 낫다'[49]고 하지 않는가. 자네가 원하는 대로 처방만 내리게."

"그럼 내 말을 듣게"라고 에릭시마코스가 말했네. "자네가 오기 전에 우리는 왼쪽에서 오른쪽으로 돌아가면서 각자가 가장 훌륭한 연설로 에로스를 찬양하기로 결정했네. 우리는 이미 연설을 했으니까, 아직 연설을 하지 않은 자네 차례일세. 그러니 자네는 술을 마저 마시고 연설을 해야겠네. 그다음에는 어떤 것이라도 좋으니 자네의 마음이 내키는 대로 소크라테스 선생에게 시키게. 그러면 소크라테스 선생은 오른쪽 사람에게 시키는 순서로 해나가세."

"아주 좋은 생각이야, 에릭시마코스. 그러나 취한 사람이 취하지 않은 사람하고 연설로 경쟁을 한다는 것은 공정하지 못해. 게다가 이 좋은 친구야, 자네는 방금 소크라테스가 한 말을 정말로 믿지는 않겠지? 사실은 그 정반대라는 것을 알고 있지? 그가 있는 자리에서 그를 제쳐놓고 신이든 인간이든 간에 다른 자를 찬양한다면, 그는 손을 가만히 놓아두지 못할 걸세."

"쓸데없는 소리 하지 말게"라고 소크라테스가 말했네.

---

49 호메로스, 《일리아스》 11, 514.

"그렇게 말씀하셔도 소용없어요"라고 알키비아데스는 말했네. "선생님이 계신 곳에서는 다른 사람을 찬양하는 연설은 하지 않겠습니다."

"좋아"라고 에릭시마코스가 말했네. "자네가 원한다면, 자네 마음대로 하게. 소크라테스를 찬양하는 연설을 하게."

"뭐라고?"라고 알키비아데스가 말했네. "내가 꼭 연설을 해야만 한다고 생각하나, 에릭시마코스? 내가 저분에 대한 이야기를 시작해서 여러분들 앞에서 망신을 시키란 말인가?"

"여보게"라고 소크라테스가 말했네. "도대체 어떻게 할 셈인가? 조롱 섞인 찬사를 해서 나를 놀리려고 하는가?"

"나는 진실만 말하겠습니다. 괜찮겠지요?"

"오, 물론이지. 진실이라면 자네 마음대로 말하게. 그렇다면 내가 자네에게 청하기라도 하지."

"그럼 좋습니다"라고 알키비아데스는 말했네. "그리고 선생님께서 도와주실 일이 있습니다. 만일 내가 진실을 말하지 않거든, 선생님 마음대로 내 연설을 중단시키세요. 그리고 내가 거짓말을 하고 있다고 말씀해주세요. 나는 일부러 거짓말을 할 생각은 전혀 없으니까요. 그러나 내가 혼란한 추억 속에 빠지더라도 놀라지는 마세요. 나와 같은 상태에 있는 사람이 선생님의 독특한 성격을 질서 정연하게 요약해서 말한다는 것은 쉬운 일이 아니거든요.

여보게들, 나는 비유를 이용해서 소크라테스를 찬양하려고 하네. 아마도 선생님은 내가 선생님을 조롱할 것이라고 생각하시겠지만 나는 농담이 아니라 진실을 말하기 위해서 비유를 사용하는 것이라네.

선생님은 조각품 상점에 피리나 클라리넷을 들고 서 있는 실레노스[50]의 조각들과 흡사하다고 나는 선언하겠네. 그 조각들은 속이 비어 있어서 그 조각을 부수면 그 안에서 신들의 작은 조각들이 나오지. 또한 선생님은 사티로스의 하나인 마르시아스[51]와 같다고 나는 선언하겠네. 소크라테스 선생님, 선생님은 실레노스나 마르시아스와 생김새가 비슷하다는 것을 부정하지 못합니다. 그리고 나는 곧 선생님이 다른 점에서도 그들과 비슷하다는 것을 말하겠습니다.

우선 선생님은 남을 골탕 먹이기를 좋아합니다. 그렇지 않으신가요? 선생님이 인정하지 않는다면, 증거를 대겠습니다. 그러나 선생님께서는 피리를 불 줄 모른다고 말씀하시겠지요. 천만의 말씀입니다. 선생님의 피리 솜씨는 아주 뛰어납니다. 마르시아스는 그의 입에서 나오는 힘으로 사람들을 매료하기 위해서는 악기를 필요로 합니다. 그의 곡조를 연주하는 사람에게도 사람들을 매료하는 힘이 있습니다(올림포스가 지었다고 하는 곡도 사실은 마르시아스가 지은 것이고 마르시아스가 올림포스에게 가르쳤다고 나는 생각합니다). 그의 곡조만이, 능숙한 남자 피리 연주자가

50　소크라테스는 그 외양이 실레노스 같다는 말을 자주 들었다. 실레노스는 디오니소스의 가까운 벗으로 언제나 그와 함께 있었으며, 뻔뻔하고 방종한 노인으로 그려지고 있다. 실레노스는 숲 속에 사는 작은 신으로 늘 취해 있고 쾌활하며 예언의 능력도 가진 마음씨 좋은 노인이다. 그의 코는 넓적했고 언제나 나귀를 타고 다녔다. 그의 외양과 괴벽이 이러한데도 베르길리우스의 《여섯 번째 목가(牧歌)》에서는 신통한 예언자로 그려지고 있다. 그는 외양은 우아하지 못하지만, 내면에 지혜를 간직하고 있는 신이다.

51　사티로스는 디오니소스의 친구로, 뾰족한 귀, 산양의 꼬리, 넓적한 코, 갓 나온 뿔을 가져서 염소처럼 생긴 반인반수의 신이다. 그는 온갖 관능에 탐닉한다. 마르시아스는 사티로스의 하나로서, 실레노스나 올림포스와 마찬가지로 피리를 처음으로 만든 신으로 생각된다. 그는 피리 불기로 아폴론에게 도전했다가 패해서 산 채로 가죽이 벗기는 고통을 당하기도 했다.

불든, 또는 서투른 여자 피리 연주자가 불든, 그 신적인 기원 때문에 사람들을 무아지경에 빠지게 하고, 비전(秘傳)을 전수받아서 신과 일체가 되기를 열망하는 사람들이 누구인지 드러나게 합니다. 그러나 소크라테스 선생님, 당신은 어떤 악기도 없이 단지 말로써 이런 일을 한다는 점에서 마르시아스보다 뛰어납니다. 어쨌든 우리는 다른 사람의 연설은 그 연설이 아무리 훌륭하더라도 거의 주목하지 않거나 또는 무시해 버립니다만, 선생님의 연설, 심지어 선생님이 하신 말을 아주 서투르게 전하는 말만 들어도 우리는 남자든 여자든 어린이든 간에 깊은 감동을 받고 매료됩니다.

여보게들, 나를 엉망으로 취했다고 생각하지 않는다면, 선생님의 말이 나에게 미친 영향, 지금까지도 지속되고 있는 영향을 여러분에게 맹세를 하고 말할 수 있네. 선생님의 말을 들을 때마다 나의 심장은 종교적 열광에 사로잡혔을 때보다도 빨리 뛰고, 얼굴에는 눈물이 흘러내린다네. 수많은 다른 사람도 나와 똑같은 경험을 하는 것을 나는 보았지. 페리클레스[52]나 그 밖의 훌륭한 연설가의 말을 들을 때도 내가 이러한 상태가 되진 않았다네. 나는 그들이 연설을 잘한다는 것을 인정하지만, 나의 삶은 노예의 삶보다 나은 것이 없다는 생각 때문에 나의 영혼이 혼란에 빠지고 당황한 적은 없었다네. 그러나 여기 있는 현대의 마르시아스[53]는 나를 이러한 상태에 빠뜨렸고, 그 결과 나는 현재와 같은 상태로 살아갈 수는 없을 것 같네.

---

52 Perikles : 아테네 명문에서 태어난 정치가로 아테네의 민주주의를 이상으로 삼고 30년이나 아테네 정치를 지도했으며, 웅변가로도 알려져 있다.
53 소크라테스를 말한다.

소크라테스 선생님, 당신은 이 말이 진실이 아니라고 말하지는 못할 거예요. 그리고 지금 이 순간에도 내가 선생님의 말에 귀를 기울인다면, 나는 견뎌내지 못하고 똑같은 상태에 빠지게 되리라는 것을 나는 잘 알고 있습니다. 선생님은 내가 아직 변변치 못함에도 나의 참된 관심은 무시하고 공공의 생활에만 쫓기고 있다는 것을 깨닫지 않을 수 없게 하시지요. 그래서 나는 나의 참된 관심과는 달리, 나의 귀를 막고, 오디세우스가 세이렌[54]들에게서 도망치는 것처럼 도망칩니다. 그렇지 않다면 나는 여기 선생님의 옆에 늙은이가 될 때까지 앉아 있을 것입니다. 선생님이 있는 곳에서는 내가 느끼리라고는 생각하지도 못했던 감정, 즉 수치심을 느끼게 됩니다만 이런 감정은 오직 선생님에 대해서만 느끼는 것입니다. 선생님은, 아니 선생님만이 나 자신을 참을 수 없을 만큼 부끄럽게 생각하도록 만듭니다. 선생님이 명령하는 대로 해야 한다는 결론에 반대하는 논의는 성립될 수 없다는 것을 잘 알면서도, 선생님의 곁을 떠나면 대중의 유혹에 지고 마는 것이지요. 그래서 나는 도망친 노예처럼 행동하고 달아나는 것이며, 선생님을 볼 때마다 선생님이 나에게 하신 말씀을 생각하고 부끄러움을 느낍니다. 선생님이 지상에서 아주 사라져버렸으면 좋겠다고 생각한 적도 적지 않지만, 만일 그렇게 된다면 나는 후련하다는 생각보다는 깊은 슬픔에 잠기게 되리라는 것을 너무나 잘 알고 있습니다. 사실, 선생님을 어떻게 다루어야 할지 전혀 알 수가 없어요.

54　사람들을 노래로 유혹해서 살해하는 요녀(妖女)들로, 오디세우스는 세이렌들이 사는 섬 옆을 항해하면서 선원들의 귀를 밀랍으로 막고, 세이렌의 노래를 듣더라도 꼼짝할 수 없도록 자신의 몸을 돛대에 묶어놓았다.

이것이 이 사티로스[55]의 '피리 소리'가 나만이 아니라 다른 많은 사람에게 미친 영향이라네. 그러나 소크라테스 선생님이 다른 점에서도 내가 선생님과 비교한 실레노스나 마르시아스와 비슷하다는 것을 말하기로 하겠네. 그리고 선생님이 얼마나 놀라운 힘을 가지고 있는가도 말하기로 하지. 자네들 중에는 이분의 참된 본성을 아는 사람이 하나도 없네. 따라서 이왕 시작했으니까 내가 여러분에게 이분의 정체를 폭로하겠네.

여러분이 보고 있는 저 소크라테스 선생은 잘생긴 젊은이와 사랑에 빠지는 경향이 있고, 언제나 그런 젊은이들과 사귀고 그런 젊은이들에게 넋을 잃고 있다네(게다가 그는 얼핏 보기에는 아주 무지하고 아무것도 모르는 것 같지). 그러나 바로 이것이 이분이 실레노스와 닮은 점이라네. 마치 조각된 실레노스처럼 이분은 표면상으로는 그렇게 보이지만, 일단 이분의 속마음을 들여다보면, 자네들, 자네들은 상상할 수도 없는 자제력을 발견할 것이라네. 내 말을 믿게나. 잘생긴 사람이든―이분은 거의 믿을 수 없을 만큼 잘생긴 것을 경멸한다네―부자든, 또는 대중이 높이 평가하는 그 밖의 다른 장점을 가진 사람이든, 이분은 전혀 관심이 없다네. 이분에게는 이러한 모든 것은 가치 없는 것이고, 분명히 말하지만 우리도 마찬가지라네. 이분은 평생을 자기를 숨기고 사람들과 어울려 놀면서 지내고 있으며, 따라서 이분이 진지해져서 자기 마음속에 간직한 것을 드러내 보일 때 나타나는 보물을 본 사람이 한 사람이라도 있을지 의심스럽다네. 그러나 나는 언젠가 한번 그 보물을 보았고, 그 보물이 거룩하고 귀중하고 아름답고 놀라운 것이어서 간단하게

---

[55] 소크라테스를 말한다.

말하면 이분이 시키는 대로 따를 수밖에 없었다네.

이분이 나의 매력을 정말로 찬양하고 있다고 믿으면서, 나는 놀라운 행운을 맞이했다고 생각했다네. 이제는 내가 호의를 보이기만 하면 이분이 알고 있는 모든 것을 나도 알게 되리라고 생각했다네. 자네들도 알고 있겠지만 내가 맞이한 행운에 한없는 자랑을 느꼈던 것이라네. 이러한 생각에서 내가 이분을 만날 때마다 데리고 다니던 하인을 돌려보내고 이분과 단둘이 있었다네. 자네들에게 사실을 있는 그대로 모두 말하겠네. 소크라테스 선생님, 주의 깊게 들으시다가 만일 내가 조금이라도 거짓말을 하거든 내 말을 중단시키세요.

자네들, 나는 그와 단둘이 남게 되었다고 말했지만, 애인들이 단둘이 있게 될 때 사랑하는 사람이 그의 애인에게 하는 대화가 시작되리라고 기대한 것은 자연스러운 일이었다네. 그러나 내가 기대한 일은 전혀 일어나지 않았다네. 이분은 하루 종일 다른 때와 다름없는 이야기를 하다가 나를 남겨두고 가버렸지.

그다음에 나는 체육관에서 함께 운동을 하자고 이분을 불렀고, 이분과 함께 체육관에 있으면서 이번에는 성공을 하리라고 믿었다네. 이분은 아무도 없는 운동장에서 체조도 하고 나와 여러 번 씨름도 했지만 나의 목적을 달성하지 못했다는 것은 굳이 내가 말할 필요도 없겠지. 이것도 좋은 방법이 아님을 알고는 나는 이분을 직접 공격하기로 하고, 또한 일단 시작한 이상 포기하지 않겠다고 결심했다네. 끝까지 달라붙어야 한다고 생각한 것이지.

나는 애인이 좋아하는 사람에게 보이는 것과 같은 행동을 하면서 이분을 저녁에 초대했다네. 선생님께서는 이 초대를 받아들이기를 망설이다가 마침내 동의했다네. 이분께서 첫 번째로 왔을 때는 저녁이 끝나자 곧장 자리를 떴고, 나는 이때 부끄러운 마음이 들어서 이분을 붙잡지 않았네. 그러나 다시 공격을 했고, 이번에는 저녁을 끝내고 밤늦게까지 이야기를 계속했고, 선생님께서 가려고 하자 집으로 돌아가기에는 너무 늦었다는 핑계로 강제로 머물게 했지.

그래서 선생님께서는 내 집에서 주무시게 되었으며, 저녁 식사 때 기대앉았던 카우치를 침대로 삼게 되었고, 나의 카우치는 바로 이분 옆에 있었다네. 그리고 그 방에는 우리 말고 다른 사람은 자지 않았다네. 여기까지는 내가 누구에게나 할 수 있는 이야기이지만, 그 나머지 이야기는 두 가지 이유 때문에 들은 적이 없을 거라네. 첫째로 속담처럼 술에는—여기에 '그리고 어린이에게는'이라고 덧붙이느냐, 덧붙이지 않느냐는 중요하지 않다네—진실이 있기 때문이고, 둘째로 찬사를 하려고 하면서 소크라테스의 알려지지 않은 면을 자랑스럽게 폭로하는 것은 옳은 일이 아니기 때문이지. 게다가 나는 지금 뱀에 물린 것과 거의 같은 상태에 있다네.

세상 사람들은 똑같은 고통을 맛본 사람에게만 자기가 겪은 고통을 털어놓으려고 한다고 말한다네. 이런 사람들만이 그가 고통에 못 이겨서 사나운 말이나 행동을 해도 너그럽게 이해해주기 때문이라네. 그런데 나는 물리면 가장 민감한 부분보다도 더 아픈 곳을 물렸다네. 철학적 논의가 내 심장, 또는 영혼—자네들이 마음대로 이름을 붙여도 좋다네—을 물어서 상처를 낸 것이지. 그런데 이 철학적 논의는 자질이 없지 않은 젊은이의 영혼을 보았을 때는 뱀보다도 더 지독하게 물고 늘어지는 것이라네.

여기 모여 있는 파이드로스, 아가톤, 에릭시마코스, 파우사니아스, 아리스토데모스, 아리스토파네스 같은 사람들을 보니, 소크라테스 선생님 자신은 말할 것도 없고 모두 철학의 광기와 열정에 사로잡힌 사람들이라네. 좋네, 자네들은 어떤 일이 일어나는지 듣게 될 것이네. 자네들은 그때 내가 한 행동과 지금 내가 하는 말을 너그럽게 봐주어야 하네. 그러나 하인들과 그 밖의 너절하고 풋내 나는 사람들이 여기 있다면, 내가 말하는 동안에 귀를 꼭 막고 있어야 될 거라네.

자, 여보게들, 불은 꺼지고 하인들은 물러났네. 나는 체면을 차리지 않고 내 감정을 솔직히 말하기로 결심하고 선생님을 팔꿈치로 슬쩍 찌르면서 말했다네.

'주무십니까, 소크라테스 선생님?'

'아닐세' 라고 이분은 대답했네.

'내가 뭘 생각하고 있는지 아세요?'

'모르겠는데. 뭘 생각하고 있나?'

'당신은 지금까지 내가 사귀었던 애인들 가운데서 나에게 가장 합당한 애인이라는 걸 생각하고 있습니다. 그런데 당신은 내게 당신의 열정을 말하기를 두려워하고 있다는 생각도 하고 있습니다. 나는 이 문제에 대해 이렇게 생각합니다. 즉 이 문제는 말할 것도 없고 설사 선생님이 내 재산이나 내 친구의 재산을 요구하는 등, 다른 일을 요구하시더라도 선생님의 뜻을 받아들이지 않는다면 그것이 내가 너무나 어리석기 때문이라고 생각하는 것입니다. 내가 이렇게 하는 가장 중요한 목적은 가능한 한 완전에 가까워지려는 것이고, 이러한 목적을 위해서는 선생님보다 큰 도움을 주실 분은 없다고 믿고 있습니다. 선생님의 뜻을 받아들이지 않는 경우, 나는 현명한 사람의 뜻에 따르지 않게 되고, 이것은 내가 선생님의 뜻에 따름으로써 무지한 사람들에게 받는 비난보다도 훨씬 수치스러운 일입니다.'

내 말을 듣고 있다가 이분은 늘 하는 대로 빈정거리는 어조로 아주 당신다운 대답을 했다네.

'친애하는 알키비아데스, 자네는 아주 예리한 사람이군. 만일 나에 대해서 자네가 말한 것이 참되고 내게 정말로 자네 자신의 향상을 도울 힘이 있다면 말일세. 자네는 내게서 자네의 육체적 아름다움과 비교할 수도 없을 만큼 훨씬 뛰어난 아름다움을 본 것이 틀림없고, 이러한 발견을 한 다음에 자네의 아름다움과 나의 아름다움을 교환함으로써 나의 아름다움을 차지하려고 한다면, 자네는 분명히 아주 유리한 거래를 하려고 하는 것일세. 자네는 가짜 아름다움을 주고 참된 아름다움을 얻으려고 하는 것일세. 사실상 자네는 보잘것없는 것과 황금을 교환하자고 제의하고 있는 걸세. 그러나 좀 더 잘 생각해보게, 나의 좋은 친구여. 그래서 나의 가치에 대한 자네의 평가에 혹시 잘못이 없는지 다시 확인해보게. 육체의 눈이 그 절정을 지난 다음에야 비로소 인간의 마음의 눈은 날카로워지는 법일세. 그런데 자네는 그 경지에 도달하려면 아직 멀었네.'

'좋습니다'라고 나는 말했네. '나는 진심을 말한 것입니다. 내가 말씀 드린 것은 나의 참된 감정을 그대로 표현한 것이고, 이제는 나를 위해서나 선생님을 위해서나 무엇이 최선인지 선생님이 결정할 차례입니다.'

'옳은 말이야'라고 이분은 대답했다네. '앞으로 잘 생각해보고 이 문제만이 아니라 다른 문제에서도 최선이라고 생각되는 일을 하기로 하세.'

나는 이미 화살을 쏘았고, 이분의 대답을 들으니 나는 이분에게 상처를 입혔다고 판단되었다네. 그래서 나는 이분이 더 무슨 말을 할 틈을 주지 않고 자리에서 일어나서 나의 옷으로 그의 몸을 덮어주고—그때는 겨울이었다네—이분의 옆에 누운 다음 이분의 다 낡은 외투 밑으로 파고들어가서 이 참된 초인, 이 놀라운 사람을 껴안았다네. 다시 말하지만, 소크라테스 선생님, 당신은 내가 진실을 말하고 있다는 것을 부정하지는 못하겠지요. 그러나 내가 아무리 노력해봤자 이분은 나의 매력보다 월등한 매력을 갖고 있음을 입증했고, 나의 매력을 압도하고 있었으며, 나의 매력을 경멸하고 있었고, 내가 화를 낼 정도로 나를 모욕하고 있었다네. 배심원 여러분—자네들은 소크라테스의 오만한 행동을 재판하고 있기 때문에 이렇게 부르려고 하네. 나는 하늘에 계신 신들께 맹세하고 말하네만, 내가 소크라테스 선생님과 함께 자고 일어났을 때, 우리에게 있었던 일이란 말하자면 아버지나 형제와 함께 잔 것과 다름이 없었다네.

그다음부터 내 마음이 어떠했으리라고 생각하나? 한편으로는 모욕을 당했다고 생각하기도 했지만, 또 한편으로는 소크라테스 선생님의 성격과 자제력과 용기를 존경하게 되었다네. 내가 이 세상에서 만나리라고는 결코 기대하지 않았던 지혜와 극기심을 가진 분을 만났던 것이네. 결국 나는 화를 내고 그와의 교제를 끊어버리지도 못하고, 그렇다고 해서 그를 나의 뜻에 따르게 하는 방법도 찾아내지 못한 것이네. 그는 아이아스가 창상(槍傷)에 끄떡도 하지 않은 것 이상으로 어떤 뇌물에도 꿈쩍도 하지 않는다는 것을 완전하게 입증했음을 나는 분명히 알게 되었다네. 내가 이 점에만은 약점이 있겠지 하고 생각한 것을 아주 빗나가게 만들었던 것이지. 나는 어찌할 바를 모르면서 이분에게 사로잡혀 허둥대고 돌아다녔다네. 이런 일은 나에게는 전무후무한 일이었네.

이 일이 있은 다음에 우리는 함께 포테이다이아[56]의 전투에 나갔고, 우리는 한솥밥을 먹었다네. 이 전투에 대해 우선 말할 것은, 어려움을 이겨낸다는 점에서는 이분은 나보다 뛰어날 뿐 아니라, 군대 전체에서 이분을 당할 사람이 없었다는 것이라네. 전쟁에서는 흔히 일어나는 일이지만, 우리가 포위당해서 식량 없이 지내게 되었을 때, 누구도 이분만큼 잘 참지 못했다네. 또한 보급이 충분할 때는 이분만큼 잘 먹는 사람도 없었다네. 특히 술에서는, 이분은 강권해서 어쩔 수 없을 때만 술을 마시기는 했지만, 이분을 당할 사람이 없었지. 그런데도 가장 놀라운 일은 이분이 취한 것을 본 사람은 하나도 없다는 사실이네. 내 예상이 잘못되지 않았다면, 자네들은 곧 그 증거를 보게 될 거라네. 그곳의 겨울은 아주 추웠는데도 이분은 추위를 이겨내는 데도 비범했다네. 특히 몹시 추워서 누구나 밖에 나가려고 하지 않고, 어쩔 수 없이 밖에 나가게 되면, 괴상할 정도로 두툼하게 입고 모전(毛氈)과 양피(羊皮)로 발을 감쌀 때도, 선생님은 평상시에 입는 옷 그대로 발을 싸매지도 않고 나갔으며 신발을 신고 있는 사람보다도 더 쉽게 맨발로 얼음 위를 걸어 다녔다네. 병사들은 이분이 병사들을 멸시한다고 생각하고 의심스러운 눈으로 바라보았지.

---

56 칼키디케에 있는 아테네의 속국인 포테이다이아가 원래 속해 있던 코린토스와의 관계 단절을 거절한 것이 펠로폰네소스전쟁의 직접적 원인 중 하나였다. 아테네 사람들은 이 도시를 2년 동안(기원전 432~430년)이나 포위했고, 이 도시가 아테네에 무조건 항복함으로써 전쟁은 끝났다. 이때 소크라테스의 나이는 37세쯤이었고, 알키비아데스는 19세쯤이었다.

이 일에 대해서는 이쯤 말해두기로 하겠지만, 이분이 군에 복무하면서 '영웅이 보여준 또 하나의 공적'[57]은 말할 만한 가치가 있다네. 어느 이른 아침에 문득 이분에게 어떤 문제가 떠올라서 이분은 이 문제를 생각하면서 똑같은 자리에 꼼짝도 않고 서 있었다네. 그 문제를 해결할 수 없자, 이분은 포기하지 않고 생각에 잠겨서 그 자리에 서 있었지. 그렇게 하고 서 있는 것을 사람들이 주목하기 시작한 것은 정오쯤이었고, 사람들은 이분이 이른 아침부터 깊은 생각에 잠겨서 서 있다고 수군거렸다네. 마침내 저녁 식사가 끝나고 초저녁이 되자 이오니아에서 온 사람들은 침구를 밖으로 갖고 나가서—그때는 여름이었다네—서늘한 곳에서 잠도 잘 뿐 아니라 이분이 밤새도록 그렇게 서 있는지도 지켜보기로 했다네. 이분은 새벽이 오고 해가 뜰 때까지 그곳에 서 있었네. 그러고는 태양을 향해 기도를 하고는 그 자리를 떴지.

그런데 자네들이 좋아한다면 싸움터에서의 그의 행동에 대해 좀 더 말하겠네. 우리는 이분의 공적에 대해서 공정하게 말해야 한다고 생각하네. 내가 용감하게 싸웠다고 해서 표창을 받은 전투가 벌어졌을 때,[58] 내가 목숨을 건진 것은 전적으로 소크라테스 선생님 덕분이었지. 내가 부상을 입었을 때, 이분은 내 곁을 떠나지 않고 나를 돌보아주었고, 나와 나의 무기를 구해주었네. 소크라테스 선생님, 그때 나는 장군들에게 선생님에게 표창을 주라고 말했습니다. 이 점에 대해서는 선생님도 잘못했다고 하거나 거짓말이라고 말할 수는 없을 것입니다. 그러나 장군

---

57 호메로스,《오디세이아》4, 242.
58 알키비아데스가 용맹을 보인 전투는 포테이다이아에서 기원전 432년에 벌어진 전투로 포위 작전 직전에 있었던 전투였다.

들은 내 가문 때문에 내게 호의를 베풀었고, 게다가 선생님보다는 내가 받아야 한다고 하는 선생님의 열의는 내게 영예를 수여하려는 장군들의 생각을 압도하는 것이었습니다.

　게다가 델리온에서 군대가 무질서하게 후퇴할 때,[59] 이분의 행동은 정말로 볼 만했다네. 그때 나는 기병이었고, 이분은 보병이었지. 후퇴가 시작된 다음에 나는 라케스[60]와 함께 가고 있는 선생님을 만났고, 나는 기운을 내라고 소리치면서 그들을 버리고 가지는 않겠다고 말했다네. 그런데 이때 나는 포테이다이아에서보다도 더 잘 소크라테스를 관찰할 수 있는 기회를 가졌다네. 나는 말을 타고 있어서 별로 겁이 나지 않았기 때문이라네. 우선 이분은 라케스보다 훨씬 침착하다는 것을 알 수 있었고, 둘째로 아리스토파네스, 자네의 표현을 빌려서 말한다면, '고개를 높이 쳐들고 사방을 바라보며 활보하는'[61] 아테네에서의 그의 걸음걸이와 다름없는 걸음걸이로 걷고 있었고, 우군과 적군의 움직임을 조용히 관찰하고 있어서, 어떤 공격에 대해서라도 강력하게 저항할 준비가 되어 있는 것을 멀리서도 분명히 알 수 있었다네. 이렇게 해서 이분과 이분의 동행은 무사했다네. 전쟁에서 뒤를 쫓는 자들은 대담한 면모를 보이는 사람들을 공격하는 경우는 거의 없고, 달아나기에만 바쁜 오합지졸에게 공격을 집중하는 것이지.

59　보이오티아 북동쪽 델리온에서의 전투는 기원전 424년에 있었다. 보이오티아에 대한 집중 공격의 일환으로 아테네 군대는 델리온을 점령하여 요새화했다. 그러나 후퇴를 하면서 아테네 군대는 파곤다스 지휘하의 테베 군대에 대패했다.
60　라케스는 후에 유명한 장군이 되었지만 이 싸움에는 병졸로 참가했다.
61　여기에 나오는 소크라테스의 걸음걸이에 대한 묘사는 아리스토파네스 《구름》 362에 나온다.

소크라테스 선생님을 찬양하려면 이 밖에도 훌륭한 자질이 허다하지만, 이분의 일상생활에 대한 설명은 다른 사람들에게도 적용될 수 있을 것이네. 이분의 정말로 놀라운 점은, 그가 산 사람이든 죽은 사람이든 어떤 사람과도 같지 않다는 것이네. 만일 자네들이 아킬레우스에게 필적하는 사람을 찾으려고 한다면, 브라시다스[62]와 그 밖의 다른 사람들을 들 수 있겠지. 페리클레스와 비슷한 사람을 찾으려고 한다면, 네스토르나 안테노르[63]와 비교할 수 있을 것이고(그 밖에도 많은 사람이 있다네). 다른 경우에도 동일한 비교를 할 수 있다네. 그러나 여기 있는 우리의 친구는 그 사람됨이나 대화가 너무나 독특해서 자네들은 지난 시대에서든 현재에서든 그와 어렴풋하게나마 비슷한 사람을 결코 찾아내지 못할 것이며, 인류 가운데에서는 그와 비교할 만한 사람이 없을 것이고, 단지 실레노스나 사티로스의 조각과 비슷할 뿐이라네.

그래서 나는 이 연설에서 이분을 그들과 비교한 것이네. 이분의 사람됨이나 말하는 태도가 그들과 비슷하거든. 그리고 처음에 이야기하는 것을 깜빡 잊었지만, 이분의 말하는 태도는 부서진 실레노스 동상 같았다네. 소크라테스 선생의 말에 귀를 기울이는 사람은 아마도 처음에는 이분의 말이 아주 우습다고 생각할 것이고, 이분의 말은 말하자면 허세 부리는 사티로스의 피부처럼 이상한 어구로 감싸여 있다네. 이분은 짐 싣는 나귀나 대장장이나 구두 수선공이나 가죽을 만지는 사람에 대해

---

62 Brasidas : 펠로폰네소스전쟁 초기(기원전 431~422년)에 스파르타의 가장 유능하고 성공적이었던 장군. 기원전 422년에 암피폴리스에서 전사했다.
63 네스토르와 안테노르는 호메로스의 《일리아스》에 나오는 인물들로, 네스토르는 그리스의, 안테노르는 트로이의 원로 정치가로서 모두 달변가였다.

말할 것이고, 똑같은 생각을 똑같은 말로 몇 번이고 되풀이하는 것 같아서, 이분의 말을 처음 듣는 사람이나 어리석은 사람은 이분이 말하는 방식에 웃음을 터뜨리지 않을 수 없을 것이네. 그러나 그 내면으로 파고들어가서 소크라테스 선생님이 말하려고 하는 내용을 파악한 사람은 그 내면이 아주 건전하고 이분의 말은 거의 신의 말과 같고, 뛰어난 생각으로 가득 차 있으며 이분의 말을 어디에나 적용할 수 있다는 것을 알게 될 것이네. 사실상 그의 말에는 훌륭한 사람이 되고자 하는 사람이 꼭 알아두어야 할 모든 문제가 포함되어 있지.

여보게들, 이것이 소크라테스 선생님에 대한 나의 찬사라네. 나의 연설에는 이분에 대한 불평도 포함되어 있고, 또한 이분이 나를 어떻게 모욕했는가 하는 것도 들어 있었다네. 이런 모욕을 받은 사람은 나만이 아니라는 것도 덧붙여 말해두는 게 좋겠군. 글라우콘의 아들 카르미데스와 디오클레스의 아들 에우티데모스, 그리고 그 밖의 많은 사람이 나와 똑같은 경우를 당했다네. 사실은 그 자신이 사랑하는 사람이 아니라 사랑받는 사람임에도 그는 그들을 사랑하는 사람인 체한 것이네. 그러므로 아가톤 자네한테 경고하는데, 그에게 속지 말게. 내 경험을 거울삼아서 속담에 나오는 어린아이처럼 불에 타고서야 불이 무서운 줄을 알게 되는 어리석음은 저지르지 말게나."

알키비아데스가 연설을 마쳤을 때, 그의 솔직한 말에 모두가 웃음을 터뜨렸네. 그는 아직도 소크라테스를 사랑하고 있는 것 같았기 때문이었네. 이때 소크라테스가 말했네.

"자네는 전혀 술에 취하지 않은 것 같군, 알키비아데스. 자네가 술에 취했다면 그렇게 솜씨 있게 말을 빙빙 돌려서 자네의 진짜 목적을 은폐하고, 끝에 가서야 진짜 목적을 슬쩍 내비치면서 자네 연설 전체의 주요한 동기가 마치 아가톤과 나 사이에 귀찮은 일이 일어나지 않게 하려는 데 있는 것처럼 꾸미지는 못했을 걸세. 나는 자네 말고 누구도 사랑해서는 안 되고 자네 말고 누구도 아가톤을 사랑해서는 안 된다고 자네는 생각하고 있네. 그러나 우리는 자네의 속셈을 알았네. 자네가 사티로스와 실레노스를 등장시킨 보잘것없는 연극의 목적이 무엇이냐 하는 것은 아주 분명하네. 저 사람의 뜻을 이루게 해서는 안 되네, 친애하는 아가톤. 자네와 나를 이간하도록 그냥 놓아두어서는 안 되네."

"정말로 옳은 말씀입니다, 소크라테스 선생님" 하고 아가톤은 대답했네. "왜 그가 우리 사이에 끼어 앉았는지 그의 속셈은 뻔합니다. 우리를 갈라놓으려고 한 것입니다. 그러나 그의 뜻대로 되지는 않을걸요. 제가 선생님 옆으로 가서 앉을 테니까요."

"그렇게 하게"라고 소크라테스는 말했네. "이리 와서 이쪽에 앉게."

"저런! 저 사람이 나를 어떻게 다루나 보시오. 그는 언제나 나보다 우위에 있어야 한다고 생각하거든. 다른 방법으로는 만족할 수 없다면, 이 이상한 분이여, 적어도 아가톤을 우리 사이에 앉게 합시다."

"절대로 안 되지"라고 소크라테스는 말했네. "자네가 방금 나를 찬양하는 연설을 했으므로, 이번에는 바로 나의 오른쪽에 앉아 있는 사람을 내가 찬양해야 하네. 아가톤이 자네 오른쪽에 앉으면, 내가 그를 찬양하는 대신에 그가 다시금 나를 찬양해야 되네. 내가 하자는 대로 하세, 좋은 친구야. 내가 이 젊은이를 찬양하는 것을 방해하지 말게. 더구나 나는 그를 찬양하고 싶은 마음이 간절하네."

"만세! 만세!"라고 아가톤이 외쳤네. "나는 여기에 앉아 있을 수가 없다는 걸 알겠지. 내가 자리를 바꿔 앉기만 하면 나는 소크라테스 선생님의 찬양을 받는 영광을 누리게 되네."

"언제나 이렇단 말이야"라고 알키비아데스는 말했네. "소크라테스 선생님이 계신 곳에서는 다른 사람은 누구도 잘생긴 사람을 차지할 기회를 갖지 못해. 아가톤을 그의 옆에 앉게 하는 그럴듯한 구실을 얼마나 쉽게 찾아내는지 여러분도 보았지요."

소크라테스의 옆으로 가려고 아가톤이 일어났네. 그러나 그 순간에 술 취한 사람들이 떼 지어 문으로 몰려왔고, 방금 밖으로 나간 사람이 있어서 문이 열려 있는 것을 보고는 잔치 자리로 밀려들어와 자리 잡고 앉았네. 떠들썩해지면서 질서가 무너지고 통음을 하기 시작했다네.

아리스토데모스에 따르면, 이때 에릭시마코스와 파이드로스, 그 밖의 몇 사람은 돌아갔네. 아리스토데모스는 잠이 들었는데, 그때는 밤이 긴 철이어서 상당히 오랫동안 잠을 잤다고 하네. 새벽녘, 닭이 울 때 잠을 깨어보니, 아직도 자지 않고 있는 사람들은 아가톤과 아리스토파네스와 소크라테스뿐이었고, 나머지 사람들은 잠을 자거나 돌아갔다고 했네. 아가톤과 아리스토파네스와 소크라테스는 큰 잔을 왼쪽부터 오른쪽으로 돌려가면서 술을 마시고 있었고, 소크라테스가 두 사람을 상대로 말을 하고 있었네. 아리스토데모스는 소크라테스가 무슨 말을 했는가를 대부분 기억하지 못하지만—그는 그의 말의 처음 부분을 듣지 못했고 게다가 그때까지도 졸고 있었네—주요한 점은, 희극을 쓸 수 있는 사람은 비극도 쓸 수 있고 능숙한 비극 작가는 희극작가도 될 수 있다는 것을 두 사람이 인정하게 만들려고 하는 것이었다네. 아가톤과 아리스토파네스는 그의 논의를 인정하지 않을 수 없었고, 게다가 그의 논의를 제대로 듣지도 못하고 꾸벅꾸벅 졸고 있었네. 아리스토파네스가 먼저 잠이 들었고, 날이 다 밝은 다음에 아가톤도 잠이 들었네.

그러자 소크라테스는 그의 대화 상대자들이 둘 다 잠들었으므로, 자리에서 일어났네. 언제나와 마찬가지로 아리스토데모스가 그의 뒤를 따랐네. 그는 리케이온[64]으로 가서 몸을 씻고 다른 때와 다름없이 그날을 지내고는 저녁이 되어서야 집으로 돌아가 잠자리에 들었다고 하네.

---

64 아폴론에게 바친 김나지움으로 아테네의 동쪽 교외에 위치하고 있었다. 소크라테스는 자주 이곳을 찾았다. 후에 아리스토텔레스가 이곳에서 가르쳐서 그의 학파에 이 이름이 붙었다.

작품 해설

1. 독배(毒杯)의 의미는 무엇일까?

그리스 연구가 알렉산더 엘리엇은 소크라테스의 재판부터 사형에 이르는 과정을 극화한 《재판》의 끝을 다음과 같이 맺고 있다.

소크라테스 (벌떡 일어나 얼굴을 가렸던 것을 치우며) 크리톤! 우리는 아스클레피오스에게 닭 한 마리를 빚졌네. 꼭 갚아주게.
크리톤 꼭 갚겠네. 더 할 말이 없나.
(소크라테스, 대답이 없다. 그는 마지막 1분, 또는 그 이상을 평화스러운 잠으로 보내는 것 같다. 그러다 몹시 떨면서 숨을 헐떡이고 허공을 움켜잡는다. 얼굴을 가린 것이 벗겨진다. 소크라테스의 응시하는 눈은 굳어져 있었다. 그는 죽었다.)
크리톤 자네는…… 자네는 이제 이 세상에 없구나, 옛 친구여……. 자네는…… 자네는 우리를 위해 축배를 들었네.
안티스테네스 아테네에서 가장 현명하고 가장 훌륭한 사람, 내가 아는 한 세계에서 가장 현명하고 훌륭한 사람, 그는 죽었습니다.
크테시포스 소크라테스가 죽다니? 말하자면…… 그는 인류를 위해 축배를 든 것입니다.
에우크리테스 크리톤, 아스클레피오스에게 닭 한 마리를 빚졌다고 한 그의 말은 무슨 뜻인가?
크리톤 글쎄…… 무슨 뜻이었을까?

크리토불로스　아버지, 이제 가시지요. 아마 우리가 그 빚을 갚을 때, 그 말의 뜻을 알게 되겠지요.

　소크라테스의 임종을 지켜본 사람들이 이해하지 못한 '닭 한 마리'의 의미는 무엇이었을까?
　소크라테스가 닭 한 마리를 빚졌다고 한 말에 대해서는 세 가지 해석이 있다. 첫째는 의술의 신 아스클레피오스에게 닭 한 마리를 헌납하라고 했다는 설, 둘째는 아스클레피오스라는 실제 인물이 있었다는 설, 셋째는 소크라테스의 마지막 말은 순전한 농담이었다는 설이다.
　소크라테스의 임종을 지켜본 사람들이 닭 한 마리에서 찾고자 한 의미는 첫째 해석이 아닌가 싶다. 그들은 '우리를 위해서' 또는 '인류를 위해서' 소크라테스는 축배를 들었다고 했다. 그들은 소크라테스가 마신 독배를 인류를 위한 축배로 보고 있다. 무엇을 위한 축배일까? 말할 것도 없이 인류의 쾌유를 위한 축배였을 것이다.
　아테네에는 병에서 회복된 사람은 의술의 신 아스클레피오스에게 닭 한 마리를 바치는 관습이 있었다. 그러나 소크라테스는 임종의 자리에 있었던 만큼 쾌유에 대한 감사로 닭을 바칠 처지는 아니었다. 따라서 그가 굳이 마지막 순간에 의신에게 닭 한 마리를 바칠 것을 유언으로 남긴 사실에는 "나는 인간의 마음속에 깃든 병을 고치려다가 독배를 마시게 되었다. 그러나 언젠든 인간의 병은 고쳐져야 하는 것, 언젠가 인류가 모두 착하고 참된 마음으로 돌아가는 날, 아스클레피오스에게 나를 대신해서 감사의 뜻으로 닭 한 마리를 바쳐다오" 하는 절실한 의미가 깃들어 있던 것은 아닐까? 이러한 의미에서 그가 마신 독배는 인류를 위한 축배가 되는 것이 아닐까?
　소크라테스의 닭 한 마리의 뜻을 이렇게 풀이하면 '닭 한 마리의 의미'에서 우리는 지성인의 기본자세 또는 역할에 대한 그의 사상을 엿볼 수 있다. 결론적으로 말한다면 지성인이 해야 할 일은 '의신 아스클레피오스에게 감사의 뜻으로 닭 한 마리를 바치는 것'이다. 다시 말하면 인간의 정신적 쾌유를 위해 이바지하는 것이 지성인의 기본적인 역할이다.

'인간 양심의 등에'가 되는 것이 지성인의 참된 자세임을 보여준 것이 소크라테스를 성인의 열에 오르게 한 으뜸가는 원인이라고 할 수 있다. 소크라테스가 자신을 소피스트와 구별하고 필로소포스, 즉 애지자(愛知者)라고 부른 것도 이러한 관점에서 이해해야 하리라. 그는 지식을 호구의 방편으로 삼는 지식상(知識商)이 아니라 참된 슬기를 깨우치고 깨우쳐주며 밝은 인류의 양심을 바탕으로 인류를 행복으로 이끄는 실천적 지혜를 추구했다. 플라톤의 대화편 《변명》에서 소크라테스는 다음과 같이 말한다.

아테네인 여러분! 내가 이러한 평판을 얻게 된 것은 내가 어떤 지혜를 갖고 있기 때문에 생긴 것입니다. 여러분이 어떤 종류의 지혜인가 하고 묻는다면, 인간이 획득할 수 있는 지혜라고 대답하겠습니다. 인간이 획득할 수 있는 지혜를 갖고 있는 한에서만, 나는 내가 현명하다고 믿기 때문입니다. (…) 나는 믿을 만한 증인의 말을 여러분에게 전하려는 것입니다. 그 증인은 델포이의 신입니다. (…) 여러분은 카이레폰을 알고 있을 것입니다. (…) 그는 델포이로 가서 (…) 나보다 현명한 사람이 있는가 하는 신탁을 구했던 것입니다. 델포이의 무녀는 더 현명한 사람은 없다고 대답했습니다. (…) 이 신탁을 듣고 나서 '신의 이 말은 무엇을 뜻하는가?' (…) 하고 자문해보았습니다. (…) 오랫동안 숙고한 끝에 이 문제를 풀 방법을 생각해냈습니다. 나 자신보다 현명한 사람을 찾아내기만 한다면 반증을 갖고 신에게 갈 수 있을 것입니다. (…) 현인이라는 세평을 듣고 있는 사람을 찾아가서 관찰했습니다. (…) 나는 그와 대화를 시작하자마자 (…) 그는 현명하지 않다는 생각을 멈출 수가 없었습니다. (…) 왜냐하면 그는 아무것도 모르면서 알고 있다고 생각하지만, 나는 모르면 모른다고 생각하기 때문입니다.

이처럼 '무지의 자각'에 도달한 소크라테스는 시대의 지도자로서 군림하여 자기의 주장을 강요하지는 않았다. 오히려 그는 자신을 어머니의 직업에 따라 '영혼의 산파'라고 자처하고 어디서든 사람들이 참된 지혜를 얻는 일을 도왔다. 그는 자기의 주장을 내세우고 그 주장을 그르칠 수 없다고 고집하지는 않았다. 그는 신성하고 절대적인 지도자가 아니라 겸손한 조수에 지나지 않음을 알았다. 지혜는 어느 한 사람에 의해 분양되는 것이 아니라 모든 인간의 마음속에서 탄생하는 것이며, 아테네든 또는 어떤 다른 나라든 행복을 얻고 발전하는 경우, 한 사람 또는 일군의 지도자나 사이비 현자에 의해 그렇게 되는 것이 아니라, 국민 또는 대중 전체의 지혜의 집결로써만 가능하다는 것을 그는 알고 있었던 것이다.

그는 인간의 지혜를 인간 자신 속에서 구하면서, 아테네 최고의 현자인 그가 할 일은 권력에 아부하여 일신의 영달을 도모하거나 신기한 지식을 팔아 치부를 하거나 하는 일이 아니라, 거리에 넘쳐흐르는 인간의 마음속에서 진정한 지혜를 길어내는 데 있다고 보았다. 그가 노예와도 서슴지 않고 대화한 것은 인류 공통의 지혜를 찾으려는 그의 노력이 얼마나 성실한 것이었는지 보여준다.

지성인이란 무엇인가? 고고한 자는 아니다. 전문 지식, 특수 기술, 풍부한 정보를 갖고 이를 무조건 판매하는 자도 아니다. 인간이 자기 스스로의 착한 인간성을 자각하도록 도와주는 자, 따라서 인간에 대한 충분한 존경심과 두려움을 갖고 올바른 역사의 방향을 가려내며 대중 속에서 대중의 슬기를 깨우쳐주는 조수, 그리하여 인간성에 깃든 모든 악을 제거함으로써 인간의 정신적 건강을 회복하려고 노력하는 자, 이것이 소크라테스가 생각하는 지성인의 역할이다. 그래서 다음과 같이 단호하게 말한다.

여러분이 내게 "소크라테스, (…) 당신은 다시는 이런 방식으로 탐구하거나 사색해서는 안 됩니다. (…) 당신은 사형을 당할 것입니다"라고 조건을 붙여 방면해주더라도 나는 다음과 같이 대답할 수 있을 뿐입니다. "(…) 나는 여러분보다는 신에게 복종할 것이며, 내게 생명과 힘이 있는 동안에는 지혜를 애구(愛求)하고 지혜를 가르치며 (…) 결코 중단하지 않을 것입니다."

소크라테스가 따르겠다고 한 신은 소크라테스 자신의 양심이었을 것이다. 그는 젊었을 때부터 다이몬의 금지를 듣고 이 말에 복종했다고 했으며, 이 다이몬의 소리는 끊임없이 그에게 해서는 안 되는 일을 일깨워주었다고 하는데, 이것은 바로 인간의 양심이라고 볼 수도 있지 않은가. 이렇게 본다면 소크라테스의 양심은 끊임없는 자기부정의 원천이었다. 가혹한 자기부정을 통해 새로운 자기를 세우려는 부정의 정신은 소크라테스의 이성의 원천이었고 용기의 샘이었으며 정의와 덕의 근원이었다. 그리고 이러한 부정의 정신이 인간의 가장 값진 정신이라는 사실에는 고금을 통해 변함이 없다.

소크라테스는 아테네의 선량한 시민이었다. '아테네 시민' 이상의 존재도, 이하의 존재도 아니었다. 그가 하고자 한 일은 아테네 시민의 양심을 회복하는 일이었다. 흔히 철학 또는 사상과 사회의 괴리를 말하면서 생활과 사상이 일체가 되었던 시대가 그리스 시대였다고 말한다. 우리는 그 전형을 소크라테스에게서 보는 것이다. 그는 결코 아테네 이상의 것을 생각하지 않았다. 즉 그는 그가 사는 시대와 사회에 가장 충실한 지성인이었다. 그가 구원하고자 한 것은 아테네 시민이요, 아테네였다. 단지 그는 일시적인 기술적 처리로 잠시 위기를 멈추게 하는 잔재주를 외면하고 아테네를 영원히 살리는 길, 아테네가 인류의 영원한 이상에서 벗어나지 않고 회생하는 길을 모색했던 것이며, 그 길을 인간의 영혼의 정화, 즉 이성의 순수하고 자유로운 발휘에서 구했던 것이다.

진리의 소유가 아니라 진리의 발굴이 지성인이나 사상가, 더 나아가 인간의 역할이 아닌가. 유일, 불변, 절대의 진리를 인간이 소유할 수 있다면 인간은 더 이상의 진보를 바랄 필요도 없고 진보는 있을 수도 없을 것이다. 따라서 진리는 항상 새로이 발굴되는 것이며 진리 발굴의 광맥은 바로 그 사상가가 태어난 시대요, 사회다. 그 시대의 상황이나 그 시대의 사회를 떠나서 생생한 진리가 탄생할 수는 없다.

이러한 의미에서 소크라테스는 아테네 시민 이상도 이하도 아니라고 말할 것이다. 그는 자기가 사는 시대, 자기가 속한 사회에서 진리를 발굴하려고 노력한 그 시대의 사상가였다. 그렇다고 해서 이러한 사실로 말미암아 소크라테스의 위대성이 조금이라도 손상되는 것은 아니다. 오히려 이러한 사실 때문에 그의 위대성은 더욱 빛난다. 그는 공허한 이론가가 아니라 철저한 실천가였기 때문이다. 그가 몸소 보여준 실천이 인류의 불멸의 지혜로 숭앙되는 것은 인간이 자기가 사는 시대와 자기가 속한 사회에서 어떻게 사는 것이 가장 보람 있는지 보여주었기 때문이다. 아테네는 멸망하여 역사책 갈피 속에 잠들었지만, 아테네인에게 독살된 소크라테스의 슬기는 생생하게 살아 있는 까닭은 그가 공허한 농변가(弄辯家)가 아니라 구체적인 실천가였다는 점에 있다.

소크라테스는 말한다.

아테네인 여러분, (…) 나는 나 자신을 위해서 변명하려는 것이 아닙니다. 오히려 신이 여러분에게 보내준 선물인 나를 처벌함으로써 여러분이 신에게 죄를 짓지 않도록 여러분을 위해서 변명하려는 것입니다. 여러분이 나를 사형에 처한다면, 여러분은 나 같은 사람을 다시 쉽게 찾아내지는 못할 것입니다. 저에 대해 익살스러운 말로 말한다면, 신이 이 나라에 보낸 일종의 등에입니다. 이 나라는 거대하고 기품 있는 군마 같아서 운동이 둔하며 따라서 각성이 필요합니다.

이 구절에서 우리는 아테네를 생각하는 소크라테스의 절실한 심정을 엿볼 수 있다. 그것은 일종의 소명 의식이다. 자기가 사는 시대와 사회에 대한 투철하고 불굴하는 사명감을 알 수 있다. 그러나 그는 시대나 사회에 순응하는, 우둔한 시대의 노예는 아니었다. 오히려 자꾸 우둔해가는 거대한 군마처럼, 타락과 몰락의 현상을 보이는 아테네에 각성의 새바람을 일으키려는 '한 마리의 외로운 등에'였던 것이다.

소크라테스의 사명감은 어디서 나온 것일까? 그의 사명감은 그의 부정의 정신에서 발원한 것이었고, 철저한 부정의 정신은 바로 자유 의식이 아닌가.

소크라테스는 기원전 399년, 신을 믿지 않고 청년을 타락시켰다는 죄목으로 고발되어 사형선고를 받았다. 소크라테스처럼 오직 이성에만 충실하고 마치 '걸어 다니는 양심'처럼 비난이나 공격을 두려워하지 않고 끝까지 시(是)와 비(非)를 가리며 자유롭고 대담하게 자기의 소신을 말하고 실천하는 사람, 또한 가차 없는 질문과 추구로 인간을 시험하고 그 사이비 지식을 적발하여 다른 사람의 자부심 또는 허영심을 상하게 하는 사람, 한마디로 철저한 비판자였던 사람은 귀찮은 존재로 염오를 받고 많은 적을 만들게 마련이다. 지성인은 항상 '그 시대에 대한 반항자'라는 일면을 갖고 있기 때문에 고귀한 존재라고 한다면, 지성인은 눈먼 다수자에 의해 적대시되는 악운을 감내해야만 하는 것이다. 아테네 시민을 인간의 이성에 눈뜨게 하고 덕을 닦아 참된 행복을 획득하도록 하는 것이 신에게서 받은 소명이라고 여기고 비판과 음미를 멈추지 않은 소크라테스도 예외는 아니어서 그를 두려워하는 적들의 모진 공격을 피하지 못했다.

소크라테스가 세인의 주목을 받고 경계의 눈초리를 받게 된 것은 그를 열렬히 따르는 사람들이 대부분 명문가 자제들인 데다가 특히 수재였기 때문이었다. 이 때문에 대중을 선동하여 권력을 추구하는 선동 정치로 아테네의 민주정치가 탈바꿈한 시대에 소크라테스는 정치가와 소피스트들의 질시의 대상이 되었고, 또 앞에서 말한 것처럼 신탁을 확인하기 위한 순방 과정에서 더 많은 적을 만들었던 것이다.

소피스트들은 새로운 교양을 구하는 청년들의 요구에 따라 등장한 직업 교사였다. 그들은 그리스의 주요 도시를 편력하며 강연을 하고 또는 자연과 인간에 대한 신기한 지식을 가르쳤는데 그들이 특히 중요시한 것은 '웅변술'이었다. 대중 선동이 권력에 접근하는 첩경이었던 당시의 아테네에서 웅변은 정치가의 가장 강력한 무기였다. 확고한 주장도 식견도 없는 대중을 움직이는 데는 능변 이상의 무기는 없었다. 이러한 웅변술 또는 수사학의 최고 목적은 '무력한 이론을 유력한 이론으로 만드는 것'(프로타고라스의 말)이었다. 프로타고라스는 소피스트들의 사상을 한마디로 요약한다. 즉 '인간은 만물의 척도다.' 여기서 말하는 인간은 개개인이다. 따라서 사고에 있어서나 행위에 있어서나 보편적인 기준을 인정하지 않는 극단적인 주관주의, 상대주의가 된다. 이처럼 절대적 진리나 가치에 대한 신념을 갖지 못한 소피스트는 성공을 위해서는 수단을 가리지 않는 무이상(無理想), 무정견(無定見)을 가르쳤고, 따라서 수사학의 목표인 '무력한 이론을 유력한 이론으로 만드는 것'도 진리든 진리가 아니든 이를 개의치 않고, 오직 교묘한 말솜씨로 상대방을 굴복시키는 잔재주를 가르치는 것이었다. 트라시마코스의 방자한 정의(正義)의 규정, 즉 '정의는 강자의 이익'이라는 주장도 이러한 배경에서 가능했던 것이다. 요컨대 소피스트들에게는 진리에 대한 신념도 진리 발굴의 용기도 없었던 것이다. 이러한 소피스트가 환영받고, 또 이러한 소피스트마저 귀찮아서 추방해버린 중우정치의 고장 아테네에서 소크라테스는 '눈엣가시' 같은 존재가 아닐 수 없었다.

건전하고 뿌리 깊은 사회가 아니면 정론(正論)은 항상 외롭고 적대받게 마련이다. 특히 끊임없는 선동 속에서 문자 그대로 '나쁜 이론을 좋은 이론으로 만들어버리는' 사회에서는 정론이 비집고 들어갈 틈조차 없다. 따라서 이러한 사회에서는 지성인을 비롯하여 대부분의 사람들은 권력에 아부하거나 아니면 현실도피의 안일한 길을 택한다. 이러한 사회에서 지성은 잠드는 것이 아니라 잠적해버린다. 아무런 알리바이도 없이.

소크라테스의 비극은 안이한 지성인의 길 중 어느 것도 택하지 못했다는 데 있다. 그는 권력에 아부하지도 않고 현실을 외면하지도 않았다. 오히려 그는 과감하게 현장에 뛰어들어 정면으로 그 시대, 그 사회의 병과 싸웠다. 다만 그는 무기를 들고 권력을 탈취하거나 감언이설로 기만하지 않고 진리와 정의로써 싸웠다. 그는 잠든 아테네 시민의 양심을 깨우기 위해, 다시 말하면 아테네인의 자유 의식을 소생시키기 위해 극단적인 모험을 감행했다.

지성인이 그 고유의 부정 정신과 여기에서 우러나오는 자유 의식을 버리지 않는 한, 그는 부정할 구체적 현실을 필요로 하고, 이 현장에서 진리의 증인이 되는 길을 거부할 수 없다는 것을 소크라테스는 알고 있었다. 소크라테스, 그는 오직 아테네 시민이었고, 또 정직한 아테네 시민이었기 때문에 오늘날의 세계시민이 되었다는 패러독스를 남겼다.

소크라테스가 독배를 마셔야 했던 까닭은 그 시대인들의 무지 또는 진리에 대한 외면에 있었다. 그러면 소크라테스는 일생 동안 한 번도 그의 태도를 바꾼 적이 없었는데 왜 만년에 이르러서야 기소되었을까? 그 이유는 아테네의 정치적 몰락에서 찾아볼 수 있다. 페르시아전쟁에 대승한 아테네는 흥융의 극에 달해 페리클레스 시대는 아테네의 황금시대가 되었으나 펠로폰네소스전쟁에서 참패한 후에는 하루아침에 그 위세가 꺾여 스파르타의 지배를 받게 되었다. 전 그리스 지배의 야망이 좌절되고, 이어 30인 전제자의 공포정치에 시달리다가 다시 민주정치로 돌아와서 오직 복고만을 꿈꾸고 새로운 진취성을 무시했던 반동의 시대가 되었을 때, 많은 사이비 애국자, 특히 보수적인 애국자들은 이러한 불행과 몰락의 원인을 새로운 사상, 특히 그 무신앙에서 구했다. 그들은 책임을 전가할 대상이 필요했던 것이다.

국가나 국민의 복지는 신들의 은총과 수호에 달려 있다고 민중은 믿고 있었으므로, 그동안의 불행이 신을 믿지 않음으로써 생긴 것이자 신의 노여움의 발로라고 하는 것은 가장 그럴듯한 이유가 되었다. 아낙사고라스나 대표적 소피스트인 프로타고라스조차도 무신앙이란 죄목으로 기소되어 아테네에서 도피하지 않을 수 없는 상황이었다. 보수적인 애국자들은 민중에 영합하는 일면도 무시하지 않으며 '위험 사상'의 박멸에 나섰다. 침묵이 호신책인 무지와 선동의 와중에서 소크라테스는 침묵의 미덕을 발휘하지 않고 오히려 비판의 칼날을 더욱 날카롭게 갈았다. 그 결과로 그는 무신론자, 청년을 타락시킨 자로 고발되었다.

원래 소크라테스는 신탁을 믿고 신에게 공양하는 것을 게을리하지 않는 사람이었다. 다만 그것은 미신적인 것이 아니라 철학적 색채가 강렬한 신앙이었다. 그는 전통적 신앙을 인정하면서도 그 비도덕적인 면은 신랄하게 비판했다. 게다가 그는 다이몬의 계시를 받는다고 했으므로 그 참뜻을 이해하지 못한 보수주의자들은 새로운 신을 끌어들인다고 비난했던 것이다. 이것이 그가 무신론자라는 혐의를 받은 원인이었다. 또한 그는 아테네의 일반적인 풍조는 도외시했으며 정치 생활을 기피하고 청년을 가르치는 데만 열중했으므로 공민으로서의 의무를 게을리하고 유능한 청년을 타락시킨다는 비난을 받게 된 것이다. 그뿐 아니라 그는 거리낌 없이 중우정치 내지는 독재정치로 흐르기 쉬운 민주정치의 약점을 지적했다.

  소크라테스에 대한 오해와 증오는 장기간에 걸쳐 누적되어오다가 정치적 몰락의 한 징조로서 폭발했다. 요컨대 당시 아테네에 있어서 소크라테스의 죽음은 필연적인 사건이었다. 그것은 그의 양심이 스스로 초래한 필연적 귀결이었다. 다시 말하면 그는 죽음이 유일한 보상임을 알면서도 참된 지성인의 양심과 정의의 궁극적인 승리에 대한 신념을 버리지 않았던 것이다. 자유인으로 살지 못할 바에는 자유인으로 죽는 것이 오히려 영광임을 그는 알고 있었다.

  소크라테스의 죄는 중대한 것이기는 했지만 그가 법정에서 불손한 말을 삼가고 연명을 애원했더라면, 그는 무죄나 가벼운 처벌을 선고받을 수도 있었을 것이다. 첫 번째 투표에서 근소한 차이로 유죄가 결정된 것만 봐도 알 수 있는 일이다. 그러나 목숨을 구하기 위해 양심을 어기는 일은 상상할 수도 없는 일이었다. 소크라테스는 그 결과가 어떻게 될 것인가는 전혀 고려하지 않고 정정당당하게 자신의 사상을 법정에서 토로했다. 우리는 여기에서 소크라테스의 자유인으로서의 늠름한 면모를 접하고 무한한 감동을 받는다. 끝까지 자유인으로 남기를 택했던 그에게 사형은 당연한 결과였다.

  판결을 받고도 우연한 사정으로 소크라테스는 30일 동안 옥중에서 지냈다. 그동안 크리톤을 비롯한 친구들의 주선으로 탈옥의 기회를 맞이했다. 그러나 그는 아테네 시민과 신들에게 한 약속을 어기고 구차하게 사는 것보다는 오히려 비록 악법이라 하더라도 국법에 복종함으로써 떳떳한 죽음을 보여주는 것이 그의 의무임을 강조하고 탈옥을 권유하는 크리톤을 힐책한다. 대화편 《크리톤》에서는 이런 그의 신념이 토로되었으며 그의 성자다움이 역력히 나타나 옷깃을 여미게 한다. 그뿐 아니라 《파이돈》에 토로된 영혼불멸의 신념과 엄숙한 임종은 인간이 무엇인가를 다시금 숙고하게 만든다.

자기의 신념을 위해 살던 소크라테스는 신념을 위해 죽었다. 어둠에 가려져 빛이 나지 않는다 하더라도 '진리는 어디까지나 진리'라는 신념은 그에게 있어서는 단순히 이론상의 문제가 아니라 그의 정신과 생활의 기본이었고 따라서 그는 진리에 대한 증언을 위해 죽음을 서슴지 않고 받아들인 것이다.

그의 죽음은 그의 삶에서 가장 빛나는 순간이며 그의 사상의 정점이었다. 그가 죽음을 피했더라면 그의 사상은 오늘날 우리에게 현실감을 주지는 못했을 것이다. 그는 정신의 위대성과 자유의 절대성을 보여주는 가장 좋은 기회를 가졌던 '행복한 지성인'이라고 말할 수 있겠다.

그의 죽음은 자유롭고 용감하고 성실한 인간의 최대의 영광은 진리를 위한 죽음임을 증언한다. 또한 죽음을 향한 이런 용기를 갖지 못한 자는 역사와 인류에 진리를 증언하는 참된 인간이 될 수 없음을 역력히 보여주고 있다.

소크라테스는 철학을 자연철학에서 인간학으로 전환한 최초의 철학자라는 철학사적 위치를 차지하고 있으며, 또한 그에게 있어서 인간은 폴리스적 인간이었다. 이러한 점에서는 소피스트를 비롯한 그리스 철학자가 공통된다. 그러나 그는 폴리스적 인간의 문제를 각자의 문제로서 주체적으로 다루고 또 이러한 문제를 개념적으로 규명하는 방법을 제시했다는 점에서 독자성을 갖는다.

폴리스적 인간의 가장 큰 문제는 행복이었다.

소크라테스는 인간이 행복해지기 위해서는 이성을 잘 가꾸어야 한다고 했다. 예지인(叡智人)이라는 인간관의 시조라고 할 수 있는 그는 폴리스적 인간의 본질을 이성에서 구했던 것이다. 이성이야말로 인간을 가장 인간답게 하는 특성인 것이다. 그러므로 그는 덕의 기본 조건으로서 '지(知)'를 말한다. '덕은 곧 지'라는 것이다. 선을 행하고 덕을 닦기 위해서는 먼저 선이 무엇이며 악이 무엇인지 알아야 한다. 알지 못하고 하는 행위는 비록 그것이 선한 행위라 하더라도 덕은 될 수 없고, 선이 무엇인가를 분명히 안 다음에 이를 몸에 익힐 때 비로소 덕이 생긴다. 그의 지덕일치, 또는 지행일치의 사상의 근저에는 '너 자신을 알라'는 그의 중심 사상이 놓여 있다.

결국 소크라테스는 '자각'에 중점을 두고 있었다. '무지의 자각'에서 '참된 앎'에 도달하려 했고 참된 앎에 의해 획득되는 덕을 실천하는 데서 인간의 주체성을 살리려고 했다.

인간을 자각시키는 방법은 영혼의 산파술이라고 일컬어지는 '문답법'이었다. 문답법은 일정한 기성 지식을 나누어 주는 방법이 아니다. 오히려 상대방이 갖고 있는 편견과 오류를 비판하고 지적해줌으로써 스스로 자유롭게 이전에 알고 있다고 믿었던 것이 사실은 거짓이었음을 깨닫게 해 일종의 자기비판을 유도하는 방법이다. 진정한 이성에 눈뜨게 하여 자기 자신을 알게 하는 방법, 즉 눈먼 영혼의 깊은 잠을 깨워서 진정한 자기와 진정한 자유를 자각시키는 방법이 소크라테스의 문답법이며, 이 문답법은 플라톤의 '대화편'에 여실히 재현되어 있다.

그는 인간의 자유와 이성의 자율을 자각을 통해 실현하려고 했다. 그는 인간의 내면성에 깊은 신뢰를 갖고 있었고, 내면성의 뿌리는 양심에 있다고 믿었다. 그가 중요한 일은 '다이몬의 소리'에 따라 결정했다고 한 것만 봐도 인간 내면의 소리, 즉 양심의 소리를 얼마나 귀중히 여겼는지 알 수 있다.

그는 이성과 양심의 도덕과 철학을 스스로의 삶을 통해 보여주었다. 이러한 소크라테스에게 독배를 보상으로 준 시대는 결국 이성과 양심이 없는 시대, 자유와 자각을 두려워하는 시대라고 할 수 있다. 따라서 소크라테스가 마신 독배에는 이성의 살해, 양심의 살해, 자유의 말살이라는 의미가 깃들어 있다. 그런데 인간의 개인 생활이나 사회생활에서 이성과 양심과 자유가 박탈되면 무엇이 남을 것인가? 편견과 불의와 자의와 방종이 날뛸 수밖에 없을 것이다.

그러나 소크라테스는 델포이의 신탁처럼 아테네에서 가장 현명한 사람이었다. 그는 자신의 죽음을 통해 어떠한 박해, 어떠한 권력으로도 인간의 양심과 이성과 자유는 살해되지 않는 것임을 증언한다. 그러므로 그의 독배는 불멸의 이성과 양심과 자유에 대한 축배가 되는 것이다. 소크라테스는 그의 변명을 이렇게 마치고 있다.

이제 떠나야 할 시간이 되었습니다. 각기 자기의 길을 갑시다. 나는 죽기 위해서, 여러분은 살기 위해서. 어느 쪽이 더 좋은지는 오직 신만이 알 뿐입니다.

얼마나 떳떳한 자세이며 확고한 신념인가. 이성과 양심과 자유의 궁극적인 승리를 확신하지 않는 사람이라면 감히 무서워 입 밖에도 내지 못할 말을 하고 있다. 그의 이 말은 인간의 이성과 양심과 자유는 불멸이며 결코 지상에서 제거되지 않을 것임을 절규하고 있다.

그런데 이성과 양심과 자유가 살아 있는 한, 인간의 지성이 있고 지성인이 있게 마련이다. 따라서 어느 시대, 어느 사회에나 소크라테스는 존재할 수 있다. 그렇건만 지성인이 존재하는 사회에도 소크라테스는 없는 까닭은 무엇인가? 그 이유는 명백하다. 주체적 신념과 용기의 결여가 그 이유다. 아는 것이 중요한 것이 아니라 아는 것을 행하는 것이 중요하고, 사는 것이 중요한 것이 아니라 잘사는 것이 중요하다고 한 소크라테스의 재생은 오직 소크라테스적 자유인 기질로 가능할 것이다.

나는 제일 처음에 '닭 한 마리의 의미'를 생각했다. 의술의 신 아스클레피오스에게 인간의 병이 쾌유되는 날 바쳐달라고 한 '닭 한 마리의 의미'를. 이 닭 한 마리를 갚을 책임은 크리톤 한 사람에게 있는 것은 아니다. 그것은 온 인류가 소크라테스에게 진 빚이며 온 인류가 모든 사람에게 진 빚이다. 그러나 이 빚을 갚으려면 한 가지 조건이 있다. 인간의 병이 쾌유되어야 한다는, 인간의 이성과 양심이 자유롭고 순수하게 발휘되는 인류의 영원한 이상이 실현되어야 한다는.

우리는 이렇게 자문해보아야 할 것이다. "우리는 빚을 갚을 날을 더 지연하고 있는 그러한 시대와 상황 속에서 살고 있는 것은 아닐까?"라고. 만일 빚을 갚을 날을 지연하고 있다면 인간의 병이 더 악화되고 있다는 징조다. 그리고 훌륭한 의사가 없다는 증거다.

이성과 양심과 자유를 병들게 한 원인을 가려내서 회생의 길을 열어줄 의사는 누구인가? 그리고 소크라테스의 시대보다 더 우수한 지성인이 양산되는 현대에 왜 의로운 의사가 없는가? 반성해야 할 문제다. 훌륭한 의사가 없는 이유는 다 알고 있다. 즉 '닭 한 마리의 빚'을 잊고 있는 것이다. 그것을 갚겠다고 나설 용기와 신념을 상실하고 있다. 컴퓨터적 인간에 자족하고 전자과학적 정밀성에만 만족하는 인간의 로봇화 현상, 자유의 상품화 현상, 양심의 기능화 현상을 극복하는 소크라테스의 처방은 한마디로 끝날 것 같다.

지성은 용기다. 이것이 바로 소크라테스가 마신 독배의 의미가 아닐까?

2. 용기란 무엇인가?

위험과 공포에 단호하게 직면하는 정신적·도덕적 힘이 용기다. 그러므로 크든 작든 위기를 맞이하면 절실히 요구되는 것이 용기이며 용기 없이 위기의 극복은 불가능하다. 물론 용기가 모든 위기를 극복하게 만들지는 못하지만, 용기 없이는 위기에 당당하게 직면하고 대항하지 못한다.

아리스토텔레스는 비겁과 만용의 중용(中庸)이 용기라고 했고, 이 중용을 아는 데는 사려(思慮)라는 지적인 덕(德)이 요구된다고 했거니와, 진정한 용기는 우선 이성적이기를 요구한다. 합리적인 정세 파악은 주체적 결단의 기반이 되며, 용기는 주체적 결단과 그 실천을 위해 요구된다.

주체적 결단은 용기의 원천이다. 여기서 결단은 행위의 많은 가능성 중에서 하나를 선택하는 최후의 결정을 말한다. 이러한 결단에는 물론 사회적인 여러 조건 등, 객관적인 조건이 많은 영향을 미치지만 근원적인 것은 나 자신의 의지에 의한 주체적 선택이다. 가장 참되고 훌륭한 자기를 선택하고 그러한 자기를 통해 가장 참되고 훌륭한 미래를 선택하는 것이 결단이기 때문이다. 그러므로 이러한 결단을 원천으로 하는 용기는 생명의 물리적 힘 자체일 수도 없고 단순한 반항의 힘도 아니다.

현존재적인 집착에서 벗어나 자유로워진다는 것, 따라서 자유로운 결단을 위해서는 죽음도 각오한다는 것, 여기에 진정한 용기가 성립한다. 이러한 의미에서 용기에는 무한한 책임이 따른다.

위대한 용기를 실증한 사람으로서 소크라테스를 드는 데는 이론의 여지가 없을 것이다. 그는 신이 아테네로 보낸 아테네의 등에이며 '걸어 다니는 아테네의 양심'이었다. 그가《변명》에서 말한 것처럼, 아테네는 거대하고 기품 있는 군마(軍馬) 같으나 거대하기 때문에 운동이 둔해서 이를 각성시키는 등에가 필요하고, 그 등에가 바로 자기라는 것이다. 그의 이러한 태도는 일종의 소명 의식이었다.

그의 선택은 타락과 몰락의 길을 걷고 있는 아테네를 '세계의 중심'으로 재건하는 것이었다. 그러므로 소크라테스는 당시 아테네의 지배적인 풍조에 비판적이었다. 아테네를 구제해야 한다는 그의 사명감은 허위에 대한 비판과 부정에서 출발한 것이었고 진리를 위해 투쟁하는 참된 용기에 의해 뒷받침되고 있었다.

그는 신랄한 비판자였다. 그는 아테네의 썩은 현실을 가차 없이 비판하고 부정하는 것을 주저하지 않았다. 그 대가는 청년을 타락시키고 폴리스의 제신을 모독했다는 죄명 아래서 사형을 받는 것이었다.

그의 용기는 재판 후 그가 태연히 독배를 마신 데에 집약되어 있다. 독배를 마시는 과정에서 우리는 소크라테스가 지닌 용기의 두 측면을 발견하게 된다. 그가 독배를 마시게 된 원인은 그의 현실 부정에 있었다. 아테네의 윤리적 재건을 염원하는 소크라테스로서는 목전의 부패한 현실을 비판하고 부정하는 것은 불가피한 일이었다. 이러한 부정을 통해서만 아테네 시민을 이성과 진리에 눈뜨게 할 수 있었던 것이다. 그러므로 이 과정에서 보여준 그의 용기는 '현실을 부정하는 용기'였다고 할 수 있다. 그러나 옥중에서 크리톤이 탈옥을 권유할 때, 그는 설령 악법이라 하더라도 국법에 복종하는 것이 자기의 약속을 지키는 길이라고 하면서 탈옥 권유를 물리친다. 여기서 우리는 소크라테스가 봉착한 문제 상황을 보게 된다.

그는 법정에서 한 변명을 통해 그에 대한 재판이나 판결이 부당한 것임을 명백히 주장하고 있다. 그러나 유죄가 인정되고 사형 언도를 받음으로써, 사실상 소크라테스는 자기가 부정하려던 현실에 의해 좌절을 당하며, 이러한 사실을 알고 있었기 때문에 그는 재판 과정에서 신념과 용기를 보여줄 수 있었던 것이다. 이렇게 본다면 그는 부당한 법과 재판관에 의해 부당한 재판을 받은 만큼 탈옥에는 일종의 정당성도 있다고 할 수 있다. 오히려 그의 탈옥은 그의 철저한 부정 정신으로 보아서는 당연한 귀결이라고도 할 수 있다. 그런데 그가 탈옥을 거부한 것은 그가 부정하던 현실을 받아들이는 것이 아닌가. 부당한 판결로 죽음을 강요하는 현실에 복종하겠다는 것은 현실의 부정에서 현실의 긍정으로 발전한 것이다. 그는 불가항력적인 부당한 권력의 강요로 죽은 것이 아니라 스스로 죽음을 택한 것이다.

현실의 부정에서 현실의 긍정으로, 즉 극에서 극으로 옮겨간 그의 태도는 모순을 드러내고 있지 않는가? 그러나 우리가 주목해야 할 것은 현실의 긍정이 결코 그에게는 구원의 길이 아니었고 오히려 죽음의 길이었다는 점이다. 재판 자체까지도 비판하던 소크라테스가, 그만큼 철저한 부정 정신의 소유자이던 소크라테스가 태연히 독배를 마심으로써 그러한 현실에 순응했다는 사실은 용기의 또 한 측면, 즉 현실을 긍정하는 용기를 보여준다.

《파이돈》에서 도도하게 진술한, 내세에 있어서의 영생에 대한 신념이 죽음을 태연히 맞이하고 가혹하게 부정하던 현실을 긍정하는 유일한 원인이라고 보기는 어렵다. 오히려 다른 면에서 그의 현실 긍정의 원천을 찾아보아야 할 것이다.

여기서 문제가 되는 것이 용기의 두 측면이다. 즉 용기는 한편으로는 현실을 긍정하고, 또 한편으로는 현실을 부정한다. 다시 말하면 용기는 현실의 완전한 부정에서는 탄생할 수 없다. 참으로 용기 있는 자는 현실에서 도피할 수 없다는 의미에서 일단은 자기가 놓여 있는 구체적인 현실을 긍정하는 것이 필수적이다. 용기가 어떤 현실을 부정하려는 비판 의식, 자유 의식의 발로인 한, 용기에는 부정할 구체적 현실이 필요하고 이 현장에서 진리를 증언해야만 하기 때문이다. 물론 이 경우 현실에 대한 긍정은 현실에 대한 순응이나 수동적인 수용을 의미하지는 않는다. 소크라테스의 경우, 일차적 선택은 아테네라는 '현실에 대한 근원적 긍정'이었다. 그는 아테네를 멸망시키거나 아테네에서 도피하려고 한 것이 아니라, 아테네를 사랑하고 아테네를 재건하려는 염원을 갖고 있었다. 그러므로 그는 아테네 안에서 미움

받는 등에의 역할을 했다. 아테네를 사랑하기 때문에 아테네에 반항한다는 역설이 성립되는 것이다.

따라서 소크라테스가 독배를 마신 것은 그의 '근본적인 긍정'에 철저하려는 용기였다고 볼 수 있다. 현실도피와 현실 부정을 동일한 것으로 보려는 착각이 있다. 그러나 현실 부정이 결코 현실도피가 아님을 보여준 것이 소크라테스의 용기다.

앞에서 진정한 용기는 이성적이고 주체적이며 무한한 책임을 지는 것이라고 했거니와, 현실도피에서 이성적·주체적 태도를 발견할 수는 없다. 현실도피는 결단하는 것이 아니라 결단을 포기하는 것이기 때문이다. 현실도피는 위험이나 공포에 단호하게 직면하고 그것을 극복하려는 힘의 발휘가 아니라 반대로 위험감 또는 공포감의 소산이다. 가능한 한, 감정적으로나마 현실을 없는 것으로 가장하려는 일종의 감정적 반응이 현실도피이며, 그것은 용기가 아니라 비겁의 소산이다. 현실을 없는 것으로 돌려버리려는 태도이기 때문에 대결할 대상이 없다. 투쟁 없이 패배를 자인하는 태도인 것이다.

현실도피에는 용기가 필요하지 않다. 그것은 부정하거나 극복해야 할 대상이 있는 것이 아니기 때문이다. 현실에서 도피하고 그것이 최대의 현실 부정이라고 하는 것은 자신을 기만하기 위한 궤변에 지나지 않는다. 조국의 현실이 역겹다고 해서 조국을 무화(無化)하려는 사람에게 구체적으로 대결해야 할 역겨운 현실은 남아 있지 않다. 그러므로 현실에서 도피한 자는 행동할 이유도, 장소도, 대상도 없다.

현실 부정은 현실도피와는 분명히 구별된다. 여기서 관념적인 현실 부정과 행동적인 현실 부정을 구별할 필요가 있다. 현실 부정은 궁극적으로는 부정행위로 나타나야 하기 때문이다. 관념적인 현실도피는 흔히 현실도피자의 자기 합리화에 그친다. 그것은 용기가 아니라 아무리 잘 보아주어도 지적 유희에 지나지 않는다. 용기는 행위에 나타나는 것이며 결단은 행위를 통해 구현된다. 따라서 현실에 대한 부정은 반드시 어떠한 형태로든 행위를 요구하고, 따라서 행위의 구체적 대상이 필요하다. 그리고 이러한 행위의 과정에서 정신적·도덕적 힘으로서의 용기는 구체화된다.

그러면 여기서 행위의 구체적 대상은 무엇인가? 부정하려고 하는 대상은 무엇인가? 그것은 두말할 것도 없이 현실이다. 현실도피가 현실을 전적으로 긍정하지 않으려는 태도라면 현실 부정은 일단은 현실을 긍정하는 데서 출발해야 한다. 현실의 부정은 현실을 초극하려는 용기이기 때문에 그 출발점에는 근원적인 긍정이 필요하다.

소크라테스는 아테네의 도덕적 타락을 부정한 것이지 아네테 자체를 부정한 것은 아니다. 도덕적 타락이라는 현실을 담고 있는 아테네는 소크라테스가 가장 사랑하는 대상이기도 하다. 그러므로 소크라테스는 비록 거기에 부패와 부정과 타락이 충만해 있다 하더라도, 아테네 자체를 부정하거나 무화할 수는 없었다. 그의 근원적인 선택은 아테네였고, 아테네에 대한 긍정이 그의 용기의 원천이었던 것이다.

이러한 반문이 가능하리라. '아테네 자체'를 긍정한 것과 '아테네의 현실'을 긍정한 것은 다르지 않은가? 이것은 마치 실체와 현상을 구별하려는 방법과 같다. 아테네라는 실체가 따로 있고 아테네의 일시적 현상으로서의 현실은 이와는 다르다고 보는 것이다. 아테네의 실체와 아테네의 현상을 구별하는 것은 적어도 행위에 있어서는 불가능하다. 구체적인 행위의 구체적인 대상인 아테네는 바로 그 현실 외의 것일 수는 없기 때문이다. 조국이 따로 있고 조국의 현실이 따로 있을 수는 없는 일이다. 조국은 바로 역사 속에서 움직이고 있는 현실 자체다. 그러므로 긍정하려는 현실과 부정하려는 현실이 다르다고 하는 것은 사변적인 태도에 지나지 않는다. 여기서 긍정하면서 부정한다는 역설이 성립하고 '긍정이 즉 부정이며, 부정이 즉 긍정'이라는 변증법적 원리가 적용된다. 다만 다음과 같은 점을 전제하고 이상에서 한 말을 음미해야 한다. 우리가 부정하려는 현실은 역사적 귀결로서의 현실이다. 그 안에는 과거에서 누적되어온 온갖 것이 현존하지만 그 이상의 것은 아니다.

그러나 긍정하려는 현실은 현존하는 것 이상의 의미를 지닌다. 즉 그것은 시간으로는 현재에 국한된 것이 아니라 미래가 포함되어 있다. 현실에 잠재해 있는 가능성을 통해 이미 미래를 선취하고 있는 현실이다. 다시 말하면 부정하려는 것은 현재적 현실이며 긍정하려는 것은 미래적 현실이다. 소크라테스가 부정한 것은 '현재의 아테네'였고 그가 긍정한 것은 현실 속에서는 가능성에 지나지 않는 도덕적 자각까지도 실현된 '현재 속의 미래의 아테네'였다. 만일 현재적 현실, 즉 목전에 실현, 전개되어 있는 현실을 긍정하는 데 그친다면 그것은 현실에 대한 순응이나 추종이다. 진정한 현실 긍정은 미래적 현실, 즉 아직은 실현되지 않았으나 자신의 주체적 결단에 의해 선취된 미래가 가능성으로서 깃들어 있는 현실을 긍정하는 것이다. 이러한 현실 긍정을 지금까지 '근원적 현실 긍정'이라고 표현해온 것이다.

앞에서 결단은 용기의 모태라고 했다. 결단은 용기의 구체적 내용이며 그 대상은 현실이다. 그러므로 용기는 추상적인 것이 아니라 구체적인 것이다. 용기에 대한 수많은 이론보다 소크라테스의 구체적인 용기에서 더 많은 감동을 받는 까닭도 여기에 있다. 결단은 주체적 선택이며 이러한 선택을 통해서 우리는 미래를 선취한다. 우리의 선택은 항상 현재에 있는 것이 아니라 미래지향적이다.

결단 자체는 모험이다. 여기에는 얼마나 정확하고 합리적인 현실 분석이 수행되었는가, 현실이 갖고 있는 가능성은 무엇인가(미래는 공상에 의해 실현되는 것이 아니라 현실을 토대로 해서만 가능하다), 그 가능성을 실현하는 방법은 무엇인가 등 난점이 따른다. 사르트르가 말한 것처럼 우리의 선택은 결국 세계의 선택이라고 한다면 우리는 참으로 엄청난 모험을 하고 있는 것이다. 우리는 우리의 선택에 따라 행동하고, 그 결과에 대한 전적인 책임을 영원히 떠맡을 수밖에 없다. 한 국가의 지도자가 선택한 것이 그 국가에 남기는 결과가 얼마나 큰지 생각하면 결단의 무서움을 상상할 수 있다.

이러한 결단은 진정한 용기를 전제하지 않고서는 불가능하다. 비겁한 자는 결단을 회피할 것이며 만용밖에 모르는 자는 결단하기 전에 행동부터 시작할 것이다. 인간으로서의 모든 성실을 다 기울였다는 자신, 자신의 선택을 실현하기 위해서는 죽음도 불사한다는 신념, 그것이 인류를 위해 가장 가치 있는 것이라는 확신. 용기 없는 자라면 이러한 결단에 도달하기 전에 절망하고 말 것이며 오히려 이러한 결단을 요구하는 현실을 외면하고 현실도피라는 안이한 처세술을 택할 것이다.

그러므로 우리에게 일차적으로 요구되는 용기는 근원적으로 현실을 긍정하는 용기일 것이다. 이러한 용기의 구현을 우리는 소크라테스에게서 본다.

3. 소크라테스와 플라톤

스턴은 역사철학을 말하면서 아무리 위대한 사상을 품고 있고 아무리 훌륭한 경륜을 갖고 있더라도 이것이 객관적인 기록으로 남지 않는 한 역사는 될 수 없다고 말한 바 있거니와, 플라톤이 없었더라면 소크라테스는 역사적 인물이 되지 못했을 것이다. 소크라테스의 충실한 제자 플라톤이 스승을 추모하는 마음에서 소크라테스의 행적을 기록해놓은 '대화편'이 소크라테스를 알려주는 유일한 기록이라고 해도 과언이 아니기 때문이다.

플라톤의 생애는 쉽게 알아볼 수 있으므로 소개하지 않고 소크라테스와 맺었던 관계만을 간단히 적기로 한다. 플라톤이 소크라테스를 만난 것은 20세 때였다고 한다. 이때 그는 아테네 청년 누구나가 그랬듯이 정치를 지망하는 청년이었다. 그러나 소크라테스를 알고부터는 그의 영향을 받아 철학 연구에 전념하고 소크라테스가 사형을 당할 때까지 그의 곁을 떠나지 않았다. 그러나 스승이 사형당하는 비극을 겪고 그는 정계 진출의 뜻을 버렸다. 스승의 죽음이 얼마나 충격적인 사건이었던지 알 수 있다. 그가 스승의 죽음에 직면한 것은 28세 때였다. 그는 기원전 387년 아테네의 서쪽 아카데모스에 학원을 짓고 여기서 여생을 연구와 저술에 전념했다.

플라톤의 저술은 28편이 남아 있다(기타 플라톤의 이름으로 되어 있는 것이 적지 않으나, 플라톤 연구자들은 28편만을 인정하고 있다). 그중 《변명》과 서한문을 제외하고는 모두 대화 형식으로 되어 있다. 또한 이 '대화편'에는 대부분 소크라테스가 주인공으로 등장하고 있다. 이것만 보아도 소크라테스에 대한 플라톤의 존경심을 알 수 있다.

플라톤은 소크라테스 사상의 충실한 계승자였다. 동시에 그는 스승의 사상을 발전시켜서 체계화한 독창적인 사상가였다. 따라서 '대화편'의 주인공이 소크라테스로 되어 있더라도 과연 그것이 전부 소크라테스의 사상인가 하는 점에는 여러 문제점이 있다. 오히려 소크라테스의 입을 빌려 플라톤의 사상이 진술되고 있는지도 모른다. 적어도 소크라테스의 사상을 발전시킨 플라톤의 사상이라고 봐야 할 것이다.

오늘날 플라톤 연구가들은 플라톤의 초기 '대화편'은 소크라테스의 충실한 재현이라고 볼 수 있으나 중기, 후기로 시간이 지남에 따라 플라톤의 독특한 사상이 표현되고 있다고 본다. 중기 이후의 '대화편'에 나오는 소크라테스는 플라톤화된 소크라테스라는 것이다. 그러나 전문적인 연구가가 아니면 이러한 문제를 중요시할 필요는 없으리라. 그것이 누구의 사상이든 우리는 거기서 정신의 양식을 찾으면 되기 때문이다.

여기에 주목할 '대화편', 《변명》, 《크리톤》, 《파이돈》, 《향연》 중 《변명》과 《크리톤》, 《향연》은 초기(40세까지)에 속하고 《파이돈》은 중기(60세까지)에 속한다. 그러므로 이 네 편에서는 소크라테스가 충실히 재현되었다고 보아도 무방할 줄 안다. 《변명》, 《크리톤》, 《파이돈》이 세 편은 소크라테스의 재판에서 사형에 이르기까지 그 사이에 일어나는 사건을 다루고 있다. 이 세 편을 통해서 우리는 재판에서 사형에 이르는 과정을 알 수 있고 소크라테스의 사상을 짐작하게 된다.

소크라테스는 기원전 399년 봄에 처형되었다고 한다. 그때 그는 70세였다고 전하므로 그는 페르시아와 벌인 싸움에서 아테네가 승리하고 10년이 지난 기원전 470년경에 태어났다고 볼 수 있다. 그는 아테네에서 석공으로 일하는 아버지와 산파인 어머니 사이에서 태어났다. 소크라테스도 젊었을 때는 석공으로 일했다고 전해진다.

소크라테스의 생애 전반기는 거의 알려져 있지 않다. 그가 초기에는 소피스트였다는 것은 확실한 듯하지만, 그 후의 사상적 경로나 행적은 자세히 알려져 있지 않다. 따라서 재판에서 사형까지 전한 《변명》, 《크리톤》, 《파이돈》은 소크라테스의 생애를 아는 데도 귀중한 문헌이라 하겠다. 우리는 이 세 편의 '대화편'을 통해서 소크라테스의 인간성을 여실히 느낄 수 있다. 이 세 편을 읽고 나면 왜 소크라테스를 성인이라고 하고 가장 참된 철인(哲人)이라고 말하는지 그 까닭에 수긍이 갈 것이다. 여기서 우리에게 감동을 주는 것은 소크라테스의 사상이 위대하다거나 플라톤의 문체가 아름답다거나 하는 이유보다도 세 편의 '대화편'을 통해 여실히 재현되는 소크라테스의 인간성이다. 어떠한 사상도 인간을 매개로 하지 않고는 위대해질 수도,

감동적인 것이 될 수도 없다는 것을 강하게 느끼는 것이다.

《향연》은 에로스(사랑의 신) 예찬이지만, 소크라테스 예찬으로 끝을 맺는다. 소크라테스의 인품을 알기에 가장 좋은 '대화편' 중 하나로《변명》,《크리톤》,《파이돈》과 함께 소크라테스를 이해하는 데 크게 도움이 될 것이다. 다만《향연》을 읽으면 동성애에 관한 언급이 많고, 사실상 사랑의 예찬에서도 그 주요한 대상은 동성애가 되고 있다. 따라서 동성애가 허용되던 당시의 문화적 배경을 고려하면서 읽어야 할 것이고, 이 대화편의 궁극적 주제는 지상에서의 인간 간의 사랑이 아니라 이데아에 대한 사랑, 지혜에 대한 사랑임을 전제하고 읽는다면 반도덕적(현행의 도덕에 비추어)이라는 느낌은 사라지리라고 믿는다.

우리가 지금 당면한 현실 곳곳에서 '인간성의 퇴폐'니 '인간의 부재'를 절규한다. 이러한 시기에 우리가 소크라테스의 인간성에 접하고 강한 감명을 받는다는 것은 '인간 회복'을 위해 매우 중요한 의의를 가지리라고 믿는다. 이러한 의도에서 그리스어를 모르면서도 이 네 대화편을 우리말로 옮겨보았다. 가능하면 쉬운 말로 옮기려고 노력했으며 청소년들까지도 가까이 할 수 있는 번역이 되었기를 바란다.

번역은 Encyclopaedia Britanica Inc.가 출간한 *Great Books of the Western Literature*의 '플라톤' 편에 수록된 Benjamin Jowett의 영역을 대본으로 삼고 독어역, 일어역 및 우리말 번역을 참조했다.

황문수

옮긴이 **황문수**

고려대학교 철학과 및 동 대학원을 졸업하고,
경희대학교 철학과 교수를 거쳐 명예교수를 지냈다.
지은 책으로 《실존과 이성》, 《고균 김옥균》, 《동학운동의 이해》 등이 있고
옮긴 책으로는 윌 듀랜트의 《철학이야기》,
니체의 《차라투스트라는 이렇게 말했다》,
카를 야스퍼스의 《이성과 실존》, 윌리엄 드레이의 《역사철학》,
버트런드 러셀의 《철학이란 무엇인가》,
프리츠 하이네만의 《실존철학》, F. 파펜하임의 《현대인의 소외》,
에리히 프롬의 《사랑의 기술》, 《인간의 마음》,
H. 스튜어트 휴즈의 《의식과 사회》 등 다수가 있다.

소크라테스의 변명
크리톤 · 파이돈 · 향연

1판 1쇄 발행 1973년 10월 25일
2판 1쇄 발행 1999년 2월 10일
2판 56쇄 발행 2024년 1월 10일

지은이 플라톤 | 옮긴이 황문수
펴낸곳 (주)문예출판사 | 펴낸이 전준배
출판등록 2004. 02. 12. 제 2013-000360호 (1966. 12. 2. 제 1-134호)
주소 04001 서울시 마포구 월드컵북로 21
전화 393-5681 | 팩스 393-5685
홈페이지 www.moonye.com | 블로그 blog.naver.com/imoonye
페이스북 www.facebook.com/moonyepublishing | 이메일 info@moonye.com

ISBN 978-89-310-0371-0 03160

• 잘못 만든 책은 구입하신 서점에서 바꿔드립니다.

문예출판사® 상표등록 제 40-0833187호, 제 41-0200044호